D0463721

I ŻE
CIĘ NIE
OPUSZCZĘ...

Pol HQ 834 .G48166 2010
Gilbert, Elizabeth, 1969-
I że cie nie opuszcze--
  czyli love story

Tej autorki ukazały się również

JEDZ, MÓDL SIĘ, KOCHAJ

IMIONA KWIATÓW I DZIEWCZĄT

LUDZIE Z WYSP

I ŻE CIĘ NIE OPUSZCZĘ...

dostępna także w wersji audio na płytach CD
oraz
w formie plików do pobrania z serwisu

AUDIOTEKA.PL

Książkę czyta Anna Dereszowska

ELIZABETH GILBERT

I ŻE CIĘ NIE OPUSZCZĘ...

CZYLI LOVE STORY

PRZEKŁAD
MARTA JABŁOŃSKA-MAJCHRZAK

DOM WYDAWNICZY REBIS

REBIS

Tytuł oryginału
Committed: A Love Story

Copyright © Elizabeth Gilbert, 2010
All rights reserved

Copyright © for the Polish edition by REBIS Publishing House Ltd.,
Poznań 2010

Redaktor
Katarzyna Raźniewska

Projekt graficzny okładki:
Leszek Szurkowski,
LES INC STUDIO,
www.szurkowski.com, www.eyeopenerbooks.com

Wydanie I

ISBN 978-83-7510-515-5

Dom Wydawniczy REBIS Sp. z o.o.
ul. Żmigrodzka 41/49, 60-171 Poznań
tel. 61-867-47-08, 61-867-81-40; fax 61-867-37-74
e-mail: rebis@rebis.com.pl
www.rebis.com.pl

Skład ZAPIS
Gdańsk, tel. 58-347-64-44

R05022 58573

Para J.L.N. – o meu coroa

Nie ma większego ryzyka niż związek małżeński.
Nie ma nic szczęśliwszego niż szczęśliwe małżeństwo.

Benjamin Disraeli,
1870, fragment listu do córki królowej Wiktorii, Louise,
z powinszowaniem zaręczyn

Do Czytelnika

Kilka lat temu napisałam książkę *Jedz, módl się, kochaj* – historię mojej podróży dookoła świata, którą odbyłam samotnie, po ciężkich przeżyciach związanych z trudnym rozwodem. Miałam trzydzieści kilka lat, kiedy ją pisałam, i wszystko, co się z nią wiązało, było dla mnie jako pisarki ogromnym i nowym doświadczeniem. Przed *Jedz, módl się, kochaj* uchodziłam w kręgach literackich (jeśli w ogóle mnie tam znano) za kobietę piszącą na ogół dla mężczyzn i o mężczyznach. Przez lata byłam dziennikarką „GQ" i „Spin", czasopism skierowanych do mężczyzn, i wykorzystywałam ich łamy do zgłębiania zagadki męskości. Podobnie, bohaterami moich pierwszych trzech książek (zarówno beletrystyki, jak i literatury faktu) byli supermacho: kowboje, poławiacze homarów, myśliwi, kierowcy ciężarówek, drwale...

W tamtym okresie mówiono mi często, że piszę jak mężczyzna. Nie jestem pewna, co to znaczy, ale zakładam, że ma to być pochwała. Niewątpliwie tak to wtedy odbierałam. Zbierając materiały do jednego z artykułów dla „GQ", posunęłam się do tego, że przez tydzień udawałam mężczyznę. Ostrzygłam krótko włosy, owinęłam bandażem elastycznym biust, wetknęłam w spodnie wypchaną

9

siemieniem prezerwatywę i przykleiłam sobie plamkę zarostu pod dolną wargą... tak bardzo się starałam wejść w skórę mężczyzny i spróbować zrozumieć jego nęcące tajemnice.

Powinnam w tym miejscu dodać, że moja fiksacja na punkcie mężczyzn rozciągała się na życie prywatne. Często dochodziło do komplikacji.

Nie... z a w s z e dochodziło do komplikacji.

Między zaangażowaniem uczuciowym i obsesjami zawodowymi byłam tak bardzo zaabsorbowana tematem męskości, że nie poświęciłam ani trochę czasu, by rozważyć temat kobiecości. A już na pewno nie poświęciłam jednej chwili, by zastanowić się nad s w o j ą kobiecością. Z tego powodu i dlatego, że nie obchodziła mnie własna pomyślność, nigdy nie poznałam dobrze samej siebie. Rezultat był taki, że kiedy około trzydziestki zwaliła mnie z nóg potężna fala depresji, zupełnie nie potrafiłam zrozumieć ani wyrazić tego, co się ze mną dzieje. Najpierw rozsypało się moje ciało, potem małżeństwo, a potem – na pewien okropny i przerażający okres – mój umysł. Męski hart w tej sytuacji okazał się mało przydatny; jedynym sposobem wyjścia z emocjonalnego zamętu było szukanie po omacku. Rozwiedziona, załamana i samotna rzuciłam wszystko i na rok wybrałam się w podróż, by wejrzeć w siebie równie wnikliwie jak wtedy, kiedy roztrząsałam wymykającą mi się zagadkę amerykańskiego kowboja.

A potem, ponieważ jestem pisarką, napisałam o tym książkę.

A jeszcze później, ponieważ życie bywa czasami dziwne, książka ta stała się międzynarodowym superbestsellerem, a o mnie nagle – po dziesięciu latach mojego pisania wyłącznie o mężczyznach i o męskości – zaczęto mówić jako o autorce gatunku chick-lit. Nie bardzo wiem, co chick-lit ma oznaczać, ale na pewno nie jest to komplement. W każdym razie ludzie ciągle mnie pytają, czy się tego spodziewałam. Chcą wiedzieć, czy kiedy pisałam *Jedz, módl się, kochaj*, przewidywałam, że książka osiągnie aż taki sukces. Nie. W żaden sposób nie mogłam przewidzieć takiej entuzjastycznej reakcji ani jej oczekiwać. Kiedy napisałam tamtą książkę, liczyłam jedynie na to, że zostanie mi wybaczone, iż jest ona pamiętnikiem. To prawda, miałam ledwie garstkę czytelników, ale za to lojalnych, którym się podobało, że młoda kobieta uparcie pisze surowe opowieści o męskich facetach zajmujących się męskimi sprawami. Nie wyobrażałam sobie, że tamtym moim czytelnikom może się spodobać dość emocjonalna, pisana w pierwszej osobie kronika poszukiwania psychicznego i duchowego uzdrowienia. Miałam jednak nadzieję, że wykażą się wielkodusznością i rozumiejąc, że napisałam tę książkę z powodów osobistych, darują mi ów wybryk, a potem wszyscy przejdziemy nad tym do porządku.

Nie tak się jednak sprawy potoczyły.

(I żeby wszystko było jasne: Książka, którą trzymacie teraz w ręku, nie jest twardą opowieścią o męskich facetach zajmujących się męskimi sprawami. Nie mówcie więc, że was nie ostrzegałam!)

Ludzie zadają mi teraz jeszcze jedno pytanie: w jaki sposób *Jedz, módl się, kochaj* zmieniło moje życie. Trudno na nie odpowiedzieć, bo zakres zmian był bardzo szeroki. Jako przykład wykorzystam zdarzenie z dzieciństwa: Kiedy byłam mała, rodzice zabrali mnie do Muzeum Historii Naturalnej w Nowym Jorku. Stanęliśmy tam w Sali Oceanów. Tata wskazał ręką w górę, gdzie pod sufitem wisiał naturalnych rozmiarów model wielkiego płetwala błękitnego. Chciał zwrócić moją uwagę na to, jak wielki jest wieloryb, tymczasem ja go w ogóle nie widziałam. Zważcie na to, proszę: stałam bezpośrednio pod nim, wpatrzona w niego, a mimo to był dla mnie nieuchwytny. Mój umysł nie dysponował mechanizmem pozwalającym pojąć taki ogrom. Widziałam jedynie niebieski sufit i zadziwienie na twarzach wszystkich innych (najwyraźniej działo się tam coś ekscytującego!), ale samego wieloryba nie potrafiłam dostrzec.

Podobnie było z *Jedz, módl się, kochaj*. Koleje książki tak się potoczyły, że w pewnym momencie już nie mogłam ich ogarnąć, dałam więc sobie spokój i zajęłam się innymi sprawami. Bardzo pomocna okazała się praca w ogródku; by zobaczyć sprawy we właściwej perspektywie, nie ma nic lepszego niż zbieranie ślimaków z krzaków pomidorów.

Z zakłopotaniem myślałam, czy po tym, co się zdarzyło z *Jedz, módl się, kochaj*, będę jeszcze umiała pisać w sposób naturalny, nie zastanawiając się, jakie mogę wywołać wrażenia. Nie zamierzam się tu popisywać fałszywą tęsknotą za brakiem literackiego rozgłosu, ale przyznam, że w przeszłości zawsze pisałam książki z przekonaniem, że przeczyta je niewiele osób. Na ogół taka świadomość była przygnębiająca. Miała jednak i zaletę: jeśli się straszliwie zbłaźniłam, to przynajmniej świadków było niewielu. Teraz ten problem stał się czysto akademicki: nagle miałam miliony czytelników czekających na moją kolejną książkę. Jak się pisze coś, co zadowoli miliony? Nie chciałam otwarcie schlebiać niczyim gustom, ale nie chciałam też z miejsca wykluczyć tych wszystkich bystrych, żarliwych czytelniczek... nie po tym wszystkim, czego razem doświadczyłyśmy.

Nie mając pewności co do zasad, jakich powinnam się

trzymać, zabrałam się do pracy. W ciągu roku napisałam pierwszą pełną wersję tej książki – pięćset stron – kiedy jednak skończyłam, natychmiast zauważyłam, że coś jest nie w porządku. To nie był mój głos. To nie był niczyj głos. Brzmiał jak jakiś zniekształcony, dochodzący z megafonu przekaz. Odłożyłam maszynopis, jak sądziłam na dobre, i wróciłam do ogrodu, by poświęcić się kopaniu, grzebaniu i rozmyślaniom.

Chcę wyraźnie powiedzieć, że tego okresu, kiedy nie umiałam wymyślić, jak mam pisać... a przynajmniej nie potrafiłam wymyślić, jak pisać w sposób naturalny, nie można nazwać kryzysem. Wszystko poza tym układało się znakomicie, moje życie osobiste było źródłem zadowolenia, odniosłam sukces zawodowy i nie miałam zamiaru zamienić tej zagadki w jakąś katastrofę. Bo rzeczywiście była to zagadka. Zaczęłam się nawet zastanawiać, czy zwyczajnie nie skończyłam się jako pisarka. Przestać być pisarką nie wydawało mi się największym nieszczęściem na świecie, jeśli taki rzeczywiście miał być mój los, ale szczerze mówiąc, nie byłam pewna, czy o to w tym wszystkim chodzi. Okazało się, że musiałam spędzić o wiele więcej godzin na tej grządce z pomidorami, zanim udało mi się dojść do jakichś wniosków.

Ostatecznie znalazłam pewne pocieszenie w przyznaniu, że nie mogłam – n i e m o g ę – napisać książki, która usatysfakcjonuje miliony czytelników. Przynajmniej nie rozmyślnie. Bo przecież nie wiem, jak napisać bestseller na zamówienie. Gdybym wiedziała, jak pisać na zamówienie głośne bestsellery, zapewniam was, że pisałabym je przez cały czas, bo już lata temu bardzo by mi to ułatwiło życie. Jednak to nie działa w taki sposób... przynajmniej nie u takich pisarek jak ja. My piszemy tylko takie książki, które

musimy napisać, czy potrafimy napisać, a potem musimy
je opublikować, uznając, że to, co się z nimi stanie później,
to w zasadzie już nie nasza sprawa.

Zatem z mnóstwa osobistych powodów książką, którą
musiałam napisać, była właśnie t a książka... kolejny
pamiętnik (z dodatkiem w postaci wstawek na tematy
społeczno-historyczne!), tym razem zawierający opis wysiłków, jakie włożyłam w pogodzenie się ze skomplikowaną
instytucją małżeństwa. Nie miałam wątpliwości, jeśli
chodzi o temat; przez jakiś czas miałam jedynie problem
z odnalezieniem swojego głosu. Ostatecznie odkryłam,
że będę mogła pisać, tylko jeśli poważnie ograniczę –
przynajmniej we własnej wyobraźni – liczbę ludzi, d l a
k t ó r y c h piszę. Zaczęłam więc wszystko od nowa. Nie
napisałam tej wersji *I że cię nie opuszczę...* dla milionów
czytelników. Napisałam ją dokładnie dla dwudziestu
siedmiu czytelniczek. A konkretnie dla: Maude, Carole,
Catherine, Ann, Darcey, Deborah, Susan, Sofie, Cree,
Cat, Abby, Lindy, Bernadette, Jen, Jany, Sheryl, Rayyi,
Ivy, Eriki, Nichelle, Sandy, Anne, Patricii, Tary, Laury,
Sarah i Margaret.

Tych dwadzieścia siedem kobiet tworzy niewielki, ale
niezwykle ważny krąg moich przyjaciółek, krewnych
i sąsiadek. Mają od dwudziestu paru do dziewięćdziesięciu
kilku lat. Tak się składa, że jest wśród nich moja babka
i pasierbica. Jest też moja najdawniejsza przyjaciółka i naj-
nowsza. Jedna jest młodą mężatką; dwie czy trzy marzą
o tym, by wyjść za mąż; kilka niedawno powtórnie wzięło
ślub; jedna jest niewymownie wdzięczna losowi, że w ogóle
nie wyszła za mąż; jeszcze inna właśnie skończyła trwający
dziesięć lat związek z kobietą. Siedem jest matkami; dwie
(kiedy piszę te słowa) są w ciąży; pozostałe – z wielu po-

wodów, którym towarzyszą przeróżne odczucia – nie mają dzieci. Niektóre są gospodyniami domowymi; inne pracują zawodowo; kilka niezwykle zręcznie łączy jedno z drugim. Większość jest biała; kilka czarnoskórych; dwie urodziły się na Bliskim Wschodzie; jedna jest Skandynawką; dwie Australijkami; jedna pochodzi z Ameryki Południowej; jeszcze inna jest Cajunką. Trzy są bardzo pobożne; pięć zupełnie nie interesuje się problemami wiary; większość ma kłopot ze sprawami ducha; niektórym z czasem udało się dojść do prywatnego porozumienia z Bogiem. Wszystkie te kobiety łączy ponadprzeciętne poczucie humoru. Każda z nich w którymś momencie życia doświadczyła bolesnej straty.

W ciągu wielu minionych lat wypiłam morze herbaty i alkoholu, przesiadując z tą czy inną drogą mi osobą i roztrząsając kwestie dotyczące małżeństwa, zażyłości, seksualności, rozwodu, wierności, rodziny, odpowiedzialności i niezależności. Ta książka została skonstruowana wokół istoty tych rozmów. Kiedy składałam razem kartki tej opowieści, zdarzało mi się, że odzywałam się do moich przyjaciółek, krewnych i sąsiadek... odpowiadając czasami na pytania sprzed dziesiątków lat albo stawiając nowe. Ta książka nigdy by nie powstała, gdyby nie wpływ tych dwudziestu siedmiu nadzwyczajnych kobiet – jestem niezmiernie wdzięczna za ich zbiorową obecność. Jak zawsze czerpałam naukę i otuchę z tego, że są obok mnie.

Elizabeth Gilbert
New Jersey, 2009

ROZDZIAŁ PIERWSZY

MAŁŻEŃSTWO A NIESPODZIANKI

Małżeństwo jest rodzajem przyjaźni honorowanym przez policję.

Robert Louis Stevenson

Pewnego późnego letniego popołudnia 2006 roku siedziałam w małej wiosce północnego Wietnamu przy okopconym kuchennym piecyku z grupą miejscowych kobiet, których językiem nie mówiłam, i próbowałam zadawać im pytania dotyczące małżeństwa.

Już od kilku miesięcy podróżowałam po Azji Południowo-Wschodniej w towarzystwie mężczyzny, który wkrótce miał zostać moim mężem. Przypuszczam, że konwencjonalnym określeniem takiej osoby byłoby „narzeczony", ale oboje nas krępowało to słowo, więc go nie używaliśmy. Prawdę mówiąc, krępował nas cały ten pomysł z małżeństwem. Żadne z nas nie planowało ani nie chciało brać ślubu. A przecież Opatrzność wtrąciła się w nasze plany i dlatego właśnie włóczyliśmy się bez ładu i składu po Wietnamie, Tajlandii, Laosie, Kambodży i Indonezji, przez cały ten czas usilnie – wręcz rozpaczliwie – starając się wrócić do Ameryki i tam pobrać.

Mężczyzna, o którym mowa, był moim ukochanym od ponad dwóch lat i na tych kartach będę go nazywała Felipe. Jest miłym, czułym dżentelmenem z Brazylii, o siedemnaście lat starszym ode mnie. Poznałam go w trakcie innej podróży. W tamtą, zaplanowaną podroż dookoła świata, wybrałam się, aby uleczyć mocno pokiereszowane serce. Podczas ostatniego etapu swoich wędrówek spotkałam Felipe, który od lat mieszkał spokojnie i samotnie na Bali, lecząc własne pokiereszowane serce. Na początku było zainteresowanie, które przeszło w długotrwałe zaloty, aż wreszcie, ku obopólnemu zadziwieniu, pojawiła się miłość. Wówczas nasz opór przeciwko małżeństwu nie wynikał z braku miłości. Wręcz przeciwnie, Felipe i ja kochaliśmy się bezgranicznie. Z radością składaliśmy sobie przeróżne obietnice nierozerwalności naszego związku i niezachwianej lojalności. Zdążyliśmy już przysiąc sobie dozgonną wierność, ale zrobiliśmy to bez świadków, całkiem prywatnie. Problem tkwił w tym, że oboje mieliśmy za sobą ciężkie rozwody, a te przeżycia były dla nas tak druzgocące, że sam pomysł usankcjonowanego prawnie związku – z kimkolwiek, nawet z tak miłą osobą, jaką on był dla mnie, a ja dla niego – napawał nas przerażeniem.

Wiadomo, że większość rozwodów ma bardzo nieprzyjemny przebieg (Rebecca West zauważyła, że „rozwodzenie się jest prawie zawsze równie radosnym i pożytecznym zajęciem jak tłuczenie cennej porcelany"), i nasze rozwody nie były wyjątkiem. Na potężnej dziesięciostopniowej kosmicznej skali rozwodowego koszmaru (gdzie jeden odpowiada polubownemu egzekwowaniu separacji, a dziesięć równe jest... no cóż, egzekucji) prawdopodobnie oceniłabym własny rozwód na jakieś 7,5. Nie doszło co prawda do samobójstwa ani zabójstwa, niemniej jak na dwójkę całkiem dobrze wychowanych ludzi nieźle się popisaliśmy. Proces rozwodowy ciągnął się przez ponad dwa lata.

Jeśli chodzi o Felipe, to jego pierwsze małżeństwo (z inteligentną, odnoszącą sukcesy zawodowe Australijką) dobiegło końca prawie dziesięć lat przed naszym spotkaniem na Bali. Jego sprawa rozwodowa miała w miarę miłosierny przebieg, jednak utrata żony, a zarazem dostępu do domu i dzieci, a także przekreślenie niemal dwudziestu lat wspólnego życia odcisnęły na tym dobrym człowieku głębokie piętno. Pogrążył się w smutku, na który składało się poczucie osamotnienia i niepokój o byt.

Nasze przeżycia poturbowały nas, zgnębiły i sprawiły, że byliśmy wtedy zdecydowanie nieufni wobec radości, jaką ma nieść ze sobą święta instytucja małżeństwa. Jak wszyscy, którzy chodzili doliną cienia rozwodu, Felipe i ja poznaliśmy na własnej skórze tę przygnębiającą prawdę: że w każdym bliskim związku skrywa się już od początku skulony pod uroczą osłonką zalążek kompletnej katastrofy. Dowiedzieliśmy się również, że małżeństwo to stan, w którym o wiele łatwiej się znaleźć, niż z niego wyjść. Niepołączony węzłem małżeńskim kochanek, któremu nie stoi na przeszkodzie prawo, w każdej chwili może się wycofać z nieudanego związku. Natomiast ty – osoba prawnie poślubiona, która chce uciec przed przegraną miłością – możesz bardzo szybko odkryć, że znacząca część twojego małżeńskiego kontraktu należy do państwa i że może minąć bardzo dużo czasu, zanim państwo cię wreszcie od niego uwolni. Będziesz miesiącami, a nawet latami tkwić w pułapce pozbawionego miłości, legalnego związku, co przypomina uwięzienie w domu podczas pożaru. Siedzisz sobie, mój przyjacielu, w piwnicy, przykuty do kaloryfera, nie możesz się uwolnić, podczas gdy dom płonie, napływają kłęby dymu, a strop zaczyna się zapadać...

Przykro mi... to rzeczywiście nie brzmi zbyt entuzjastycznie.

Dzielę się tymi nieprzyjemnymi myślami jedynie po to, by wyjaśnić, dlaczego na samym początku naszej historii miłosnej zawarliśmy z Felipe dość niezwykły pakt. Przysięgliśmy sobie z pełnym przekonaniem, że nigdy, przenigdy, pod żadnym pozorem się nie pobierzemy. Przyrzekliśmy sobie nawet, że zachowamy całkowitą rozdzielność majątkową, aby uniknąć potencjalnego koszmaru dzielenia owego składu amunicji, który wypełniają takie rzeczy, jak hipoteka, akty własności, nieruchomości, rachunki bankowe, sprzęt kuchenny i ulubione książki. Złożywszy uroczyście te obietnice, z całkowitym spokojem wkraczaliśmy w nasze wspólne życie bez wspólnej własności. I tak jak oficjalne zaręczyny dają wielu innym parom wszechogarniającą pewność, nasza przysięga, by n i g d y nie brać ślubu, dała nam dwojgu pełne poczucie emocjonalnego bezpieczeństwa, którego potrzebowaliśmy, by raz jeszcze spróbować miłości. To nasze zobowiązanie – świadomie nieformalne – miało cudownie wyzwalającą świeżość. Zdawało nam się, że odkryliśmy przejście północno--zachodnie do idealnej bliskości... coś takiego, o czym García Márquez napisał, że „przypominało miłość, ale bez tych jej wszystkich problemów".

I tak aż do wiosny 2006 roku robiliśmy swoje, budując wspólne, nieznacznie tylko odrębne życie, ku wielkiemu zadowoleniu nas obojga. Moglibyśmy żyć w ten sposób długo i szczęśliwie, gdyby nie doszło do jednej paskudnej ingerencji.

Wmieszał się Departament Bezpieczeństwa Wewnętrznego Stanów Zjednoczonych.

Tak się złożyło, że Felipe i ja – choć mieliśmy tak wiele ze sobą wspólnego – byliśmy różnych narodowości. On, urodzony w Brazylii, miał obywatelstwo australijskie, a kiedy się poznaliśmy, mieszkał przez większość czasu w Indonezji. Ja byłam Amerykanką, która nie licząc podróży, mieszkała głównie na Wschodnim Wybrzeżu Stanów Zjednoczonych. Nie przewidzieliśmy problemów z naszą niezakorzenioną w żadnym konkretnym kraju miłością, ale kiedy spojrzymy na to z perspektywy czasu, powinniśmy byli spodziewać się komplikacji. Jak mówi stare porzekadło: Ryba i ptak mogą się pokochać, ale gdzie zamieszkają? Odpowiedzią miał być prosty fakt, że oboje jesteśmy wytrawnymi podróżnikami (ja w roli ptaka, który potrafi nurkować, a Felipe jako latająca ryba), tak więc przez nasz pierwszy wspólny rok żyliśmy w zawieszeniu... przemierzając lądy i oceany, by móc być razem.

Na szczęście zarówno jego, jak moje zajęcia zawodowe umożliwiały wędrowny styl życia. Jako pisarka mogłam zabierać swoją pracę, gdzie tylko chciałam. Jako importer biżuterii i szlachetnych kamieni, który sprzedawał swoje towary w Stanach Zjednoczonych, Felipe i tak musiał ciągle podróżować. Trzeba było tylko zgrać nasze harmonogramy. Latałam zatem na Bali; on przylatywał do Ameryki; razem wyskakiwaliśmy do Brazylii; spotykaliśmy się w Sydney. Wzięłam tymczasową posadę na University of Tennessee, gdzie uczyłam sztuki pisania, przemieszkaliśmy kilka osobliwych miesięcy w pokoju starego, podupadającego hotelu w Knoxville. (Przy okazji polecam taki styl życia każdemu, kto chce sprawdzić rzeczywisty poziom dopasowania w nowym związku.)

Żyliśmy w rytmie staccato, bez planowania, przeważnie razem, ale w ciągłym ruchu, niczym bohaterowie jakiegoś dziwnego międzynarodowego programu ochrony świadków. Nasz związek – choć coraz bardziej stabilny i spokojny na poziomie osobistym – był nieustannym wyzwaniem logistycznym, a wziąwszy pod uwagę loty międzynarodowe, piekielnie kosztowny. A do tego psychicznie dokuczliwy. Po każdej rozłące musieliśmy z Felipe uczyć się siebie na nowo. I zawsze był ten moment niepokoju na lotnisku, kiedy na niego czekałam i myślałam: *Zauważę go od razu? A on mnie?* Po roku oboje zatęskniliśmy za spokojniejszym życiem i to Felipe wykonał decydujący ruch. Zrezygnował ze swojej skromnej, ale uroczej chatki na Bali i zamieszkał ze mną w domku, który nieco wcześniej wynajęłam na przedmieściach Filadelfii.

Choć zamiana Bali na przedmieścia Filadelfii może się wydawać dziwaczna, Felipe przysięgał, że już dawno obrzydły mu tropiki. Życie na Bali, gdzie każdy dzień jest tak samo rozkosznie leniwy jak poprzedni, stało się zbyt łatwe. Twierdził, że już wcześniej, jeszcze nim mnie poznał, nosił się z zamiarem wyjazdu. Jak można znudzić się rajem, pomyśli każdy, kto nigdy w raju nie mieszkał (nawet mnie się to wydawało dość szalone), jednak z upływem lat baśniowy świat tej wyspy rzeczywiście stał się dla Felipe nieznośnie nużący. Nigdy nie zapomnę jednego z ostatnich czarujących wieczorów, który spędziliśmy tam razem. Siedzieliśmy przed jego chatką, z bosymi stopami, skórę owiewało nam ciepłe listopadowe powietrze, popijaliśmy wino i patrzyliśmy w rozmigotane gwiazdami niebo nad polami ryżowymi. Kiedy balsamiczny wietrzyk zaszeleścił liśćmi palm, przynosząc z oddali dźwięki muzyki towarzyszącej jakiejś świątynnej ceremonii, Felipe spojrzał na mnie, westchnął i oświadczył bezbarwnym głosem: „Mam serdecznie dość tego gówna. Nie mogę się już doczekać powrotu do Filadelfii".

Wynieśliśmy się więc do Filadelfii (miasta bratnich wyboistych nawierzchni!). Prawdą jest, że oboje bardzo lubiliśmy te okolice. Mieliśmy blisko do mojej siostry i jej rodziny, ludzi, których obecność była mi potrzebna do poczucia pełni szczęścia, a to tworzyło zażyłość. Co więcej, po latach ciągłego włóczenia się po świecie zamieszkanie w Ameryce podziałało na nas dobrze, a nawet ożywczo. Ten kraj, mimo wszystkich swoich wad, wciąż nas oboje i n t r y g o w a ł: w wielokulturowym skupisku wrzało pełne nieznośnych sprzeczności życie, wszystko toczyło się błyskawicznie i podlegało ciągłym zmianom, wyzwalając kreatywność.

Zatem w Filadelfii Felipe i ja założyliśmy swoją kwaterę główną i z zachęcającym sukcesem przećwiczyliśmy wspólne życie w domowym zaciszu. On sprzedawał swoją biżuterię; ja zajmowałam się zbieraniem materiałów do swoich prac. On gotował; ja dbałam o trawnik; co jakiś czas któreś z nas włączało odkurzacz. Dobrze nam szła praca w domu, bez sporów dzieliliśmy się codziennymi obowiązkami. Czuliśmy, że jesteśmy ambitni, produktywni i pełni optymizmu. Życie było przyjemne.

Takie okresy spokoju nie mogą jednak trwać długo. Z powodu restrykcji wizowych Felipe mógł legalnie przebywać w Stanach najwyżej przez trzy miesiące, po czym musiał na krótko wynieść się do jakiegoś innego kraju. Wsiadał w samolot, a ja zostawałam z książkami i sąsiadami. Po kilku tygodniach wracał z nową dziewięćdziesięciodniową wizą i znów zaczynaliśmy nasze wspólne domowe życie. Najlepszym dowodem na to, jak ostrożnie wtedy myśleliśmy o długoterminowym zaangażowaniu, niech będzie fakt, że te dziewięćdziesięciodniowe dawki wspólnie przeżytego czasu traktowaliśmy jako coś idealnego: dokładnie zaplanowana i wymierzona porcja przyszłości, jaką było w stanie przyswoić bez szczególnego poczucia zagrożenia dwoje rozedrganych, ocalałych z rozwodowego zamętu ludzi. Czasami, kiedy pozwalał na to mój harmonogram, wybierałam się z nim na te krótkie wypady.

W ten oto sposób, wracając pewnego dnia razem do Stanów z podróży służbowej, za sprawą tanich biletów i związanego z tym dziwacznego połączenia wylądowaliśmy na międzynarodowym lotnisku Dallas/Fort Worth. Szybko przeszłam przez kontrolę paszportową wraz z innymi Amerykanami. Potem czekałam na Felipe, który stał w długiej kolejce obcokrajowców. Patrzyłam, jak podchodzi do przedstawiciela urzędu imigracyjnego i jak ten ogląda starannie jego gruby niczym Biblia australijski paszport, studiuje gorliwie każdą stronę, każdy znaczek, każdy hologram. Zazwyczaj nie byli tacy dokładni i w końcu zaczęłam się denerwować, że za długo to trwa. Patrzyłam i wyczekiwałam tego doniosłego dźwięku świadczącego o przekroczeniu granicy: głośnego, mocnego, statecznego łupnięcia pieczęci wizowej. Nie doczekałam się.

Zobaczyłam za to, jak urzędnik podnosi słuchawkę telefonu i mówi coś cicho. Kilka chwil później pojawił się funkcjonariusz w mundurze Departamentu Bezpieczeństwa Wewnętrznego Stanów Zjednoczonych i zabrał mojego ukochanego.

Umundurowani faceci na lotnisku Dallas przesłuchiwali Felipe przez sześć godzin. Przez cały ten czas nie pozwolono mi go zobaczyć ani o nic zapytać. Siedziałam w poczekalni lotniskowej placówki Departamentu Bezpieczeństwa Wewnętrznego... nijakim pomieszczeniu ze świetlówkami na suficie, pośród przejętych, wystraszonych ludzi z całego świata. Nie miałam pojęcia, czego chcą od Felipe. Wiedziałam, że nie złamał prawa, ale to mnie specjalnie nie pocieszało. Były to ostatnie lata prezydentury

George'a W. Busha, nie najlepszy moment na powierzanie urodzonego za granicą ukochanego rządowej opiece. Starałam się uspokoić słynną modlitwą czternastowiecznej mistyczki, Juliany z Norwich („Wszystko będzie dobrze, a ty sama zobaczysz, że wszystko skończy się dobrze"*), ale nie wierzyłam ani jednemu słowu. Nic nie było dobrze. Wszystko było niedobrze.

Co jakiś czas podnosiłam się z plastikowego krzesełka i próbowałam wyciągnąć coś od siedzącego za kuloodporną szybą urzędnika imigracyjnego. Ten jednak, głuchy na moje błagania, za każdym razem recytował ten sam tekst: „Kiedy będziemy mieli coś do powiedzenia o pani przyjacielu, damy znać".

Pozwolę sobie powiedzieć, że w tego rodzaju sytuacji nie istnieje zapewne bardziej wątło brzmiące określenie niż p r z y j a c i e l. Funkcjonariusz wymawiał to słowo lekceważącym tonem, dając mi do zrozumienia, jak mało istotny jest mój związek z zatrzymaną osobą. Bo niby czemu rządowy urzędnik miałby ujawniać informację o kimś, kto jest zaledwie p r z y j a c i e l e m? Miałam wielką ochotę powiedzieć mu: „Posłuchaj, człowieku, mężczyzna, którego tam przetrzymujecie, jest dla mnie o wiele ważniejszy, niż potraficie to sobie wyobrazić". Miałam jednak dość rozumu, by wiedzieć, że w ten sposób nic nie wskóram. Co więcej, obawiałam się, że natarczywość z mojej strony zaszkodzi Felipe, więc dałam spokój. Teraz uważam, że należało zadzwonić do adwokata. Nie miałam przy sobie telefonu, a nie chciałam opuszczać stanowiska w poczekalni, nie znałam też żadnych prawników w Dal-

---

* Juliana z Norwich, *O macierzyństwie Boga*, przeł. Małgorzata Borkowska OSB, Angelus.pl

las, a zresztą i tak było niedzielne popołudnie, więc z kim bym się miała dogadać?

Po sześciu godzinach zjawił się wreszcie funkcjonariusz i poprowadził mnie korytarzami przez labirynt urzędowych zakamarków do słabo oświetlonego pokoju, w którym siedział Felipe z przesłuchującym go urzędnikiem Departamentu Bezpieczeństwa Wewnętrznego. Obaj mężczyźni wyglądali na równie zmęczonych, ale tylko jeden z nich był m ó j... mój ukochany. Kiedy zobaczyłam ogromne znużenie malujące się na jego twarzy, serce mi się ścisnęło. Chciałam go dotknąć, ale wyczułam, że byłoby to niezbyt stosowne.

– Kochanie, nasze życie stanie się wkrótce o wiele ciekawsze – oświadczył z wymuszonym uśmiechem Felipe.

Zanim zdążyłam się odezwać, przesłuchujący go urzędnik zaczął szybko wyjaśniać zaistniałą sytuację.

– Proszę pani – powiedział – poprosiliśmy panią tutaj, by wyjaśnić, że nie zezwalamy pani przyjacielowi na wjazd do Stanów Zjednoczonych. Zatrzymamy go w areszcie do czasu, kiedy będziemy mogli go wsadzić do samolotu odlatującego do Australii, ponieważ posiada on australijski paszport. Potem nie będzie miał już wstępu do Stanów.

Jako pierwszy zareagował mój organizm. Czułam się tak, jakby cała krew w jednej sekundzie wyparowała z mojego ciała, a ostrość wzroku osłabła. Jednak już po chwili mój umysł zaczął funkcjonować i błyskawicznie zanalizował wszystko, co poprzedzało ten nagły poważny kryzys. Na długo przed tym, nim się poznaliśmy, Felipe zarabiał na życie w Stanach Zjednoczonych, kilka razy w roku przyjeżdżając tu na krótkie pobyty, legalnie importując szlachetne kamienie i biżuterię z Brazylii i Indonezji, by sprzedawać je na amerykańskim rynku. Moja ojczyzna zawsze była otwarta dla międzynarodowych biznesmenów takich jak on; dostarczają oni naszemu krajowi towarów, pieniędzy i rozwijają handel na dużą skalę. Interes Felipe świetnie w Ameryce prosperował. Dzięki dochodom, jakie mu przynosił przez dziesiątki lat, wykształcił dzieci (teraz już dorosłe) w najlepszych australijskich szkołach prywatnych. Ameryka stanowiła centrum jego zawodowego życia, chociaż do niedawna nigdy tutaj nie mieszkał. Jednak właśnie tutaj miał zapasy swojego towaru i jego odbiorców. Gdyby nie mógł już nigdy przyjechać do Stanów, jego sposób zarabiania na życie ległby w gruzach. Żeby już nie wspominać o tym, że ja mieszkałam akurat tutaj i że Felipe chciał być ze mną, i że – z powodu mojej rodziny i pracy – zawsze chciałam, by moją bazą była Ameryka. Felipe stał się również częścią mojej rodziny. Został przyjęty z otwartymi ramionami przez moich rodziców, siostrę, moich przyjaciół. Przez cały mój świat. Jak więc mielibyśmy dalej żyć, gdyby on miał stały zakaz wjazdu do mojego kraju? Co mielibyśmy robić? (*Gdzie będziemy spać, ty i ja?* – brzmią słowa smętnej piosenki miłosnej Indian Wintu. *Na poszarpanym obrzeżu nieba? Gdzie będziemy spać, ty i ja?*)

– Na jakiej podstawie go deportujecie? – spytałam funkcjonariusza, starając się, by mój głos brzmiał autorytatywnie.

– Ściśle rzecz biorąc, proszę pani, nie jest to deportacja – wyjaśnił. W przeciwieństwie do mnie nie musiał próbować nadawać swojemu głosowi autorytetu; przychodziło mu to w sposób naturalny. – Odmawiamy mu pozwolenia na wjazd, ponieważ okazuje się, że w minionym roku zbyt często odwiedzał Stany. Nigdy nie przedłużył pobytu ponad czas określony w wizie, ale z jego przyjazdów i wyjazdów wynika, że mieszkał z panią w Filadelfii po trzy miesiące i wyjeżdżał z kraju tylko po to, by natychmiast tu wrócić.

Nie dało się tego podważyć, ponieważ tak właśnie było.

– Czy to przestępstwo? – zapytałam.

– Niezupełnie.

– Niezupełnie czy wcale?

– Nie, proszę pani, to nie jest przestępstwo. Dlatego go nie aresztujemy. Jednakże trzymiesięczna wiza, jaką rząd Stanów Zjednoczonych wydaje obywatelom krajów zaprzyjaźnionych, nie ma służyć nieskończonej liczbie następujących po sobie pobytów.

– Tego nie wiedzieliśmy – powiedziałam zgodnie z prawdą.

– Prawdę mówiąc, proszę pana – włączył się do rozmowy Felipe – kiedyś urzędnik imigracyjny w Nowym Jorku powiedział nam, że mogę odwiedzać Stany Zjednoczone tak często jak chcę, pod warunkiem że nie przedłużę dziewięćdziesięciodniowego pobytu.

– Nie wiem, kto wam to powiedział, ale nie jest to zgodne z prawdą.

Kiedy to usłyszałam, przypomniałam sobie ostrzeżenie, jakiego udzielił mi raz Felipe w związku z przekraczaniem granic. „Nigdy nie traktuj tej sprawy lekko, skarbie – powiedział. – Zawsze pamiętaj, że każdego dnia z jakiegokolwiek powodu każdy pogranicznik na świecie może zdecydować, że cię nie przepuści przez granicę".

– Co by pan zrobił na naszym miejscu? – zapytałam.

Tę technikę stosowałam za każdym razem, gdy dochodziło do impasu w moich kontaktach z obojętnymi przedstawicielami branży usługowej lub apatycznymi biurokratami. Zadanie takiego pytania zachęca osobę, która ma nad nami przewagę, do zastanowienia się i postawienia w sytuacji osoby bezsilnej. To łagodny apel do ludzkiej empatii. Czasami pomaga, choć trzeba przyznać, że rzadko. Ja jednak byłam gotowa spróbować wszystkiego.

– Cóż, jeśli pani przyjaciel zechce kiedyś znowu przyjechać do Stanów Zjednoczonych, będzie potrzebował długoterminowej wizy. Na waszym miejscu od razu zabrałbym się do jej załatwiania.

– No dobrze – powiedziałam. – Jaki jest najszybszy sposób załatwienia długoterminowej wizy?

Funkcjonariusz Departamentu Bezpieczeństwa Wewnętrznego popatrzył na Felipe, potem na mnie, a potem znowu na Felipe.

– Szczerze? – zapytał. – Musicie się pobrać.

Upadłam na duchu. Czułam, jak po drugiej stronie pokoju to samo dzieje się z Felipe.

Kiedy teraz o tym myślę, wydaje mi się niewiarygodne, że ta sugestia mogła mnie zaskoczyć. Czy, na miłość boską, nigdy wcześniej nie słyszałam o ślubie z powodu zielonej karty? I równie niewiarygodne wydaje mi się, że myśl o małżeństwie przytłoczyła mnie, zamiast przynieść ulgę. Przecież podsunięto nam jakieś rozwiązanie, prawda? A mnie ta propozycja zaskoczyła. I zabolała. Tak skutecznie wypchnęłam wszelką myśl o małżeństwie z głowy, że nazwanie rzeczy po imieniu podziałało jak wstrząs. Czułam się przybita, wystrychnięta na dudka, ociężała, pozbawiona jakiejś ważnej cząstki siebie, przede wszystkim jednak czułam się z ł a p a n a. Czułam, że oboje daliśmy się złapać. Schwytano w sieć latającą rybę i nurkującego ptaka. A moja naiwność, obawiam się, że nie pierwszy już raz w życiu, chlasnęła mnie w twarz jak mokra szmata:

31

Dlaczego byłam taka głupia i wyobrażałam sobie, że już zawsze będziemy sobie żyć tak, jak nam się podoba?

Przez chwilę nikt nic nie mówił, aż funkcjonariusz Departamentu Bezpieczeństwa Wewnętrznego, przyjrzawszy się naszym ponurym twarzom, powiedział:

– Nie rozumiem. Co jest takiego złego w tym pomyśle? Felipe zdjął okulary i potarł oczy... co, jak wiedziałam, było oznaką skrajnego wyczerpania.

– Och, Tom, Tom, Tom... – westchnął.

Do tej chwili nie wiedziałam, że są już na ty, choć przypuszczam, że musi do czegoś takiego dojść podczas sześciogodzinnego przesłuchania. Szczególnie kiedy przesłuchiwanym jest Felipe.

– Nie, poważnie... w czym problem? – zapytał Tom. – Jak wiadomo, już razem mieszkaliście. Widać, że jesteście sobie bliscy, i żadne z was nie pozostaje w związku małżeńskim...

– Musisz zrozumieć, Tom – wyjaśniał Felipe, wychylając się do przodu i mówiąc z poufałością zupełnie niepasującą do biurowego otoczenia – że Liz i ja mamy za sobą naprawdę bardzo, ale to bardzo bolesne rozwody.

Tom wydał cichy jęk... takie delikatne, współczujące „Och". Potem on też zdjął okulary i potarł oczy. Instynktownie zerknęłam na serdeczny palec jego lewej dłoni. Nie miał obrączki. Z tego faktu i z odruchowej reakcji wyrażającej znużone ubolewanie wyciągnęłam szybki wniosek: rozwodnik.

W tym momencie nasze spotkanie stało się niemal surrealistyczne.

– Cóż, zawsze możecie spisać umowę przedmałżeńską – zasugerował funkcjonariusz Tom. – To znaczy, jeśli martwicie się, że znów mielibyście przeżywać cały ten finansowy chaos związany z ewentualnym rozwodem. A jeśli boicie się problemów z samym związkiem, to może wskazana byłaby pomoc terapeuty.

Słuchałam w osłupieniu. *Czyżby funkcjonariusz Departamentu Bezpieczeństwa Wewnętrznego udzielał nam porad małżeńskich? W pokoju przesłuchań? W trzewiach Międzynarodowego Portu Lotniczego Dallas/Fort Worth?*

Odzyskawszy głos, zaproponowałam błyskotliwe rozwiązanie:

– Funkcjonariuszu Tomie, a co, gdybym znalazła sposób na z a t r u d n i e n i e Felipe, zamiast go poślubiać? Czy nie mogłabym sprowadzić go do Ameryki jako swojego pracownika?

Felipe wyprostował się na krześle i wykrzyknął:

– Skarbie! Co za niesamowity pomysł!

Funkcjonariusz Tom popatrzył na nas z dziwną miną.

– Naprawdę wolałbyś mieć tę kobietę jako szefową, a nie żonę? – zapytał.

– Tak, na Boga!

Czułam, że funkcjonariusz Tom wszelkimi siłami powstrzymuje się, by nie zapytać: Cóż z was, do diabła, za ludzie? Był jednak zawodowcem. Wobec czego tylko odchrząknął i oświadczył:

– Niestety, to akurat jest w tym kraju nielegalne.

Znowu oklapliśmy z Felipe, jednocześnie, popadając w przygnębienie.

– No dobrze – odezwałam się po dłuższej chwili z poczuciem, że zostałam pokonana. – Zakończmy to. Jeśli poślubię Felipe teraz, tutaj, w pańskim biurze, czy wpuści go pan dzisiaj do kraju? Może macie na lotnisku kapelana, który mógłby nam udzielić ślubu?

Bywają w życiu takie momenty, kiedy twarz zwyczajnego człowieka nabiera prawie boskich cech, i coś takiego zdarzyło się właśnie teraz. Tom – zmęczony, noszący odznakę funkcjonariusz teksaskiego oddziału Departamentu Bezpieczeństwa Wewnętrznego, z wyraźnie zaznaczonym brzuszkiem – uśmiechnął się do mnie i w jego twarzy był smutek, życzliwość, a przede wszystkim współczucie, które zupełnie nie pasowało do tego dusznego, odczłowieczającego miejsca. Nagle sam nabrał wyglądu kapelana.

– Ależ nieee... – powiedział łagodnie. – Niestety, to nie działa w ten sposób.

Teraz już zdaję sobie sprawę, że funkcjonariusz Tom dobrze wiedział, co czeka Felipe i mnie, o wiele lepiej niż my sami moglibyśmy podejrzewać. Dobrze wiedział, że uzyskanie oficjalnej wizy dla narzeczonego, szczególnie po „incydencie granicznym" takim jak ten, nie będzie łatwe. Funkcjonariusz Tom mógł bez trudu przewidzieć wszystkie kłopoty, jakie nas teraz czekały: poczynając od prawników w trzech krajach, na trzech kontynentach, którzy będą musieli zebrać wszystkie niezbędne dokumenty; raportów policji krajów, w których Felipe kiedykolwiek mieszkał; stosów osobistych listów, zdjęć i innych drobiazgów, które pozwalają udowodnić, że nasz związek istnieje naprawdę (włącznie, o zgrozo, z takimi dowodami jak wspólne konta bankowe... które udało nam się z ogromnym trudem utrzymać jako o d d z i e l n e); przez odciski palców; szczepienia; wymagane w związku z akcją przeciwgruźliczą prześwietlenia klatki piersiowej; świadectwa rozmów w amerykańskich ambasadach; po dokumentację dotyczącą odbytej trzydzieści lat wcześniej przez Felipe służby wojskowej, którą jakimś cudem trzeba zdobyć. Do tego wszystkiego trzeba dodać cały czas, kiedy Felipe nie będzie miał wstępu do Stanów Zjednoczonych, zanim przetoczy się wymagana procedura, i to, co ze wszystkiego najgorsze, straszną niepewność, czy wszystkie wysiłki wystarczą, by rząd mojego kraju (zachowujący się w tej sprawie jak surowy, staroświecki ojciec) w ogóle raczył zaakceptować tego mężczyznę jako męża dla mnie – zazdrośnie strzeżonej rodowitej córki.

Zatem funkcjonariusz Tom wiedział to wszystko, a fakt, że wyraził nam współczucie w związku z tym, co nas czekało, był niespodziewanym przejawem życzliwości w tej pod każdym innym względem druzgocącej sytuacji. To, że nigdy wcześniej, aż do tej chwili, nie potrafiłabym wyobrazić sobie, że mogę chwalić publicznie pracownika Departamentu Bezpieczeństwa Wewnętrznego, podkreśla jedynie groteskowość sytuacji. Powinnam tu jednak dodać, że funkcjonariusz Tom zdobył się na jeszcze jeden życzliwy gest. (To znaczy zanim założył Felipe kajdanki i zabrał go do aresztu hrabstwa Dallas, umieszczając na noc w celi razem z prawdziwymi kryminalistami.) Zostawił nas samych na całe dwie minuty, żebyśmy mogli się pożegnać bez świadków.

Kiedy masz jedynie dwie minuty, żeby pożegnać się z osobą, którą kochasz najbardziej na świecie i nie wiesz kiedy ją znów zobaczysz, chęć powiedzenia i ustalenia wszystkiego może doprowadzić do zatoru w przepływie informacji. Zatem w ciągu tych naszych dwóch minut w pokoju przesłuchań w wielkim napięciu układaliśmy pospiesznie plan działania. Miałam pojechać do domu w Filadelfii, wyprowadzić się stamtąd, złożyć nasze rzeczy na przechowanie w magazynie, zatrudnić prawnika od spraw imigracyjnych i rozpocząć formalne postępowanie. Felipe oczywiście pójdzie do aresztu. Następnie deportują go do Australii... nawet jeśli, ściśle rzecz ujmując, z prawnego punktu widzenia nie jest to „deportacja". (Proszę, wybaczcie mi używanie słowa „deportować" na kartach tej książki, ale wciąż nie bardzo wiem, jak nazwać to zjawisko, które polega na pozbywaniu się kogoś z jakiegoś kraju.) Ponieważ Felipe nie był już w żaden sposób związany z Australią, nie miał tam domu ani możliwości zarobkowania, jak najszybciej przeniesie się gdzieś, gdzie życie jest tańsze – prawdopodobnie do Azji Południowo-Wschodniej – a ja dołączę do niego po tamtej stronie kuli ziemskiej, kiedy po mojej stronie sprawy zaczną się już toczyć swoim rytmem. I tam razem przeczekamy ten nie wiadomo jak długi okres niepewności.

Podczas gdy Felipe zapisywał mi numery telefonów swojego prawnika, dorosłych dzieci oraz partnerów w interesach, żebym mogła ich wszystkich zaalarmować, ja wytrząsałam zawartość torebki w poszukiwaniu drobiazgów, które mogłyby mu ułatwić pobyt w areszcie: gumę do żucia, całą moją gotówkę, butelkę z wodą, nasze wspólne zdjęcie i powieść, którą czytałam w samolocie, pod bardzo stosownym tytułem: *Ludowy akt miłości*.

A potem oczy Felipe wypełniły się łzami.

– Dziękuję ci – powiedział – że pojawiłaś się w moim życiu. Niezależnie od tego, co się teraz wydarzy, niezależnie od tego, co postanowisz zrobić, wiedz, że dałaś mi dwa najradośniejsze lata i że nigdy cię nie zapomnę.

Błyskawicznie poraziła mnie myśl: *Dobry Boże, on sądzi, że mogłabym go teraz zostawić*. Jego reakcja zaskoczyła mnie i poruszyła, ale przede wszystkim zawstydziła. Odkąd funkcjonariusz Tom przedstawił taką możliwość, nawet na chwilę nie przyszło mi do głowy, że mogłabym n i e poślubić Felipe, by ratować go przed wygnaniem... ale najwyraźniej on doszedł do wniosku, że mogę go teraz porzucić. Naprawdę się obawiał, że mogę go teraz pozostawić samemu sobie, spłukanego, w sytuacji bez wyjścia. Czyżbym zasłużyła sobie na taką opinię? Czy rzeczywiście zdążył mnie uznać za kogoś, kto umknie przy pierwszej przeszkodzie? A może, zważywszy na moją historię, obawy Felipe nie były tak całkiem bezpodstawne? Gdyby nasza sytuacja była odwrotna, ja ani przez moment nie wątpiłabym w jego lojalność i byłabym pewna, że poświęci dla mnie praktycznie wszystko. Czy on mógł być pewny takiej stałości z mojej strony?

Musiałam przyznać, że gdyby się to zdarzyło dziesięć, piętnaście lat wcześniej, niemal na pewno zostawiłabym swojego partnera w kłopotach na lodzie. Z przykrością wyznaję, że w młodości nie postępowałam honorowo, jeśli w ogóle wiedziałam, co to takiego, a kapryśne i bezmyślne zachowanie było niejako moją specjalnością. Teraz jednak, a z wiekiem coraz bardziej, zależy mi na tym, by być osobą z charakterem. W tamtym momencie – miałam tylko tę chwilę sam na sam z Felipe – zrobiłam dla mężczyzny, którego uwielbiałam, tę jedyną właściwą rzecz. Przysięgłam mu – skandując te słowa wprost do jego ucha, by mógł pojąć powagę i szczerość moich intencji – że go nie opuszczę, że zrobię wszystko, co w mojej mocy, by sprawy załatwić, i że jeśli się nie uda, to i tak będziemy zawsze razem, gdzieś tam, gdziekolwiek na świecie musiałoby to być.

Wrócił funkcjonariusz Tom.

W ostatniej chwili Felipe szepnął mi:

– Tak bardzo cię kocham, że nawet gotów jestem się z tobą ożenić.

– A ja kocham c i e b i e tak bardzo – zapewniłam go – że nawet jestem gotowa za ciebie wyjść.

Potem ci mili ludzie z Departamentu Bezpieczeństwa

Wewnętrznego rozdzielili nas, założyli Felipe kajdanki i zabrali... najpierw do aresztu, a potem na wygnanie.

Kiedy tamtego wieczoru leciałam samotnie do domu, do naszej wówczas już byłej małej stabilizacji w Filadelfii, bardziej trzeźwo rozważałam to, co właśnie obiecałam. Ze zdumieniem stwierdziłam, że nie mam ochoty ani płakać, ani panikować; sytuacja była zbyt poważna na takie zachowanie. Byłam natomiast niezwykle skupiona... wiedziałam, że do tej sprawy trzeba podejść z najwyższą powagą. W ciągu zaledwie kilku godzin moje życie z Felipe zostało przewrócone do góry nogami, jakby za pomocą jakiejś kosmicznych rozmiarów łopaty. Wyglądało na to, że jesteśmy zaręczeni i zamierzamy się pobrać. Bez wątpienia była to dziwna i pospieszna ceremonia zaręczyn. Coś jak z Kafki albo z Jane Austen. A przecież te zaręczyny z konieczności miały oficjalny charakter.

No i dobrze. Niech tak będzie. Nie jestem pierwszą kobietą w historii mojej rodziny zmuszoną wziąć ślub z powodu poważnej sytuacji... choć przynajmniej w mojej sytuacji nie chodziło o przypadkową ciążę. Niemniej recepta była taka sama: szybko zawiązać węzeł. Więc tak zamierzaliśmy postąpić. Tu jednak tkwił problem, który rozpoznałam podczas tego samotnego lotu do Filadelfii. Nie miałam pojęcia, czym jest małżeństwo.

Już raz w życiu popełniłam ten błąd... wyszłam za mąż, nie rozumiejąc, o co w tym chodzi. Prawdę mówiąc, dałam nura w to pierwsze małżeństwo mniej więcej tak, jak labrador skacze do basenu... równie dobrze przygotowana i przewidująca. Miałam wówczas dwadzieścia pięć lat i byłam tak niedojrzała i nieodpowiedzialna, że chyba nie powinnam była sama wybierać sobie nawet pasty do zębów, a co dopiero mówić o przyszłości. Ta beztroska, jak łatwo sobie wyobrazić, okazała się bardzo kosztowna. Sześć lat później zbierałam jej żniwo w ponurej scenerii sądu rodzinnego.

Kiedy spoglądam wstecz na pierwsze chwile mojego małżeństwa, przypomina mi się powieść *Śmierć bohatera* Richarda Aldingtona, w której narrator zastanawia się nad młodą parą w niewróżącym dobrze dniu ich ślubu: „Czy da się wyliczyć te wszystkie ważne rzeczy, o jakich George i Elizabeth nie mieli pojęcia, kiedy składali przysięgę małżeńską?" Ja też byłam kiedyś płochą panną młodą jak bohaterka Aldingtona, o której napisał: „To, czego nie wiedziała, obejmowało niemal cały zakres ludzkiej wiedzy. Sztuka polega na tym, by odkryć, co wiedziała".

Choć w wieku trzydziestu siedmiu lat płochość miałam już za sobą, wciąż jeszcze nie byłam przekonana, że wiem teraz dużo więcej o rzeczywistości zinstytucjonalizowanego związku. Nie sprawdziłam się w małżeństwie i dlatego ono mnie przerażało, ale to nie czyniło ze mnie specjalistki od życia małżeńskiego; co najwyżej mogłam się uważać za ekspertkę od porażek i trwogi, a w tych dziedzinach aż kłębi się od fachowców. Tymczasem wtrąciło się przeznaczenie, żądając ode mnie kolejnego małżeństwa, a ja z doświadczenia życiowego zdążyłam się już nauczyć dość, by zrozumieć, że interwencję przeznaczenia można czasami odczytywać jako zachętę do zmierzenia się z naszymi największymi lękami, a wręcz do ich pokonania. Nietrudno zauważyć, że kiedy okoliczności zmuszają człowieka do zrobienia rzeczy, którą zawsze uważał za szczególnie odrażającą albo o której sama myśl napawała go trwogą, jest to przynajmniej interesująca okazja do rozwoju emocjonalnego lub intelektualnego.

W samolocie lecącym z Dallas – świadoma, że przeni-
cowano mój świat, wygnano mojego ukochanego, skazano
mnie na małżeństwo – zaczęłam się powoli zastanawiać,
czy nie powinnam wykorzystać tego czasu na pogodzenie
się z myślą o małżeństwie, zanim ponownie w nie zanur-
kuję. Może warto byłoby włożyć nieco wysiłku w próbę
rozwikłania zagadki tej odurzającej, irytującej, wewnętrznie sprzecznej, a jednocześnie uparcie tkwiącej w historii
ludzkości instytucji małżeństwa.

Zabrałam się do dzieła. Przez następne dziesięć miesięcy,
kiedy przenosiłam się z miejsca na miejsce z wykorzenio-
nym, skazanym na wygnanie Felipe, jednocześnie usilnie
próbując ściągnąć go do Ameryki, żebyśmy mogli się bezpiecznie pobrać (ślub w Australii czy gdziekolwiek indziej
na świecie, jak ostrzegł nas funkcjonariusz Tom, tylko
zirytowałby Departament Bezpieczeństwa Wewnętrznego i spowolnił procedury imigracyjne), jedynym, o czym
myślałam, czytałam i niemalże jedynym, o czym z kimkolwiek rozmawiałam, był zagmatwany temat małżeństwa.

Wróciwszy do Filadelfii, poprosiłam moją siostrę (która jest historykiem), by przysyłała mi książki dotyczące
małżeństwa, i zebrały się ich całe pudła. Gdziekolwiek
zatrzymywaliśmy się z Felipe, przesiadywałam godzinami
w hotelowym pokoju, studiując prace takich wybitnych
znawczyń problemu, jak Stephanie Coontz i Nancy Cott...
o których nigdy wcześniej nie słyszałam, a które teraz stały
się moimi bohaterkami i nauczycielkami. Muszę uczciwie
przyznać, że całe to moje zaaferowanie spowodowało,
że byłam okropną turystką. Włócząc się miesiącami po
świecie, mieszkaliśmy z Felipe w pięknych i fascynujących
miejscach, niestety nie zawsze zwracałam należytą uwagę

na otoczenie. Zresztą to i tak nie był czas beztroskiej przygody. Traktowałam nasze podróże jak banicję, ucieczkę przed niebezpieczeństwem. Podróż wymuszona brakiem możliwości powrotu do domu, bo jednemu z was prawo tego zabrania, nie może być miłym przedsięwzięciem.

Poza tym martwiła nas sytuacja finansowa. *Jedz, módl się, kochaj* miało się stać bestsellerem dopiero za rok, ale to z radością przyjęte wydarzenie jeszcze nie nastąpiło, co więcej, wcale się go nie spodziewaliśmy. Felipe był całkowicie odcięty od źródła dochodów, więc żyliśmy oboje z resztek pozostałych z mojego ostatniego kontraktu na książkę, nie wiedząc, na jak długo wystarczą. Na jakiś czas, owszem... ale nie na zawsze. Nieco wcześniej zaczęłam pracować nad nową powieścią, ale zbieranie materiałów i pisanie zostały przerwane przez deportację Felipe. I w ten sposób wylądowaliśmy w Azji Południowo-Wschodniej, gdzie dwoje oszczędnych ludzi jest w stanie przeżyć za mniej więcej trzydzieści dolarów dziennie. Choć w żadnym razie nie mogę twierdzić, że w okresie wygnania cierpieliśmy jakieś szczególne katusze (daleko nam było do przymierania głodem niczym uchodźcy polityczni), to przecież żyliśmy dziwacznie i w stałym napięciu, na dodatek niepewni przyszłości.

Szwendaliśmy się po świecie niemal przez rok, czekając na dzień, w którym wezwą Felipe na rozmowę do Konsulatu Amerykańskiego w Sydney. Przeskakując z jednego kraju do drugiego, byliśmy jak cierpiąca na bezsenność para, która usiłuje ułożyć się wygodnie do snu w obcym i niewygodnym łóżku. Przez wiele niespokojnych nocy, w wielu obcych i rzcczywiście niewygodnych łóżkach, leżałam w ciemności, rozmyślając nad nurtującymi mnie sprzecznościami i uprzedzeniami do instytucji małżeństwa, przefiltrowując całą przeczytaną informację, grzebiąc w historii, by doszukać się podnoszących na duchu wniosków.

Muszę od razu wyjaśnić, że ograniczyłam swoje badania głównie do małżeństwa w historii Zachodu i to kulturowe zawężenie znajdzie odbicie w niniejszej książce. Każdy prawdziwy historyk małżeństwa czy antropolog dostrzeże wielkie dziury w mojej narracji, ponieważ pozostawiłam nietknięte całe kontynenty i stulecia dziejów człowieka, by już nie wspomnieć o pominięciu pewnych istotnych koncepcji (choćby poligamii). Możliwość zgłębienia wszystkich małżeńskich zwyczajów sprawiłaby mi dużo radości i na pewno okazałaby się bardzo pouczająca, ale tyle czasu, by się tym zająć, nie miałam. Próba ogarnięcia złożonej natury małżeństwa, na przykład w samych tylko społecznościach muzułmańskich, wymagałaby wielu lat badań, mnie natomiast się spieszyło i nie mogłam sobie pozwolić na takie rozległe dociekania. W moim życiu tykał prawdziwy zegar: przed upływem roku – czy mi się to podobało czy nie, czy będę gotowa czy nie – musiałam wziąć ślub. Dlatego najsensowniejsze wydawało mi się skupienie uwagi na historii monogamicznego małżeństwa zachodniego, która miała mi pomóc lepiej zrozumieć odziedziczone po przodkach hipotezy na ten temat, historię mojej rodziny oraz określony normami kulturowymi mój własny katalog niepokojów.

Miałam nadzieję, że te studia złagodzą moją głęboką niechęć do małżeństwa. Nie byłam pewna, jak miałoby do tego dojść, ale z doświadczenia wiedziałam, że im więcej się o czymś dowiaduję, tym mniej mnie to przeraża. (Niektóre lęki można pokonać, jedynie odkrywając ich sekretne imiona, jak to było z imieniem Titeliturego.) Najbardziej zależało mi, żeby wyjść za Felipe, kiedy już przyjdzie na to pora, a nie jedynie godząc się z nieprzyjemnym i nieuniknionym losem. Nazywajcie mnie staroświecką, ale uważałam, że byłoby miło poczuć się szczęśliwą w dniu ślubu. To znaczy szczęśliwą i... świadomą.

Ta książka mówi o tym, jak mi się to udało.

A wszystko się zaczyna – ponieważ każda opowieść musi mieć swój początek – w górach na północy Wietnamu.

ROZDZIAŁ DRUGI

MAŁŻEŃSTWO A OCZEKIWANIA

*Mężczyzna może być szczęśliwy z każdą kobietą,
pod warunkiem że jej nie kocha.*

Oscar Wilde

Tego dnia trafiła na mnie pewna dziewczynka. Przybyliśmy z Felipe do tego szczególnego miejsca po całonocnej podróży z Hanoi rozklekotanym, brudnym pociągiem z czasów sowieckich. Nie pamiętam, dlaczego w ogóle udaliśmy się do tej konkretnej osady, ale wydaje mi się, że polecili ją nam jacyś młodzi duńscy wędrowcy. W każdym razie po hałaśliwej podróży brudnym pociągiem nastąpiła długa, hałaśliwa jazda brudnym autobusem. Wysiedliśmy z autobusu w oszałamiająco pięknym zakątku, położonym tuż przy granicy z Chinami... odizolowanym, soczyście zielonym i dzikim. Znaleźliśmy hotelik i kiedy wyszłam z niego, żeby rozejrzeć się wokół i rozprostować nogi po podróży, podeszła do mnie ta mała.

Miała dwanaście lat, jak dowiedziałam się później, ale była drobniejsza od wszystkich znanych mi amerykańskich dwunastolatek. Zauważyłam, że jest niezwykle piękna. Miała ciemną i zdrową skórę, splecione w warkocze lśniące włosy, jej odziane w krótką wełnianą sukienkę ciało było krzepkie i zwinne. Choć trwało lato i dni były parne, jej nogi okrywały jaskrawe legginsy. Przytupywała niecierpliwie plastikowymi chińskimi sandałkami. Kręciła się w pobliżu hotelu już od jakiegoś czasu – zauważyłam ją, kiedy się meldowaliśmy – i teraz, kiedy wyszłam na dwór sama, skierowała się bez wahania w moją stronę.

– Jak się nazywasz? – spytała.

– Mam na imię Liz. A jak ty masz na imię?

– Jestem Mai – odpowiedziała. – Mogę ci to zapisać, żebyś wiedziała, jak się to pisze poprawnie.

– Dobrze mówisz po angielsku – pochwaliłam ją.

Wzruszyła ramionami.

– Jasne. Często ćwiczę z turystami. Mówię też po wietnamsku, chińsku i trochę po japońsku.

– No wiesz? – zażartowałam. – Nie mówisz po francusku?

– *Un peu* – odparła, rzucając mi szelmowskie spojrzenie. Po czym szybko dodała: – Skąd jesteś, Liz?

– Z Ameryki – odpowiedziałam. A potem, starając się być dowcipna, bo było oczywiste, że ona jest stąd, spytałam:

– A skąd ty jesteś, Mai?

Natychmiast podchwyciła żart i odpowiednio zareagowała.

– Z brzucha mojej matki – odparła, a ja od razu poczułam do niej sympatię.

Mai rzeczywiście pochodziła z Wietnamu, ale później dotarło do mnie, że nigdy nie nazwałaby siebie Wietnamką. Należała do Hmongów... dumnej, izolowanej mniejszości etnicznej (antropolodzy nazywają to ludnością rdzenną), która zamieszkuje najwyższe góry Wietnamu, Tajlandii, Laosu i Chin. Przypominający Kurdów Hmongowie tak naprawdę nigdy nie należeli do żadnego z krajów, które zamieszkiwali. Pozostają jednym z tych najbardziej niezależnych ludów na świecie... są nomadami, opowiadaczami historii, wojownikami, urodzonymi nonkonformistami i prawdziwą zmorą dla każdego narodu, jaki kiedykolwiek próbował ich okiełznać.

Aby zrozumieć, jak niewiarygodne jest trwanie Hmongów na tej planecie, wystarczy sobie wyobrazić, jak by to było, gdyby na przykład Mohawkowie wciąż mieszkali na północy stanu Nowy Jork, tak jak kiedyś żyli tam przez stulecia, gdyby wciąż ubierali się w tradycyjne stroje, mówili własnym językiem i zdecydowanie odrzucali możliwość asymilacji. Zatem natknięcie się na taką jak ta wioskę Hmongów na początku dwudziestego pierwszego wieku stanowi coś w rodzaju anachronicznego cudu. Kultura Hmongów pozwala na coraz rzadszą możliwość podglądania ludzkich zwyczajów w dawnej wersji. Krótko mówiąc, nasze rodziny cztery tysiące lat temu zapewne przypominały Hmongów.

– Słuchaj, Mai, czy chciałabyś dzisiaj być moją tłumaczką? – zagadnęłam.

– Dlaczego? – zapytała rezolutnie.

Hmongowie są znani z bezpośredniego sposobu bycia, więc bez owijania w bawełnę wyjaśniłam jej:

– Muszę porozmawiać z kobietami z twojej wsi o ich małżeństwach.

– Dlaczego? – powtórzyła.

– Bo wkrótce wychodzę za mąż i potrzebuję ich rady.

– Jesteś za stara na małżeństwo – zauważyła Mai życzliwie.

– No cóż, mój chłopak też jest stary – odparłam. – Ma pięćdziesiąt pięć lat.

Przyjrzała mi się uważnie, zagwizdała cicho i oświadczyła:

– No tak. Szczęściarz z niego.

Nie jestem pewna, dlaczego Mai postanowiła mi pomóc tego dnia. Z ciekawości? Z nudów? W nadziei, że

49

dam jej parę groszy? (Co oczywiście zrobiłam.) Nieważne dlaczego, ważne, że się zgodziła. Pokonawszy strome wzniesienie, dość szybko dotarłyśmy do kamiennego domu Mai, który był maleńki, okopcony, z kilkoma okienkami i tkwił w najpiękniejszej dolinie rzeki, jaką można sobie wyobrazić. Dziewczynka wprowadziła mnie do środka i przedstawiła grupie kobiet. Wszystkie były zajęte tkaniem, gotowaniem i sprzątaniem. Od razu zaintrygowała mnie babka Mai. Miała około metra trzydziestu wzrostu i była najbardziej roześmianą i najszczęśliwszą bezzębną babcią, jaką w życiu spotkałam. Co więcej, uważała, że jestem przekomiczna. Każdy dotyczący mnie szczegół wywoływał jej niepohamowaną wesołość. Włożyła mi na głowę wysoki kapelusz Hmongów, pokazywała mnie palcem i pokładała się ze śmiechu. Wcisnęła mi w ramiona maleńkie dziecko i śmiała się, znów wskazując mnie palcem. Owinęła mnie w zachwycającą tkaninę Hmongów i zaśmiewała się z wycelowanym w moją stronę palcem.

Wcale mi to nie przeszkadzało. Już dawno temu nauczyłam się, że jeśli jesteś olbrzymem, przybyszem, który znalazł się pośród ludzi należących do odległej, obcej kultury, to twoim obowiązkiem jest pogodzić się z faktem, że będziesz wzbudzał wesołość. Przynajmniej tyle możesz zrobić, starając się być uprzejmym gościem. Wkrótce do domu przyszedł cały tłumek kobiet – sąsiadek i krewnych. One też przymierzały na mnie kawałki materiału, wkładały mi na głowę kapelusze, wciskały w ramiona niemowlęta, wskazywały palcem i śmiały się.

Jak wyjaśniła Mai, jej rodzina – około tuzina osób – mieszkała w tym jednoizbowym domku. Wszyscy spali razem na podłodze. Kuchnia znajdowała się po jednej stronie pomieszczenia, a opalany drewnem piec na zimę po

drugiej. Ryż i kukurydza zmagazynowane były na strysz-
ku nad kuchnią, a świnie, kury i bawoły domowe przez
cały czas szwendały się w pobliżu. W całym domu było
tylko jedno w miarę ustronne miejsce, niewiele większe
od schowka na miotły. Tam w każdej rodzinie, o czym
dowiedziałam się później z lektur, para nowożeńców spała
przez pierwsze kilka miesięcy, żeby móc w spokoju poznać
się cieleśnie. Jednak po tym wstępnym okresie prywatności
para młodych wracała do reszty rodziny i spała na podłodze wspólnej izby przez resztę życia.

– Mówiłam ci, że mój ojciec nie żyje? – spytała Mai,
oprowadzając mnie po gospodarstwie.

– Bardzo mi przykro – powiedziałam. – Kiedy to się
stało?

– Cztery lata temu.

– Jak umarł, Mai?

– Umarł – odpowiedziała chłodno i na tym skończyła
wyjaśnienia. Jej ojciec umarł na śmierć. Jak przypuszczam,
tak właśnie umierali ludzie, zanim dowiedzieliśmy się
czegoś więcej o tym dlaczego i jak. – Jak umarł, zjedliśmy
bawołu na jego pogrzebie. – Na to wspomnienie przez jej
twarz przemknęła mieszanka emocji: smutek z powodu
śmierci ojca, przyjemność na wspomnienie bawolego mięsa.

– Czy twoja matka czuje się samotna? – spytałam.

Mai odpowiedziała wzruszeniem ramion.

Trudno było sobie wyobrazić samotność w takim
domu i wydawało się zupełnie niemożliwe, by w tym
ścisku dało się znaleźć szczęśliwszą siostrę samotności:
p r y w a t n o ś ć. Mai i jej matka żyły w nieustannej
styczności z mnóstwem osób. Uderzyło mnie – nie pierwszy już raz podczas lat podróżowania – że w porównaniu
z takimi jak ta społecznościami współcześni Amerykanie

51

żyją w ogromnym odosobnieniu. Tam, skąd pochodzę, najmniejsza „komórka społeczna", czyli rodzina, skurczyła się do tego stopnia, że prawdopodobnie członkowie takiego rozgałęzionego we wszystkie strony klanu Hmongów w ogóle by jej nie zauważyli. W dzisiejszych czasach trzeba prawie mikroskopu elektronowego, żeby zbadać zachodnią rodzinę. Na ogół są to dwie, czasem trzy albo cztery osoby, obracające się w ogromnej przestrzeni; każda żyje we własnym fizycznym i psychicznym królestwie, każda spędza większość doby z dala od pozostałych.

Nie chcę tutaj sugerować, że wszystko, co dotyczy tej skurczonej współczesnej rodziny, jest złe. Niewątpliwie kobiety doczekały się lepszego życia i są zdrowsze, bo rodzą mniej dzieci, co jest dość poważnym argumentem przeciw urokowi tej rojnej kultury klanowej. Poza tym socjologowie już od dawna wiedzą, że przypadki kazirodztwa i molestowania dzieci są częstsze, kiedy duża liczba krewnych w różnym wieku żyje w takiej bliskości. W dużym tłumie trudno jest wszystko widzieć i chronić pojedyncze osoby... nie mówiąc już o zachowaniu własnej indywidualności.

Niewątpliwie jednak coś się też zagubiło w tych naszych nowoczesnych, zapewniających maksymalną prywatność, odseparowanych od siebie domach. Obserwując stosunki pomiędzy kobietami Hmongów, zaczęłam się zastanawiać, czy ewolucja tej coraz mniejszej i coraz bardziej szczątkowej zachodniej rodziny nie obciążyła w jakiś szczególny sposób współczesnego małżeństwa. W społeczności Hmongów na przykład mężczyźni i kobiety nie spędzają ze sobą tyle czasu co my. Owszem, mają współmałżonka. Tak, uprawiają z tą osobą seks. Tak, ich losy są ściśle powiązane. Tak, mogą darzyć się miłością. Poza tym jednak życie mężczyzn i kobiet jest dokładnie rozdzielone i powiązane z przypisanymi płci zadaniami. Mężczyźni pracują i utrzymują kontakty towarzyskie z innymi mężczyznami; kobiety pracują i utrzymują kontakty towarzyskie z innymi kobietami. Ciekawostka: tego dnia w pobliżu domu Mai nie było ani jednego mężczyzny. Nie wiem, co w tym czasie robili (uprawiali ziemię, pili, rozmawiali, oddawali się hazardowi), ale robili to gdzieś indziej, w męskim towarzystwie, z dala od świata kobiet.

Jeśli więc jesteś kobietą Hmongów, nie oczekujesz od męża, aby był twoim najlepszym przyjacielem, powiernikiem twoich sekretów, twoim doradcą, osobą równą ci intelektualnie, pocieszycielem w chwilach smutku i psychicznym oparciem. Kobiety Hmongów otrzymują emocjonalną siłę i wsparcie od innych kobiet... od sióstr, ciotek, matek, babek. Kobieta Hmongów słyszy w życiu wiele głosów, opinii i rad. Krewniaczki są na wyciągnięcie ręki, w towarzystwie pracuje się, jeśli nie lżej, to przynajmniej weselej.

Kiedy już wymieniłyśmy wszystkie powitania i pohuśtałam wszystkie niemowlęta i kiedy śmiech ucichł, przeobrażając się w uprzejmość, wreszcie usiadłyśmy. Zaczęłam wypytywać babkę Mai o ślubne ceremonie Hmongów. Dziewczynka tłumaczyła.

To bardzo proste, wyjaśniała cierpliwie babka. Przed tradycyjną ślubną ceremonią Hmongów rodzina przyszłego pana młodego pojawia się z wizytą w domu panny młodej, żeby obie rodziny mogły wypracować kontrakt, ustalić datę, poczynić stosowne plany. Zawsze wtedy zabija się kurę, żeby zadowolić duchy obu rodzin. Kiedy nadchodzi dzień zaślubin, bije się dużo świń. Na ucztę przybywają krewni ze wszystkich wsi, żeby wspólnie świętować. Obie rodziny uczestniczą w kosztach. Uroczysty orszak podąża do stołu biesiadnego, a krewny pana młodego zawsze towarzyszy młodej parze z parasolem.

W tym miejscu jej przerwałam, żeby zapytać, jakie znaczenie ma ten parasol. Pytanie wywołało zamieszanie, które mogło być spowodowane tym, że nie bardzo rozumiały, o co chodzi ze słowem „znaczenie". Parasol to parasol powiedziały mi, a niesie się go dlatego, że parasol zawsze się nosi podczas ślubu. Tak jest i dlatego tak jest, że zawsze tak było.

Zakończywszy sprawę parasola, babka przeszła do wyjaśnienia innego zwyczaju Hmongów, mianowicie porwania. To bardzo stary zwyczaj, oświadczyła, i nie jest już tak często stosowany jak niegdyś. Ale nie zaginął. Dziewczyna – która czasami jest, a czasami nie jest wcześniej informowana o planach porwania – zostaje uprowadzona przez potencjalnego pana młodego i przewieziona konno do domu jego rodziny. Wszystko jest dokładnie zorganizowane, ale może być przeprowadzone tylko w niektóre noce, podczas uroczystości kończących dni targowe. (Nie można sobie porywać dziewczyny, kiedy ma się na to ochotę. Istnieją pewne r e g u ł y.) Potem dziewczyna mieszka trzy dni w domu porywacza, z jego rodziną, żeby podjąć decyzję, czy chce, czy nie chce za niego wyjść. Prawie zawsze, stwierdziła babka, dziewczyna wyraża zgodę i do ślubu dochodzi. W tych rzadkich przypadkach, kiedy porwana dziewczyna nie akceptuje swojego porywacza, po prostu po trzech dniach wraca do swojej rodziny i wszystko ulega zapomnieniu. Co, biorąc pod uwagę porwanie, wydało mi się akurat rozsądne.

Kiedy spróbowałam namówić babkę Mai, by opowiedziała mi historię własnego małżeństwa, w nadziei, że wydobędę z niej jakieś osobiste, zabarwione emocjonalnie anegdotki na temat jej własnych doświadczeń w tej materii, rozmowa przybrała i dla mnie, i dla wszystkich obecnych jakiś dziwaczny charakter. Konsternacja zapanowała natychmiast po tym, jak zadałam babce pierwsze pytanie:

– Co pomyślałaś o swoim mężu, kiedy go pierwszy raz zobaczyłaś?

Jej pomarszczona twarz wyrażała zdumienie. Założywszy, że kobieta – a może Mai – nie zrozumiała pytania, spróbowałam ponownie:

– Kiedy uświadomiłaś sobie, że twój mąż jest tym człowiekiem, którego chcesz poślubić?

To pytanie również spotkało się z czymś, co zinterpretowałam jako uprzejme zakłopotanie.

– Czy od razu wiedziałaś, że jest kimś wyjątkowym? – spróbowałam raz jeszcze. – A może spodobał ci się dopiero z czasem?

W tym momencie niektóre kobiety zaczęły nerwowo chichotać, tak jak się chichocze w obecności kogoś odrobinę szalonego... kim najwyraźniej właśnie stałam się w ich oczach.

Wycofałam się i spróbowałam inaczej.

– Chciałam się dowiedzieć, kiedy pierwszy raz zobaczyłaś swojego męża...

Babka pogrzebała w pamięci, ale nie była w stanie znaleźć w niej nic bardziej precyzyjnego od „dawno temu". W żadnym razie nie wydawało się to dla niej istotne.

– No dobrze, g d z i e pierwszy raz spotkałaś swojego męża? – zapytałam, starając się jak najbardziej uprościć sprawę.

I znów moja ciekawość wydawała się zupełnie dla staruszki niezrozumiała. Z uprzejmości jednak spróbowała mnie zadowolić. Starała się wyjaśnić, że tak k o n k r e tn i e to nie spotkała swojego męża, dopóki go nie poślubiła. Oczywiście widywała go wcześniej. No wiesz, zawsze dookoła kręci się mnóstwo ludzi. Nie pamięta dokładnie. Tak czy owak, powiedziała, nie jest ważne, czy znała go, kiedy była młodą dziewczyną. Ostatecznie, podsumowała ku uciesze pozostałych kobiet, teraz na pewno go zna.

– Ale kiedy się w nim zakochałaś? – spytałam w końcu bez ogródek.

W momencie, gdy Mai przetłumaczyła to pytanie, wszystkie kobiety oprócz jej babki, która była na to zbyt uprzejma, parsknęły śmiechem... w spontanicznym wybuchu radości, który każda z nich próbowała z grzeczności zdusić, zakrywając usta rękoma.

Ktoś mógłby sobie pomyśleć, że to mnie zniechęciło. Może i powinno. Ja jednak drążyłam dalej, zadając pytanie, które zabrzmiało dla nich jeszcze bardziej niedorzecznie.

– A co, według ciebie, stanowi tajemnicę szczęśliwego małżeństwa? – zapytałam z powagą.

Teraz dopiero je rozbawiłam! Nawet babka otwarcie zanosiła się śmiechem. To mi zupełnie nie przeszkadzało, zgadza się. Jak już mówiłam, w obcym kraju zawsze pozwalam z siebie żartować, jeśli to kogoś bawi. Jednak w tym przypadku, co muszę przyznać, cała ta wesołość była nieco niepokojąca, a to dlatego, że zupełnie nie chwytałam dowcipu. Rozumiałam jedynie, że należące do Hmongów panie mówią najwyraźniej zupełnie innym językiem niż ja (i nie chodzi mi o to, że w sensie dosłownym mówiłyśmy całkowicie innymi językami). Co jednak w moim pytaniu było aż tak absurdalne?

W kolejnych tygodniach, kiedy odtwarzałam sobie tę rozmowę w głowie, musiałam stworzyć własne wyjaśnienie, dlaczego te kobiety i ja nie mogłyśmy się zupełnie dogadać na temat małżeństwa. Oto moja teoria: Ani babka Mai, ani żadna inna kobieta w tamtym domu nie umieszczały małżeństwa w centrum swojego życia emocjonalnego w sposób choćby trochę przypominający mój. We współczesnym zindustrializowanym świecie zachodnim, skąd pochodzę, osoba, którą wybieramy na współmałżonka, jest zapewne najbardziej jaskrawym odzwierciedleniem naszej osobowości. Współmałżonek staje się błyszczącym lustrem, w którym odbija się dla świata nasz emocjonalny indywidualizm. Nie ma wszak bardziej osobistego wyboru niż ten, którego dokonujemy, wybierając przyszłego męża lub żonę; ten wybór mówi nam bardzo dużo o tym, kim jesteśmy. Jeśli więc zapytamy typową współczesną kobietę Zachodu, jak poznała swojego męża, kiedy go poznała i dlaczego się w nim zakochała, możemy być pewni, że uzyskamy pełną, złożoną i głęboko osobistą opowieść, którą ta kobieta nie tylko starannie skonstruowała wokół własnych przeżyć, ale którą również zapamiętała, przyswoiła i wnikliwie przebadała, by znaleźć w niej coś o sobie samej. Więcej nawet, ta kobieta chętnie podzieli się z tobą tą historią... nawet jeśli jesteś zupełnie obcą osobą. Prawdę mówiąc, na przestrzeni lat odkryłam, że pytanie: „Jak poznałaś swojego męża?" jest jednym z najlepszych sposobów na przełamywanie lodów, jaki kiedykolwiek wymyślono. Z mojego doświadczenia wynika, że jest zupełnie nieważne, czy małżeństwo danej kobiety było szczęśliwe, czy okazało się kompletną katastrofą. I tak uzyskasz odpowiedź, która będzie niezwykle ważną opowieścią o istocie jej życia uczuciowego... być może nawet tą najważniejszą opowieścią o jej życiu uczuciowym.

Niezależnie od tego, kim jest ta współczesna zachodnia kobieta, zapewniam was, że jej historia będzie się koncentrować na dwojgu ludzi – jej samej i męża – którzy niczym postaci z powieści czy filmu, zanim się poznali, żyli sobie każde po swojemu, aż ich ścieżki w jakimś brzemiennym w skutki momencie się przecięły („Tamtego lata mieszkałam w San Francisco i nie miałam zamiaru zatrzymywać się tam dłużej... dopóki na przyjęciu nie spotkałam Jima"). W tej historii zapewne wystąpi element dramatyzmu i napięcia („On myślał, że spotykam się z facetem, z którym tam przyszłam, ale to był mój przyjaciel, gej, Larry!"). Pojawią się też wątpliwości („Tak naprawdę to nie był w moim typie; zazwyczaj podobają mi się faceci z bardziej intelektualnym zacięciem"). Opowieść zakończy się zbawienną deklaracją („Teraz życia sobie bez niego nie wyobrażam!") albo – jeśli sprawy przybrały zły obrót – spóźnionymi przemyśleniami i samooskarżeniami („Czemu od razu nie dopuściłam do siebie myśli, że jest alkoholikiem i łgarzem?"). Niezależnie od szczegółów można być pewnym, że historia miłosna współczesnej kobiety Zachodu zostanie przez nią przeanalizowana z każdej możliwej strony i że z upływem lat narracja zostanie przekuta w złoty epicki mit albo zabalsamowana w gorzką ostrzegawczą opowiastkę.

Zamierzam zaryzykować stwierdzenie, że kobiety Hmongów tego nie robią. Albo przynajmniej nie t e kobiety Hmongów.

Zrozumcie, proszę, nie jestem antropologiem i zdaję sobie sprawę z tego, że wykraczam poza własne kompetencje, kiedy snuję domysły na temat kultury Hmongów. Moje osobiste doświadczenia z tymi kobietami ograniczyły się do jednej popołudniowej rozmowy, z dwunastolatką w roli tłumaczki, sądzę więc, że mogłam nie wyłapać niuansów związanych z życiem tej bardzo starej i złożonej społeczności. Przyznaję również, że te kobiety mogły uważać moje pytania za natarczywe, nawet za obraźliwe. Dlaczego miałyby opowiadać najbardziej osobiste historie mnie, wścibskiemu intruzowi? A nawet jeśli próbowały przekazać mi informację o swoich związkach, to istnieje możliwość, że pewne subtelne przesłania ginęły z powodu błędnego tłumaczenia albo po prostu z braku międzykulturowego zrozumienia.

Co powiedziawszy, muszę zauważyć, że znaczną część mojego zawodowego życia poświęciłam robieniu wywiadów i dlatego mam zaufanie do własnych umiejętności pilnego obserwowania i słuchania. Kiedy wchodzę do domu obcych ludzi, jak większość z nas szybko zauważam różnice w sposobie bycia i myślenia między nimi a moją rodziną. Załóżmy zatem, że tego dnia w domostwie Hmongów obdarzyłam ponadprzeciętnie ekspresyjnych gospodarzy ponadprzeciętną uwagą ponadprzeciętnego obserwatora. W tej roli – i tylko w tej roli – czuję się na tyle pewna, by stwierdzić, czego n i e zauważyłam tego dnia w domu babki Mai. N i e zauważyłam, aby grupa obecnych tam kobiet snuła na temat swoich małżeństw przetrawione mity albo opowieści ku przestrodze. Powodem, dla którego uznaję to za godne odnotowania, jest fakt, że byłam świadkiem, jak kobiety na całym świecie snują właśnie tego typu przetrawione mity i opowieści ku przestrodze w bardzo różnym mieszanym towarzystwie i pod byle pretekstem. Panie z ludu Hmongów w ogóle nie miały zamiaru tego robić. Nie zamierzały również tworzyć żadnej długiej, zawiłej, epickiej historii swojego uczuciowego „ja" ani z mężem w roli herosa, ani złoczyńcy.

Nie twierdzę, że te kobiety nie kochają swoich mężów, że ich nigdy nie kochały ani że nie p o t r a f i ł y ich kochać. Byłoby niedorzecznością wyciągać takie wnioski, ponieważ ludzie wszędzie się kochają i zawsze się kochali. Romantyczna miłość jest doznaniem uniwersalnym. Świadectwa namiętnych uczuć znajdziemy w każdym zakątku świata. Wszystkie kultury mają miłosne pieśni, miłosne zaklęcia i miłosne modlitwy. Dla złamanych serc nie istnieją granice religijne, społeczne, kulturowe ani związane z wiekiem czy płcią. (Wiedzcie, że w Indiach 3 maja jest Narodowym Dniem Złamanych Serc. A w Papui-Nowej Gwinei żyje plemię, którego mężczyźni piszą smętne pieśni miłosne zwane *namai*, opowiadające tragiczne historie niedoszłych małżeństw.) Moja przyjaciółka Kate poszła kiedyś na koncert mongolskich śpiewaków gardłowych, którzy występowali w Nowym Jorku podczas swojego wyjątkowo rzadkiego światowego tournée. Chociaż nie rozumiała słów pieśni, stwierdziła, że muzyka była przejmująco smutna. Po koncercie podeszła do mongolskiego solisty i spytała: „O czym śpiewacie?" „Śpiewamy o tym samym, o czym śpiewają wszyscy: o utraconej miłości i o tym, jak ktoś ukradł ci najszybszego konia" – odpowiedział jej.

Jest więc oczywiste, że Hmongowie się zakochują. I równie oczywiste jest, że wolą jedną osobę od drugiej, odczuwają brak bliskiego człowieka po jego śmierci i zauważają, że nie wiadomo dlaczego nagle podoba im się czyjś zapach lub śmiech. I chyba tylko nie twierdzą, że takie romantyczne bzdury mogą być prawdziwym p o w o d e m zawarcia małżeństwa. Prawdopodobnie nie zakładają, że te dwa oddzielne zjawiska (miłość i małżeństwo) muszą się gdzieś przecinać... czy to na początku związku, czy w jakimkolwiek innym momencie. Może uważają, że w małżeństwie chodzi o coś zupełnie innego.

Jeśli to brzmi jak niezrozumiałe wariactwo, nie zapominajcie, że jeszcze całkiem niedawno ludzie Zachodu mieli takie same, zupełnie nieromantyczne poglądy na małżeństwo. Naturalnie małżeństwa aranżowane przez rodziców nigdy nie były powszechną cechą amerykańskiego stylu życia – nie mówiąc już o porywaniu potencjalnej panny młodej – niemniej w pewnych warstwach społecznych małżeństwo z r o z s ą d k u jeszcze do niedawna wcale nie było rzadkością. Przez „małżeństwo z rozsądku" rozumiem taki związek, w którym dobro wspólne większej grupy liczy się bardziej niż dobro dwojga zainteresowanych osób; takie małżeństwa były na przykład zawierane przez wiele pokoleń wśród amerykańskich farmerów.

Okazuje się, że sama znam jedno takie małżeństwo. Kiedy dorastałam w małym miasteczku w Connecticut, przepadałam za parą sąsiadów – siwowłosym panem Arthurem Websterem i jego żoną Lillian. Websterowie prowadzili gospodarstwo mleczarskie i żyli zgodnie ze świętymi jankeskimi wartościami. Byli skromnymi, oszczędnymi, wielkodusznymi, pracowitymi, nienachalnie religijnymi i towarzysko dyskretnymi członkami tamtejszej społeczności, którym udało się wychować trójkę dzieci na porządnych obywateli. Byli też niezwykle mili. Pan Webster nazywał mnie Kędziorkiem i pozwalał godzinami jeździć na rowerze po swoim elegancko wybrukowanym parkingu. Pani Webster – jeśli byłam bardzo grzeczna – pozwalała mi czasem pobawić się swoją kolekcją staroświeckich buteleczek po lekarstwach.

Pani Webster zmarła parę lat temu. Kilka miesięcy po jej śmierci poszłam na kolację z panem Websterem i rozmowa zeszła na jego żonę. Chciałam wiedzieć, jak się poznali, pokochali... jak wyglądały romantyczne początki ich wspólnego życia. Innymi słowy, zadałam mu wszystkie te pytania, które później miałam zadać kobietom

Hmongów w Wietnamie, i odpowiedzi pana Webstera były podobne... a raczej wcale ich nie było. Nie mogłam wyciągnąć od niego choćby jednego romantycznego wspomnienia związanego z początkami małżeństwa. Przyznał, że nie pamięta nawet dokładnie momentu, w którym poznał Lillian. Zdawało mu się, że ona zawsze gdzieś tam była. Nie zakochał się od pierwszego wejrzenia. Nie było żadnego elektryzującego momentu, tej iskierki nagłego zainteresowania. Nigdy się w niej nawet nie zadurzył.

– Dlaczego więc się pan ożenił z Lillian? – spytałam.

Pan Webster wyjaśnił otwarcie i rzeczowo, po jankesku, że ożenił się, bo brat mu polecił to zrobić. Arthur miał wkrótce przejąć rodzinne gospodarstwo i potrzebował żony. Nie da się dobrze gospodarzyć bez żony, tak jak nie da się dobrze gospodarzyć bez traktora. Było to wolne od sentymentów stwierdzenie, ale hodowla bydła mlecznego w Nowej Anglii nie ma nic wspólnego z sentymentami, i Arthur wiedział, że brat ma rację. Tak więc sumienny i posłuszny młody pan Webster rozejrzał się i znalazł sobie żonę. Słuchając jego opowieści, miałam wrażenie, że posadę „pani Webster" zamiast Lillian mogła otrzymać każda inna młoda kobieta, i w tamtym czasie nikomu nie zrobiłoby to większej różnicy. Arthur zdecydował się akurat na pracującą w miejscowej agencji rolnej blondynkę. Była w odpowiednim wieku. Była miła. Była zdrowa. Była porządna. Nadawała się.

A zatem powodem małżeństwa Websterów nie była namiętna miłość... tak samo jak w przypadku małżeństwa babki Mai z ludu Hmongów. Moglibyśmy zatem założyć, że taki związek jest małżeństwem bez miłości. Musimy być jednak ostrożni przy wyciąganiu podobnych wniosków.

Wiem, że przynajmniej w przypadku Websterów nie mogę tego powiedzieć.

W jesieni jej życia stwierdzono u pani Webster chorobę Alzheimera. Przez prawie dziesięć kolejnych lat ta krzepka niegdyś kobieta stopniowo podupadała, sprawiając ból wszystkim wokół. Jej mąż – ten pragmatyczny, jankeski gospodarz – zajmował się swoją żoną przez cały czas jej powolnego umierania. Kąpał ją, karmił, tkwił przy niej, żeby nie zrobiła sobie krzywdy, nauczył się znosić straszne konsekwencje rozpadu jej osobowości. Troszczył się o nią, choć od dawna go nie poznawała... nawet wtedy, kiedy już siebie nie poznawała. Każdej niedzieli pan Webster ubierał ładnie swoją żonę, sadzał w wózku inwalidzkim i zawoził na mszę do tego samego kościoła, w którym sześćdziesiąt lat wcześniej brali ślub. Robił to dlatego, że Lillian uwielbiała ten kościół, a on wiedział, że doceniłaby ten gest, gdyby tylko mogła. Siadał w ławce obok żony i trzymał jej rękę, podczas gdy ona powoli usuwała się w nicość.

I jeśli to nie jest miłość, to niech mi ktoś wyjaśni, co nią jest.

Musimy jednak być ostrożni i nie zakładać, że wszystkie aranżowane małżeństwa w historii i wszystkie małżeństwa z rozsądku, i wszystkie małżeństwa zaczynające się porwaniem muszą przynieść lata zadowolenia. Pod tym względem Websterowie mieli szczęście. (Choć należy podejrzewać, że włożyli też w swoje małżeństwo dużo wysiłku.) Pan Webster i lud Hmong mogą natomiast wyznawać pewną wspólną koncepcję, taką mianowicie, że uczucie na początku małżeństwa nie jest aż tak ważne jak to na końcu, po wielu latach wspólnego życia. Co więcej, prawdopodobnie zgodziliby się również ze sobą, że nie istnieje żadna konkretna osoba, która czeka na człowieka gdzieś w świecie, by go w pełni uszczęśliwić, ale że jest wiele ludzi (prawdopodobnie tuż obok), z którymi można nawiązać bliską i pełną szacunku więź. Można wtedy latami żyć i pracować u boku tej osoby, z nadzieją, że z czasem związek zaowocuje czułością i poczuciem jedności.

Pod koniec wizyty w domu rodziny Mai zrozumiałam jasno i dogłębnie tę koncepcję, kiedy zadałam starej kobiecie ostatnie pytanie, które także wydało jej się dziwaczne i niezrozumiałe.

– Czy twój mężczyzna jest dobrym mężem? – spytałam.

Staruszka musiała poprosić wnuczkę o kilkakrotne powtórzenie pytania, żeby się upewnić, czy dobrze usłyszała: *Czy on jest dobrym mężem?* Potem popatrzyła na mnie rozbawiona, zupełnie jakbym spytała: „A te kamienie, z których zbudowane są wasze góry... to są d o b r e kamienie?"

Najlepsza odpowiedź, jaką udało jej się wymyślić, brzmiała: Jej mąż nie jest ani dobrym, ani złym mężem. Jest po prostu mężem. Jest taki, jacy są mężowie. Kiedy o nim mówiła, miałam wrażenie, jakby słowo „mąż" oznaczało bardziej zawód, a nawet jakiś odrębny gatunek, niż konkretną, ukochaną lub irytującą osobę. Rola „męża" była dość prosta, obejmowała zbiór zadań, z których jej mężczyzna najwyraźniej wywiązywał się w zadowalającym stopniu przez całe ich wspólne życie... podobnie, jak stwierdziła, inni mężowie, chyba że kobieta miała pecha i trafił jej się wyjątkowy niedołęga. Staruszka posunęła się nawet do stwierdzenia, że w ostatecznym rozrachunku nieważne jest, którego mężczyznę kobieta poślubi. Poza rzadkimi wyjątkami mężczyźni są w zasadzie tacy sami.

– Co chcesz przez to powiedzieć? – spytałam.

– Wszyscy mężczyźni są tacy sami i wszystkie kobiety są takie same, na ogół – wyjaśniła dokładniej. – Każdy to wie.

Pozostałe panie kiwały potakująco głowami.

Pozwolę sobie przerwać na chwilę i bez ogródek stwierdzić coś, co może być absolutnie oczywiste.

Dla mnie jest już za późno, by być kobietą Hmongów.

Rany boskie, dla mnie jest już nawet za późno, by być Websterem.

Urodziłam się pod koniec dwudziestego wieku w rodzinie amerykańskiej klasy średniej. Podobnie jak nieprzeliczone miliony innych żyjących współcześnie ludzi, urodzonych w podobnych okolicznościach, zostałam wychowana w przekonaniu, że jestem kimś wyjątkowym. Moi rodzice (którzy nie byli ani hipisami, ani radykałami, i wręcz dwukrotnie głosowali na Ronalda Reagana) uważali po prostu, że ich dzieci posiadają szczególnego rodzaju dary i marzenia różniące je od innych dzieci. Zawsze doceniano moją „mojość" i co więcej, postrzegano jako coś innego od „jejości" mojej siostry czy „ichności" moich przyjaciół i od „wszystkoinności" wszystkich innych. Choć na pewno rodzice mnie nie rozpuszczali, to wierzyli, że moje szczęście osobiste jest ważne i że powinnam uczyć się tak kształtować swoje życie, żeby znaleźć w nim zadowolenie.

Muszę tu dodać, że wszystkich moich przyjaciół i krewnych wychowano w podobnym przekonaniu. Z wyjątkiem członków najbardziej konserwatywnych rodzin oraz rodzin, które dopiero niedawno osiedliły się w Stanach, wszyscy znani mi ludzie na jakimś podstawowym poziomie podzielali zakładany w naszej kulturze szacunek dla każdego pojedynczego człowieka. Niezależnie od wyznawanej religii i sytuacji materialnej, wszyscy przyjmowaliśmy ten sam dogmat, który mogę określić jako historycznie bardzo niedawny i bardzo zachodni, a który można sprowadzić do stwierdzenia: „Jesteś ważny".

Nie zamierzam sugerować, jakoby Hmongowie uważali, że ich dzieci nie są ważne; wręcz przeciwnie, w kręgach antropologów słyną z tego, że tworzą wyjątkowo mocno kochające się rodziny. W żadnym razie nie jest to jednak społeczność, która modliłaby się przed ołtarzem indywidualnego wyboru. Jak w większości społeczeństw tradycyjnych, dogmat rodziny Hmongów nie brzmiałby „Jesteś ważny", ale „Ważna jest twoja rola". W życiu są bowiem, o czym wiedział każdy w tej wiosce, zadania do wykonania – niektóre należą do mężczyzn, inne do kobiet – i wszyscy muszą wnieść swój wkład zależnie od posiadanych umiejętności. Jeśli wywiążesz się ze swoich zadań, możesz iść spać z poczuciem, że jesteś porządnym mężczyzną albo porządną kobietą, i to ci ma wystarczyć. Nie spodziewaj się niczego więcej ani od życia, ani od ludzi, którzy cię otaczają.

Spotkanie z kobietami Hmongów tamtego dnia przypomniało mi popularne powiedzenie: „Nadzieja matką głupich". Mojej przyjaciółce, starszej pani z ludu Hmongów, nie powiedziano nigdy, że zadaniem jej męża jest ją uszczęśliwić. Przede wszystkim nie kazano jej myśleć, że jej życiowym zadaniem jest czuć się szczęśliwą. Ponieważ nigdy niczego takiego nie oczekiwała, nie miała okazji rozczarować się swoim małżeństwem. Jej małżeństwo spełniło swoją rolę, zrealizowało niezbędne społeczne zadanie, było takie, jakie było, i o to chodziło.

Mnie jednak zawsze uczono czegoś przeciwnego: tego, że pogoń za szczęściem jest moim naturalnym (nawet

n a r o d o w y m) prawem, przysługującym z tytułu urodzenia. Poszukiwanie szczęścia jest uczuciowym znakiem
firmowym mojej kultury. I to nie zwykłego, jakiegoś tam
szczęścia, ale szczęścia głębokiego, wręcz bezgranicznego.
A cóż może przynieść człowiekowi większe szczęście niż
romantyczna miłość? Mnie przynajmniej nasza kultura
zawsze uczyła, że małżeństwo powinno być zadbaną cie-
plarnią, w której mogą rozkwitać romantyczne uczucia.
I tak w tej nieco chwiejnej cieplarni mojego pierwszego
małżeństwa pielęgnowałam całe rządki wielkich nadziei,
jak legendarny Johnny Appleseed jabłonki w swoich szkół-
kach. Moje starania dały tylko gorzkie owoce.

Odnoszę wrażenie, że gdybym spróbowała wyjaśnić to
wszystko staruszce Hmongów, nie miałaby pojęcia, o co,
u licha, mi chodzi. Pewno zareagowałaby dokładnie tak,
jak zareagowała pewna wiekowa kobieta w południowych
Włoszech, kiedy jej się przyznałam, że odeszłam od męża,
bo małżeństwo mnie unieszczęśliwiało.

– A kto jest szczęśliwy? – spytała od niechcenia tamta
włoska wdowa i wzruszeniem ramion zamknęła temat.

Chcę, żeby mnie dobrze zrozumiano. Nie zamierzam idea-
lizować tego, ach jakże nieskomplikowanego życia mieszkańców położonej w malowniczej okolicy wsi. Powiem
jasno, że za nic nie zamieniłabym się z żadną z tych kobiet,
jakie spotkałam w tej wietnamskiej wiosce. Nie chciałabym
żyć tak jak one, choćby z samych powodów dentystycz-
nych. Poza tym przyjęcie ich spojrzenia na świat byłoby
niedorzeczne i obraźliwe dla mnie. Co więcej, nieubłagany
postęp przemysłowy powoduje, że w nadchodzących latach
to raczej Hmongowie przyjmą mój sposób widzenia świata.
Prawdę mówiąc, ten proces już się rozpoczął. Kiedy

dziewczęta takie jak dwunastoletnia Mai z powodu zalewu turystów natykają się na nowoczesne kobiety z Zachodu takie jak ja, doświadczają pierwszych krytycznych chwil kulturowego zawahania. Nazywam to „momentem poczekaj chwilę", kiedy to dziewczyna z tradycyjnej kultury zaczyna się zastanawiać, co właściwie ma z tego, że wyjdzie za mąż w wieku trzynastu lat i wkrótce urodzi dzieci. Myśli, czy przypadkiem nie chciałaby dokonać zupełnie innego wyboru, a może w ogóle wolałaby mieć możliwość dokonywania różnych wyborów. Kiedy już dziewczęta z zamkniętych społeczności zaczynają snuć takie myśli, rozpętuje się piekło. Mai – władająca trzema językami, inteligentna i spostrzegawcza – już zdążyła dostrzec inne życiowe możliwości. Nie minie wiele czasu, a zacznie mieć wymagania. Innymi słowy: nawet dla Hmongów może już być za późno, by pozostali Hmongami.

Zatem nie, nie mam ochoty – wręcz nie potrafię – wyzbyć się indywidualistycznych pragnień, które są przysługującym mi z urodzenia prawem nowoczesności. Jak większość ludzi, skoro już rozłożono przede mną wachlarz możliwości, zawsze będę za posiadaniem większej liczby życiowych wyborów: wyborów, które coś wyrażają, są jak najbardziej indywidualne, czasem niezrozumiałe i niewybaczalne, nawet ryzykowne... ale jednak zawsze własne. Prawdę mówiąc, od samej liczby możliwości, jakie zdążyło roztoczyć przede mną życie – żenująco rozmaitej kawalkady – babcia Mai dostałaby zawrotu głowy. W rezultacie takich osobistych swobód moje życie należy do mnie i odzwierciedla mnie samą w stopniu niewyobrażalnym dla mieszkanek gór północnego Wietnamu, nawet w obecnych czasach. Zupełnie jakbym należała do nowego gatunku kobiet (człowiek nieograniczony, można by nas nazwać).

I podczas kiedy my, należące do tego nowego, wspaniałego gatunku, rzeczywiście posiadamy rozległe, wspaniałe, niemal nieograniczone możliwości, to jednak należy pamiętać, że nasze życie niesie ładunek zagrożeń innego rodzaju. Jesteśmy narażone na emocjonalne rozchwianie i nerwice, które zapewne są u Hmongów rzadkością, natomiast szerzą się wśród współczesnych mi kobiet, choćby w Baltimore.

Mówiąc najprościej, problemem jest to, że n i e   m o ż e- m y wybrać jednocześnie   w s z y s t k i e g o. Dochodzi do sytuacji, w których niebezpiecznie poraża nas brak zdecydowania, ponieważ boimy się, że każdy wybór może się okazać zły (mam przyjaciółkę, która po fakcie zawsze żałuje swoich decyzji, i jej mąż żartuje, że swoją autobiografię mogłaby zatytułować *Trzeba było jednak zamówić krewetki*). Równie niepokojące bywają te chwile, kiedy rzeczywiście podejmujesz decyzję, a potem masz uczucie, jakbyś zamordowała jakiś inny aspekt samej siebie, podejmując właśnie tę jedną, konkretną decyzję. Obawiasz się, że wybierając drzwi numer trzy, zabiłaś jakąś inną – ale równie ważną – część swojej duszy, która mogłaby się objawić, jedynie gdybyś przeszła przez drzwi numer jeden lub numer dwa.

Filozof Odo Marquard odnotował istniejącą w języku niemieckim korelację pomiędzy słowem *zwei*, które oznacza „dwa", i słowem *zweifel*, oznaczającym „wątpliwość"... co sugeruje, że możliwość wyboru między dwiema sztukami czegokolwiek automatycznie wprowadza do naszego życia element niepewności. Wyobraźcie sobie bowiem życie, w którym codziennie trzeba dokonywać wyboru nie dwa czy trzy, ale dziesiątki razy, a zrozumiecie, dlaczego współczesny świat pomimo swoich zalet stał się nerwicującą machiną najwyższego rzędu. W świecie obfitującym w możliwości wiele z nas ogarnia bezradność z powodu nieumiejętności podejmowania decyzji. Albo zatrzymujemy się co chwilę na swojej życiowej drodze, by sprawdzić jakieś drzwi, za które nie zajrzeliśmy za pierwszym razem, teraz przekonane, że w końcu dobrze trafimy. Albo zdarza się, że wpadamy w nałóg nieustannego porównywania swojego życia z życiem innej osoby i nic, tylko zastanawiamy się, czy nie należało jednak pójść tamtą ścieżką.

Oczywiście takie nałogowe porównywanie prowadzi jedynie do beznadziejnej przypadłości, którą Nietzsche nazywał *Lebensneid*, czyli do ogólnej zawiści wobec wszystkich. Może się ona objawiać przekonaniem, że innej kobiecie o wiele bardziej się poszczęściło i gdybyśmy tylko miały j e j ciało, j e j męża, j e j dzieci, j e j pracę, wszystko byłoby łatwe, cudowne i radosne. (Moja przyjaciółka, terapeutka, określa ten problem następująco: „Wszystko sprowadza się do tego, że moje samotne pacjentki po cichu marzą o małżeństwie, a moje zamężne pacjentki po cichu marzą o życiu w pojedynkę".) Skoro ciągle dręczy nas niepewność, każda podjęta decyzja staje się automatycznie potępieniem decyzji wszystkich innych osób, a ponieważ nie istnieje już żaden uniwersalny model „porządnego mężczyzny" ani „porządnej kobiety", trzeba zdobyć osobistą sprawność w zakresie uczuciowej orientacji i nawigacji, by móc odnaleźć swoją drogę przez życie.

Wszystkie roztaczające się przed nami możliwości wyboru i wszystkie nasze pragnienia mogą wytworzyć dziwaczne dręczące uczucie niepokoju... jakby duchy tych wszystkich innych, pominiętych możliwości czaiły się gdzieś w mrocznym świecie wokół nas i nieustannie pytały: „Czy jesteś pewna, że n a p r a w d ę tego chciałaś?" I w żadnych innych okolicznościach to pytanie nie będzie nas dręczyć bardziej niż w naszym małżeństwie, właśnie dlatego, że stawka emocjonalna tego najbardziej osobistego z wyborów stała się tak ogromna.

Wierzcie mi, współczesne zachodnie małżeństwo ma sporo przewag nad tradycyjnym małżeństwem Hmongów (poczynając od braku ryzyka porwania) i powtórzę w tym miejscu: Nie zamieniłabym się z tamtymi kobietami. One nigdy nie poznają zakresu mojej wolności; nigdy nie zdobędą mojego wykształcenia; nigdy nie będą miały mojego zdrowia i statusu materialnego; nigdy nie będzie im dane odkryć tak wielu aspektów własnej natury. Istnieje jednak pewien zasadniczy dar, który panna młoda z ludu Hmongów otrzymuje z okazji ślubu, a który tak często jest nieosiągalny dla nowoczesnej panny młodej – dar pewności. Kiedy masz wytyczoną tylko jedną ścieżkę, możesz czuć pewność, że jest to ścieżka właściwa. Może więc panna młoda, której oczekiwania związane z małżeństwem już na samym początku nie są zbyt wygórowane, nie jest narażona na ryzyko druzgocących rozczarowań.

Przyznaję, że do dziś nie mam pewności, w jaki sposób wykorzystać tę informację. Jakoś nie potrafię się zmusić, by uznać za oficjalne motto zwykłe: „Mniej wymagań!" Nie uważam, że należy radzić młodej kobiecie w przeddzień ślubu, żeby nie miała zbyt wielkich oczekiwań, a będzie szczęśliwa. Taki sposób myślenia kłóci się z wszelkimi współczesnymi naukami, jakie sobie przyswoiłam. Poza tym widywałam już, jak podobna taktyka przynosiła odwrotne do zamierzonych skutki. Miałam koleżankę, która celowo zawęziła swoje życiowe cele, jakby chciała się zaszczepić przeciwko zbyt ambitnym oczekiwaniom. Zrezygnowała z kariery zawodowej i machnęła ręką na zamiłowanie do podróży, wracając do domu i wychodząc za mąż za swojego chłopaka z liceum. Bez najmniejszych wahań oświadczyła, że będzie „tylko" żoną i matką. Prostotę takiego układu uznała za całkowicie bezpieczną... szczególnie w porównaniu z niezdecydowanym miotaniem się jej bardziej ambitnych koleżanek (ze mną włącznie). Jednak kiedy dwanaście lat później mąż ją zostawił dla młodszej kobiety, poczuła się straszliwie oszukana i zareagowała niewyobrażalnie zaciekle. Załamała się pod ciężarem pretensji, nie tyle do męża, ile całego świata, który w jej pojęciu złamał święty kontrakt. „Chciałam t a k n i e w i e l e", powtarzała w kółko, jakby te niewielkie wymagania miały ją chronić przed rozczarowaniami. Myślę jednak, że się myliła; w rzeczywistości chciała bardzo wiele. Ośmielała się pragnąć szczęścia i liczyła, że zapewni jej to małżeństwo. To są bardzo duże wymagania.

Może wypadałoby teraz, w przededniu mojego powtórnego zamążpójścia, przyznać się przed sobą, że ja również mam duże wymagania. Oczywiście, że tak. To znak naszych czasów. Pozwolono mi oczekiwać od życia wspaniałych rzeczy. Przyzwyczajono, że mam prawo znajdować w życiu i samym doświadczaniu miłości o wiele więcej, niż kobietom kiedykolwiek wcześniej mogło przyjść do głowy. Jeśli chodzi o sferę uczuć, to chcę od swojego mężczyzny wielu rzeczy, i do tego chcę ich jednocześnie. Przypomina mi to pewną historię, którą opowiedziała mi kiedyś moja siostra. Otóż pewna Angielka odwiedziła Stany Zjednoczone zimą 1919 roku i zgorszona pisała w liście do domu, że w tym dziwnym kraju mieszkają ludzie, którzy życzą sobie, żeby im było ciepło we wszystkie części ciała jednocześnie! Popołudnie spędzone z kobietami Hmongów na rozmowie o małżeństwie kazało mi się zastanowić, czy przypadkiem nie mam podobnych wymagań w sprawach serca... i oczekuję od kochanka, by w sposób magiczny ogrzewał jednocześnie każdą część mojego uczuciowego „ja".

My, Amerykanie, lubimy powtarzać, że małżeństwo to ciężka praca. Nie jestem pewna, czy Hmongowie byliby w stanie pojąć to stwierdzenie. Oczywiście, życie to ciężka praca, a p r a c ą jest bardzo ciężka praca – jestem pewna, że z tym by się zgodzili – ale jak małżeństwo staje się ciężką pracą? Ano tak: Małżeństwo staje cię ciężką pracą, kiedy całe szczęście, jakiego oczekujemy od życia, składamy w ręce zaledwie jednej osoby. Dopilnowanie, by to funkcjonowało, jest ciężką pracą. Przeprowadzony niedawno wśród młodych kobiet amerykańskich sondaż wykazał, że kobiety w dzisiejszych czasach poszukują męża, który by je inspirował, co jest przecież wygórowanym oczekiwaniem. Dla porównania, młode kobiety badane w latach dwudziestych XX wieku wybierały partnera, odwołując się raczej do takich cech mężczyzny, jak przyzwoitość, uczciwość i umiejętność utrzymania rodziny. Teraz to już przestało wystarczać. Teraz chcemy, żeby mężowie nas i n s p i r o w a l i! Codziennie. Do roboty, skarbie!

Dokładnie tego oczekiwałam kiedyś od miłości (inspiracji, sielanki) i już miałam zamiar tego samego oczekiwać od Felipe... mamy być dla siebie jedynym źródłem radości i szczęścia. Naszym jedynym zadaniem jako małżonków jest być całym światem dla tej drugiej osoby.

Takie było moje przekonanie do tej pory.

I pewnie dalej bym w nim beztrosko tkwiła, gdyby moje spotkanie z Hmongami nie dało mi do myślenia: Pierwszy raz w życiu przyszło mi do głowy, że może za wiele wymagam od miłości. A przynajmniej, że może zbyt wiele się spodziewam po małżeństwie. Chyba przeciążyłam ładunkiem oczekiwań tę starą rozklekotaną łajbę małżeństwa. Nie to było jej przeznaczeniem.

ROZDZIAŁ TRZECI

MAŁŻEŃSTWO A HISTORIA

Najważniejszą więzią w społeczeństwie jest małżeństwo.

Cyceron

Czym ma być małżeństwo, jeśli nie sposobem na zapewnianie wielkiego szczęścia?

Odpowiedź na to pytanie była dla mnie niezwykle trudna, ponieważ małżeństwo – przynajmniej jako zjawisko ujmowane historycznie – opiera się próbom zdefiniowania za pomocą prostej terminologii. Wydaje się, że małżeństwo nie lubi tkwić w bezruchu na tyle długo, by pozwolić się dokładnie opisać. Podlega przesunięciom. Zmienia się wraz z upływem stuleci, tak jak zmienia się pogoda w Irlandii: stale, zaskakująco, wartko. Nie jest bezpiecznie definiować małżeństwo nawet w najbardziej zredukowany, uproszczony sposób, jako uświęcony związek jednego mężczyzny z jedną kobietą. Przede wszystkim małżeństwo nie zawsze uważane było za „uświęcone", nawet w tradycji chrześcijańskiej. Prawdę mówiąc, przez większą część historii ludzkości małżeństwo na ogół postrzegano jak związek jednego mężczyzny z kilkoma kobietami.

Zdarzało się też, że małżeństwem był związek jednej kobiety z kilkoma mężczyznami (jak w południowych Indiach, gdzie kilku braci mogło mieć jedną wspólną żonę). Bywało też tak, że małżeństwem mógł stać się związek rodzeństwa (jak w średniowiecznej Europie, gdzie stawką bywał majątek); związek dwojga dzieci (też w Europie, skojarzony przez strzegących swojej spuścizny rodziców albo dzierżących władzę papieży); związek nienarodzonych (tak!); i związek dwojga ludzi ograniczony do jednej warstwy społecznej (także w Europie, gdzie w średniowieczu prawo, dla zachowania jasnej struktury, zabraniało na przykład chłopom związków małżeńskich z osobami stojącymi wyżej w hierarchii społecznej).

Bywa też, że małżeństwem staje się chwilowy związek. We współczesnym rewolucyjnym Iranie młode pary mogą poprosić mułłę o specjalne zezwolenie na *sigheh*... czyli tymczasowe małżeństwo. Taki kontrakt pozwala mężczyźnie i kobiecie pojawiać się razem publicznie, a nawet legalnie uprawiać seks... co dzięki usankcjonowanej przez Koran, chronionej oficjalnie, uznanej za małżeństwo formie umożliwia tymczasowe zaspokojenie romantycznych pragnień.

W Chinach definicja małżeństwa obejmowała kiedyś nawet uświęcony związek pomiędzy żyjącą kobietą i zmarłym mężczyzną. Takie połączenie nazywano „małżeństwem z duchem". Młode dziewczę o pewnej pozycji wydawano za zmarłego mężczyznę z dobrej rodziny, aby przypieczętować więzy pomiędzy dwoma klanami. Na szczęście nie dochodziło do kontaktu szkieletu z żywym ciałem (można powiedzieć, że były to zaślubiny o raczej konceptualnym charakterze), niemniej sam pomysł wydaje się nam, współczesnym ludziom, dość makabryczny. Trzeba jednak uczciwie przyznać, że niektóre Chinki uważały ten zwyczaj za idealny układ. W dziewiętnastym stuleciu zaskakująco dużo kobiet z okolic Szanghaju zajmowało się handlem jedwabiem i niektóre z nich odnosiły w tym biznesie niesamowite sukcesy. Aby uzyskać jeszcze większą niezależność ekonomiczną, wolały zawierać małżeństwo z duchem, niż brać sobie żywego męża. Dla ambitnej, młodej i przedsiębiorczej kobiety nie było lepszej drogi do całkowitej niezależności niż poślubienie szacownego trupa. Dawało to jej związany z małżeństwem status społeczny bez ograniczeń i uciążliwości, jakie niosło ze sobą rzeczywiste zamążpójście.

Nawet kiedy małżeństwo określano jako związek jednego mężczyzny z jedną kobietą, jego cele nie zawsze były takie, jakie byśmy dziś zakładali. U początków cywilizacji zachodniej mężczyźni i kobiety pobierali się głównie dla zwykłego bezpieczeństwa. Jeszcze zanim powstały zorganizowane państwa, w odległych czasach powstawania pierwszych obszarów rolniczych w rejonie Żyznego Półksiężyca, podstawową jednostką pracy w społeczności była rodzina. Rodzina zaspokajała najważniejsze potrzeby... nie tylko towarzyskie i prokreacyjne, ale także dostarczała żywności, zapewniała dach nad głową, przekazywała wiedzę, wiarę, pielęgnowała w chorobie i co najważniejsze, dawała ochronę. Tam, w kolebce starożytnych cywilizacji, świat był niebezpieczny. Być samemu oznaczało ryzykować życie. Im więcej miało się krewnych, tym bezpieczniejszym się było. Ludzie pobierali się, żeby powiększyć liczbę krewnych i powinowatych. Zatem to nie współmałżonkowie liczyli się najbardziej, ale cała rozgałęziona rodzina, działająca (podobnie jak u Hmongów) jako zwarty zespół w nieustannej walce o przetrwanie.

Te wspólnoty rozrosły się w plemiona, a plemiona w królestwa, królestwa wydały dynastie, a dynastie toczyły ze sobą zażarte wojny, podbijając i mordując. Pierwsi Hebrajczycy wyrośli dokładnie z takiego właśnie systemu i dlatego Stary Testament jest tak skoncentrowany na rodzinie, przesiąknięty odrazą wobec obcych, przepełniony wywodami genealogicznymi, które roją się od opowieści o ojcach rodów, matkach rodów, braciach, siostrach, potomkach i innych najróżniejszych pociotkach. Oczywiście te starotestamentowe rodziny nie zawsze funkcjonowały jak należy (widzimy, że jedni mordują swoich braci, inni sprzedają rodzeństwo w niewolę, córki uwodzą własnych ojców, współmałżonkowie są wiarołomni), niemniej narracja wiodąca zawsze podąża za treścią życia ludzi jednej krwi, a małżeństwo stanowi oś utrwalającą tę opowieść.

Natomiast Nowy Testament – poprzez nadejście Jezusa Chrystusa – do tego stopnia unieważnił tamtą dawną rodzinną lojalność, że stał się pod względem społecznym prawdziwie rewolucyjny. Zamiast utrwalać plemienną koncepcję „ludu wybranego przeciwko światu", Jezus (który nie był żonaty, w przeciwieństwie do wielkich patriarchów Starego Testamentu) nauczał, że w s z y s c y jesteśmy ludźmi wybranymi, że w s z y s c y jesteśmy braćmi i siostrami, zjednoczonymi w jednej ludzkiej rodzinie. Była to zdecydowanie radykalna idea, która nigdy nie mogłaby się przyjąć w tradycyjnym systemie plemiennym. Przecież nie można uznać za brata kogoś obcego, chyba że jest się gotowym odrzucić brata biologicznego i obalić tym samym stare prawo, które nakłada na nas uświęcone obowiązki wobec krewnych i przeciwstawia jednocześnie nieczystemu obcemu. Właśnie ten rodzaj bezwzględnej klanowej lojalności chrześcijaństwo usiłowało obalić. Jak nauczał Jezus: „Jeśli ktoś przychodzi do Mnie, a nie ma w nienawiści swego ojca i matki, żony i dzieci, braci i sióstr, nadto i siebie samego, nie może być moim uczniem" (Łk 14,26)*.

_____

* Wszystkie cytaty z Biblii: Pismo Święte Starego i Nowego Testamentu, wyd. V, Wyd. Pallottinum, Poznań-Warszawa 2003.

Oczywiście stwarzało to pewien problem. Jeśli zamierzamy rozbić całą społeczną strukturę rodziny, to c z y m ją zastąpić? Plan pierwszych chrześcijan był zdumiewająco idealistyczny, wręcz utopijny: Należy stworzyć odpowiednik nieba tutaj, na ziemi. „Odrzućcie małżeństwo i naśladujcie anioły", radził Jan z Damaszku około roku 730, dość jasno wyrażając ten nowy chrześcijański ideał. Ale w jaki sposób naśladować anioły? Oczywiście poprzez stłumienie ludzkich popędów. Przez przecięcie wszelkich naturalnych ludzkich więzów. Przez uwolnienie się od naszych pragnień i wewnętrzne oderwanie, by postawić najwyżej tęsknotę za jednością z Bogiem. Ostatecznie pośród niebiańskich anielskich zastępów nie było mężów ani żon, matek ani ojców, nie było oddawania czci przodkom, żadnych więzów krwi, zemsty rodowej, namiętności, żadnej zazdrości, nie było ciał... a już na pewno nie było seksu.

Taki miał zatem być ten nowy paradygmat, którego model stanowił sam Chrystus: celibat, miłość bliźniego i absolutna czystość.

Odrzucenie seksualności i małżeństwa było radykalnym odejściem od starotestamentowego sposobu myślenia. Społeczność hebrajska natomiast zawsze uważała małżeństwo za najbardziej moralną i szacowną ze wszystkich umów społecznych (od żydowskich kapłanów wręcz w y m a g a n o, by byli żonaci), a z więzami małżeńskimi łączyło się otwarte podejście do seksu. Oczywiście w dawnym społeczeństwie żydowskim cudzołóstwo i przypadkowe stosunki cielesne były karane, nikt jednak nie zakazywał mężowi i żonie uprawiania seksu ani czerpania z niego przyjemności. Seks w ramach małżeństwa nie był grzechem; seks w ramach małżeństwa był... małżeństwem.

Ostatecznie stąd właśnie brały się żydowskie dzieci... a przecież, żeby plemię rosło w siłę, trzeba się rozmnażać. Wczesnochrześcijańscy wizjonerzy nie byli zainteresowani rozmnażaniem chrześcijan w sensie biologicznym (prosto z łona matki); byli natomiast zainteresowani nawracaniem na chrześcijaństwo w sensie intelektualnym (ludzie dorośli osiągali zbawienie za sprawą indywidualnego wyboru). Chrześcijaninem nie trzeba było się urodzić; chrześcijaństwo było czymś, co się wybierało, będąc dorosłym, dzięki łasce i sakramentowi chrztu. Skoro zawsze istnieli potencjalni chrześcijanie do nawrócenia, nie było potrzeby kalać się płodzeniem nowych dzieci za pomocą obrzydliwych praktyk seksualnych. A skoro nie było już zapotrzebowania na dzieci, stało się oczywiste, że nie było też potrzeby małżeństwa.

Nie zapominajmy, że chrześcijaństwo było religią apokaliptyczną... zdecydowanie bardziej na początku swojej historii niż obecnie. Pierwsi chrześcijanie w każdej chwili, choćby następnego dnia po południu, spodziewali się nadejścia końca świata, więc nie byli szczególnie zainteresowani tworzeniem przyszłych dynastii. W rezultacie przyszłość dla tych ludzi nie istniała. W sytuacji, w której Armagedon był nieunikniony i bliski, nowo ochrzczeni mieli w życiu tylko jedno zadanie: przygotować się do nadchodzącej apokalipsy przez zachowanie maksymalnej czystości.

Małżeństwo = żona = seks = grzech = nieczystość.

Dlatego: nie bierz ślubu.

Mówiąc dzisiaj o „świętym węźle małżeńskim" czy o „sakramencie małżeństwa", winniśmy pamiętać, że przez mniej więcej dziesięć stuleci samo chrześcijaństwo nie postrzegało małżeństwa jako związku świętego czy uświęconego. Małżeństwa w żadnym razie nie polecano jako stanu godnego pochwały moralnej. Wprost przeciwnie, Ojcowie Kościoła uważali zwyczaj zawierania małżeństwa za odpychający i przyziemny, w którym chodzi tylko o seks, kobiety, podatki i własność, natomiast nie ma to nic wspólnego z wyższymi, boskimi sprawami.

Otóż kiedy współcześni religijni konserwatyści z nostalgią rozprawiają o świętej tradycji małżeńskiej, sięgającej nieprzerwanie tysiące lat wstecz, mają całkowitą rację, ale wyłącznie w jednym kontekście... kiedy mówią o judaizmie. Chrześcijaństwo po prostu nie podziela tego głębokiego i historycznie konsekwentnego szacunku dla małżeństwa. Ostatnio, owszem... ale pierwotnie nie. Przez pierwsze mniej więcej tysiąc lat historii chrześcijaństwa Kościół postrzegał małżeństwo monogamiczne jako coś odrobinę mniej złego od jednoznacznego zadawania się z dziwkami... ale tylko odrobinę. Święty Hieronim posunął się nawet do mierzenia ludzkiej świętości na skali od 1 do 100, w której dziewice osiągały idealną setkę, żyjące w świeżym celibacie wdowy i wdowcy okolice 60, a pary małżeńskie zasłużyły sobie na zaskakująco niski wynik, zaledwie 30. Była to przydatna skala, jednakże nawet sam Hieronim przyznawał, że tego rodzaju porównania mają swoje ograniczenia. Ściśle mówiąc, napisał, że właściwie nie ma jak porównywać dziewictwa z małżeństwem... ponieważ „nie da się porównać dwóch rzeczy, z których jedna jest dobra, a druga zła".

Za każdym razem, kiedy czytam podobne zdania (a tego rodzaju stwierdzeń nie brakuje w historii wczesnego chrześcijaństwa), myślę o swoich przyjaciołach i krewnych, którzy uważają się za chrześcijan i którzy – mimo że ze wszystkich sił starali się prowadzić nienaganne życie –

często i tak się rozwodzą. Przez lata obserwowałam, jak ci porządni i postępujący etycznie ludzie katują się poczuciem winy, przekonani, że nie dotrzymując ślubnej przysięgi, pogwałcili najświętsze i najstarsze zasady chrześcijaństwa. Sama wpadłam w tę pułapkę, kiedy się rozwiodłam, a przecież nie wychowałam się w ortodoksyjnej rodzinie. (Moi rodzice byli co najwyżej umiarkowanymi chrześcijanami i nikt z moich krewnych nie obarczał mnie winą, kiedy się rozwodziłam.) Niezależnie od tego, gdy rozpadło się moje małżeństwo, przez wiele nieprzespanych nocy zadręczałam się rozmyślaniem, czy Bóg kiedykolwiek mi wybaczy, że opuściłam męża. I przez długi czas po rozwodzie nękało mnie uczucie, że nie tylko zawiodłam, ale i w jakiś sposób zgrzeszyłam.

Takie głębokie poczucie wstydu nie mija z dnia na dzień, uważam jednak, że podczas tych długich miesięcy rozwodowej moralnej udręki wiedza o wrogości, z jaką tak naprawdę chrześcijaństwo postrzegało małżeństwo, mogła być dla mnie użyteczna. „Skończcie z tymi okropnymi rodzinnymi obowiązkami!" – pouczał swoje owieczki jeden z angielskich duchownych jeszcze w szesnastym wieku, ciskając gromy na to, co obecnie nazwalibyśmy wartościami rodzinnymi. „Bo pod tym wszystkim kryje się kłapiąca paszczą, warcząca, kąsająca, straszna hipokryzja, zawiść, złośliwość, samo zło!"

Zważcie też na słowa samego świętego Pawła, który w Pierwszym Liście do Koryntian (7,1) napisał: „...dobrze jest mężczyźnie nie łączyć się z kobietą". Paweł uważał, że nigdy, w żadnej sytuacji nie jest wskazane, by mężczyzna łączył się z kobietą... nawet własną żoną. Gdyby stało się zgodnie z jego życzeniem, wszyscy chrześcijanie żyliby w celibacie jak on sam („Pragnąłbym, aby wszyscy byli jak i ja sam"; 7,7). Był jednak na tyle rozsądny, by wiedzieć, że to wygórowane żądanie. Wobec czego apelował jedynie do chrześcijan, by możliwie jak najrzadziej angażowali się w małżeństwo. Pouczał nieżonatych, by się nie żenili, i prosił owdowiałych czy rozwiedzionych, by powstrzymali się w przyszłości od nowych związków („Jesteś wolny? Nie szukaj żony!"; 7,27). Paweł zachęcał chrześcijan, by się kontrolowali, hamowali cielesne żądze, by żyli samotnie i bez seksu, tak jak to jest w niebie.

„Lecz jeśliby nie potrafili zapanować nad sobą", uznał Paweł, „niech wstępują w związki małżeńskie. Lepiej jest bowiem żyć w małżeństwie, niż płonąć"(7,9).

Jest to zapewne najbardziej niechętne przyzwolenie na małżeństwo w historii ludzkości. Chociaż to mi akurat przypomina porozumienie, do jakiego doszliśmy ostatnio z Felipe, a mianowicie, że lepiej wziąć ślub, niż dać się deportować.

To wszystko oczywiście nie powstrzymało ludzi od zawierania związków małżeńskich. Pierwsi chrześcijanie, z wyjątkiem tych najbardziej pobożnych, odrzucali wezwanie do celibatu i nadal uprawiali seks i brali ślub (często w tej kolejności) bez żadnego nadzoru kapłanów. W całym zachodnim świecie przez stulecia po Chrystusie pary pieczętowały swoje związki na przeróżne improwizowane sposoby (mieszając ze sobą żydowskie, greckie, rzymskie i frankijsko-germańskie wpływy matrymonialne), po czym rejestrowały się w dokumentach wioski lub miasta jako „poślubieni". Wtedy też zdarzały się związki nieudane i małżonkowie występowali o rozwód do zaskakująco wyrozumiałych wczesnych europejskich sądów. (Na przykład walijskie kobiety w dziesiątym wieku miały większe prawa do rozwodu i rodzinnego majątku niż kilka stuleci później kobiety w purytańskiej Ameryce.) Często ludzie rozwiedzeni wstępowali w nowe związki i kłócili się potem o meble, ziemię uprawną albo dzieci.

We wczesnej historii Europy małżeństwo stało się czysto cywilnym układem, ponieważ przybrało wówczas całkowicie nowy kształt. Kiedy ludzie zamieszkali w miastach i wioskach, a nie walczyli już o przetrwanie na otwartej pustyni, małżeństwo nie było konieczne dla zachowania osobistego bezpieczeństwa czy też jako narzędzie budowania klanów plemiennych. Zaczęło natomiast być postrzegane jako bardzo skuteczna forma zarządzania majątkiem i budowania ładu społecznego, wymagająca od tej większej społeczności jakiejś zorganizowanej struktury.

W czasach, kiedy banki, prawa i rządy były wciąż ogromnie niestałe, małżeństwo stało się najważniejszym interesem, jaki większość ludzi robiła w życiu. (I tak jest do dziś, jak się czasami uważa. Nadal mało kto ma taką zdolność wpływania na naszą pozycję finansową – polepszając ją lub pogarszając – jak współmałżonek.) Natomiast w wiekach średnich małżeństwo było zdecydowanie najbezpieczniejszym i najłatwiejszym sposobem przekazywania środków finansowych, żywego inwentarza i nieruchomości z pokolenia na pokolenie oraz dostarczania spadkobierców. Wielkie, bogate rody konsolidowały swoje majątki poprzez małżeństwa mniej więcej w taki sam sposób, w jaki obecnie wielkie, wielonarodowe korporacje konsolidują majątek przez ostrożne fuzje i zakupy. (Te wielkie, bogate rody z przeszłości w zasadzie były wielkimi, wielonarodowymi korporacjami.) Dzieci zamożnych Europejczyków z tytułami lub spadkami stawały się ruchomym majątkiem, podlegającym takim samym prawom jak akcje na giełdzie.

Zważcie na to, że nie tylko dziewczęta, ale również chłopcy. Chłopiec o odpowiednim statusie mógł być zaręczany kolejno z siedmioma czy ośmioma dziewczętami, zanim osiągnął dojrzałość płciową i zanim wszystkie rodziny i ich prawnicy podjęli ostateczną decyzję.

Nawet wśród gminu sprawy ekonomiczne miały istotne znaczenie dla obu płci. W tamtych czasach złowienie odpowiedniego małżonka było czymś takim jak teraz dostanie się na dobrą uczelnię, zdobycie stałej posady lub bezpiecznego etatu na poczcie; zapewniało pewną, stabilną przyszłość. Oczywiście ludzie darzyli się wzajemnie uczuciami i oczywiście kochający rodzice starali się zapewnić swoim dzieciom satysfakcjonujące związki, niemniej małżeństwa w średniowieczu na ogół zawierano z powodów oportunistycznych. Jeden przykład: Ogromna fala małżeńskiej gorączki przelała się przez średniowieczną Europę tuż po tym, jak czarna śmierć zabiła siedemdziesiąt pięć milionów ludzi. Dla ocalałych powstały nagle niemające precedensu perspektywy społecznego awansu poprzez małżeństwo. W Europie były tysiące zupełnie świeżych wdów i wdowców ze znacznym majątkiem, a te fortuny już czekały na zmianę właściciela, tyle że żyjących spadkobierców mogło nie być. Nastąpiło zatem coś w rodzaju matrymonialnej gorączki złota, przechwytywanie ziemi w najwyższej klasy sposób. W sądowych rejestrach z tego okresu jest podejrzanie wiele zapisów małżeństw dwudziestolatków ze starszymi kobietami. Ci mężczyźni nie byli głupcami. Dostrzegli swoją szansę we wdowach i nie wahali się ani chwili.

Kiedy się zastanowimy nad tym brakiem sentymentalizmu w podejściu do małżeństwa, nie możemy się dziwić, że europejscy chrześcijanie pobierali się prywatnie, we własnych domach, w codziennych strojach. Te wielkie romantyczne białe śluby, które obecnie uważamy za „tradycyjne", pojawiły się dopiero w dziewiętnastym wieku... dopiero po tym, jak młoda królowa Wiktoria przeszła przez kościół w sutej białej sukni, ustalając tym samym modę, która obowiązuje do dziś. Natomiast wcześniej przeciętny europejski dzień ślubu nie różnił się za bardzo od innych dni tygodnia. Pary wymieniały przysięgi podczas trwających na ogół zaledwie kilka chwil zaimprowizowanych ceremonii. Świadkowie byli ważni w tym dniu tylko dlatego, żeby potem w sądach nie było sporów na temat tego, czy dana para rzeczywiście wyraziła zgodę na małżeństwo... co było żywotną kwestią, kiedy stawką były pieniądze, ziemia i dzieci. Powodem, dla którego sądy w ogóle angażowały się w te sprawy, było utrzymanie pewnego ładu społecznego. Jak ujęła to historyk Nancy Cott: „małżeństwo narzucało obowiązki i dawało przywileje", przydzielając obywatelom jasno określone role i wyznaczając zakres odpowiedzialności.

W dużym stopniu wciąż dotyczy to współczesnych zachodnich społeczeństw. Nawet dzisiaj prawo w przypadku małżeństwa wtrąca się praktycznie tylko do pieniędzy, nieruchomości i potomstwa. Zgoda, nasz kapłan, rabin, nasi sąsiedzi czy rodzice mogą mieć inne poglądy na małżeństwo, jednak w świetle współczesnego świeckiego prawa jedynym powodem, dla którego małżeństwo uważa się za coś ważnego, jest to, że dwoje ludzi się zeszło i wytworzyło coś w swoim związku (dzieci, aktywa, interesy, długi), i wszystkimi tymi rzeczami trzeba zarządzać tak, żeby społeczeństwo obywatelskie mogło dalej metodycznie działać, a rządy nie miały kłopotu z porzuconymi dziećmi lub pozostającymi bez grosza byłymi współmałżonkami.

Kiedy w roku 2002 zaczęło się moje postępowanie rozwodowe, sędzia nie widziała w nas ludzi obdarzonych uczuciami i moralnością. Nie obchodziły jej nasze urazy, zranione serca ani święte przysięgi, które zostały albo i nie zostały złamane. A już na pewno nie interesowały jej nasze cechy osobowości. Obchodził ją natomiast akt własności naszego domu oraz to, kto ma go zatrzymać. Obchodziły ją nasze podatki. Ważne dla niej było to, kto będzie płacił przez pozostałe pół roku comiesięczne raty za kupiony na kredyt samochód. Musiała ustalić, kto będzie miał prawo do honorariów za książki, które napiszę w przyszłości. Gdybyśmy mieli dzieci (których, na szczęście, nie mieliśmy), sędzia interesowałaby się bardzo tym, kto będzie łożyć na ich naukę, zdrowie, zapewniał dobre warunki mieszkaniowe i opłacał opiekunkę. W ten sposób – mocą władzy nadanej jej przez stan Nowy Jork – utrzymywała ład i porządek w naszym małym kąciku społeczeństwa obywatelskiego. Robiąc to, sędzia z roku 2002 była posłuszna średniowiecznemu pojmowaniu małżeństwa, temu mianowicie, że jest to sprawa cywilna/świecka, a nie religijna/moralna. Jej werdykty byłyby całkiem na miejscu w sali sądowej Europy z dziesiątego stulecia.

Dla mnie najbardziej uderzającą cechą małżeństw tamtych dawnych Europejczyków (i rozwodów, winnam dodać) była ich luźna struktura. Pobierano się z powodów ekonomicznych i osobistych i z takich samych się rozstawano... i to dość łatwo, w porównaniu z tym, co miało wkrótce nadejść. Wtedy ludzie rozumieli chyba, że można składać obietnice z głębi serca, ale można też zmienić zdanie. I umowy dotyczące interesów też mogą się zmieniać. W okresie średniowiecza na ziemiach niemieckich prawo dopuszczało dwa rodzaje legalnego małżeństwa:

Muntehe, obowiązujący na całe życie, stały kontrakt, oraz *Friedelehe*, co można z grubsza przełożyć na „małżeństwo kochanków"... bardziej niezobowiązujący układ pomiędzy dwojgiem chętnych dorosłych, pomijający kwestię posagów czy spadków, który mógł w każdej chwili zostać unieważniony przez jedną ze stron.

Mniej więcej w trzynastym wieku miał nastąpić koniec tej swobody, ponieważ Kościół znowu – a raczej po raz pierwszy – włączył się w sprawy małżeństwa. Utopijne marzenia pierwszych chrześcijan dawno dobiegły końca. Ojcami Kościoła nie byli już uczeni mnisi, zamierzający odtworzyć niebo na ziemi, ale potężni politycy bardzo zajęci kontrolowaniem swojego rosnącego imperium. Jednym z największych wyzwań stojących obecnie przed Kościołem było radzenie sobie z europejskimi monarchami, których małżeństwa i rozwody często tworzyły i zrywały polityczne sojusze w sposób nie zawsze wygodny dla papieży.

Zatem w 1215 roku Kościół raz na zawsze przejął kontrolę nad małżeństwem, ustalając sztywne zasady legalizujące związek. Przed 1215 rokiem słowna przysięga dwojga dorosłych w świetle prawa zawsze oznaczała obowiązującą umowę, teraz jednak Kościół uznał, że to za mało. Nowy dogmat głosił: „Bezwzględnie zabraniamy ukradkowych małżeństw" (przekład: *Bezwzględnie zabraniamy zawierania małżeństw za naszymi plecami*). Odtąd każdy książę czy arystokrata, który ośmielił się ożenić niezgodnie z życzeniem Kościoła, mógł zostać ekskomunikowany, a restrykcje tego rodzaju dotykały również niższe warstwy. Żeby jeszcze wzmocnić kontrolę, papież Innocenty III wykluczył możliwość rozwodu... z wyjątkiem przypadków sankcjonowanego przez Kościół unieważnienia, które często bywało używane jako narzędzie budowania lub obalania imperiów.

Małżeństwo, kiedyś świecka instytucja, znajdująca się pod kontrolą rodziny i sądów cywilnych, teraz stała się czysto religijną, kontrolowaną przez żyjących w celibacie kapłanów. Co więcej, te nowe zakazy rozwodów zamieniły małżeństwo w dożywotni wyrok... w coś, czym nigdy wcześniej nie było, nawet u starożytnych Hebrajczyków. Rozwód był w Europie niezgodny z prawem aż do wieku szesnastego, kiedy to Henryk VIII w wielkim stylu przywrócił ten zwyczaj. Jednak jeszcze przez mniej więcej dwa stulecia – a znacznie dłużej w krajach, które pozostały po reformacji katolickie – unieszczęśliwieni przez nieudane małżeństwo ludzie nie mogli legalnie wyswobodzić się z tych więzów.

Trzeba przyznać, że te ograniczenia w dużo większym stopniu utrudniły życie kobietom niż mężczyznom. Mężczyznom wolno było przynajmniej szukać miłości lub seksu poza małżeństwem, kobiety natomiast nie miały takiego społecznie aprobowanego wyjścia. Kobiety z warstw wyższych były w sposób szczególny związane małżeńskimi przysięgami i musiały się godzić z narzuconą rolą. (Chłopki mogły nieco swobodniej wybierać i porzucać swoich małżonków, natomiast w warstwach wyższych – gdzie stawką były wielkie majątki – nie było po prostu miejsca na żadne ustępstwa.) Często dziewczynę z prominentnego rodu w okresie dorastania wysyłano do kraju, którego języka nie znała, i pozostawiano tam na zawsze, w posiadłości przydzielonego jej męża. Pewna kilkunastoletnia Angielka, opisując żałośnie plany dotyczące jej zaaranżowanego małżeństwa, nazwała je „przygotowaniami do podróży do piekła".

Aby jeszcze bardziej wzmocnić kontrolę nad zarządzaniem i stabilizacją majątków, sądy w całej Europie zaczęły na serio wykorzystywać pojęcie *coverture* (statusu kobiety zamężnej), oznaczające, że indywidualne istnienie kobiety jako obywatela zostaje wymazane w chwili, w której wychodzi ona za mąż. Zgodnie z tym założeniem żona w gruncie rzeczy zostaje skutecznie „osłonięta" przez swojego męża i przestaje posiadać indywidualne prawa czy osobistą własność. *Coverture* było na początku koncepcją francuską, ale szybko rozprzestrzeniło się na całą Europę i wkrótce umocniło w angielskim prawie zwyczajowym. W osiemnastym wieku angielski sędzia sądu spraw pospolitych lord William Blackstone dowodził, że tak naprawdę mężatka nie istnieje jako oddzielna osobowość prawna. „Samo istnienie kobiety – mówił – ulega w małżeństwie zawieszeniu". Z tego powodu, wyrokował sędzia, mąż nie może dzielić aktywów ze swoją żoną, nawet gdyby tego chciał... nawet gdyby te aktywa, technicznie rzecz biorąc, stanowiły kiedyś własność kobiety. Mężczyzna nie może n i c z e g o przekazać swojej żonie, jako że czyn taki zakładałby „jej osobne istnienie", niezależne od niego... a coś takiego było, jak wiadomo, niemożliwe.

Coverture zatem nie było zlaniem się dwóch osób, a raczej dziwacznym, przypominającym niemalże wudu „zdwukrotnieniem" mężczyzny, przy którym jego moc ulegała podwojeniu, a moc jego żony całkowicie wyparowywała. W związku z bardzo ostrą antyrozwodową polityką Kościoła małżeństwo w trzynastym wieku stało się instytucją, która przygważdżała, a następnie eliminowała z życia swoje ofiary płci żeńskiej... szczególnie w warstwie szlacheckiej. Można tylko sobie wyobrażać, jak samotne stawały się te kobiety, kiedy zostały tak dokładnie odarte z praw. Czym, na Boga, wypełniały swoje dni? Oto, co pisał Balzac o tych nieszczęsnych damach, uwięzionych w pułapkach małżeństwa: „Ogarnia je nuda i poświęcają się religii albo kotom, małym pieskom lub też innym obsesjom, które nie są niczym innym jak tylko obrazą boską".

Jeśli istnieje jedno słowo, które napełnia mnie tą całą grozą, jaką kiedykolwiek kojarzyłam z instytucją małżeństwa, to jest nim właśnie *coverture*. To miała na myśli słynna tancerka Isadora Duncan, kiedy pisała: „Każda inteligentna kobieta, która przeczyta kontrakt ślubny, a potem zawiera związek małżeński, zasługuje na wszystkie tego konsekwencje".

Moja awersja nie jest tak do końca irracjonalna. Duch *coverture* pokutował w zachodniej cywilizacji przez wiele stuleci, czając się na marginesach zakurzonych ksiąg prawniczych, zawsze w powiązaniu z konserwatywnym rozumieniem właściwej roli kobiety. Na przykład dopiero od roku 1975 mężatki z Connecticut – włącznie z moją matką – mogły brać kredyty i zakładać konta bankowe bez pisemnej zgody męża. Dopiero w 1984 roku w stanie Nowy Jork wprowadzono kary za gwałt małżeński. Wcześniej gwałt małżeński nie był uznawany za gwałt, co pozwalało mężczyźnie w sprawach seksualnych zmuszać kobietę do wszystkiego, skoro jej ciało należało do niego... skoro, praktycznie rzecz biorąc, ona b y ł a nim.

Istnieje jeden szczególny przypadek dziedzictwa *coverture*, który – zważywszy na moją własną sytuację – najbardziej mnie porusza. Moja sytuacja była komfortowa, bo w obecnych czasach, otrzymując pozwolenie na poślubienie Felipe, nie musiałam zrzekać się swojego obywatelstwa. W 1907 roku Kongres Stanów Zjednoczonych uchwalił prawo stwierdzające, że rodowita Amerykanka, która wychodzi za obcokrajowca, musi wraz ze ślubem zrzec się obywatelstwa amerykańskiego i automatycznie przyjąć obywatelstwo męża... czy ma na to ochotę czy nie. Choć sądy przyznawały, że nie jest to przyjemne, to jednak przez wiele lat utrzymywały, że konieczne. Zgodnie bowiem z orzeczeniem Sądu Najwyższego w tej sprawie, gdybyśmy pozwolili Amerykance zatrzymać obywatelstwo w chwili ślubu z obcokrajowcem, to tym samym pozwalalibyśmy, by obywatelstwo żony przewyższało obywatelstwo męża. Czyniąc tak, sugerowałoby się, że kobieta posiada coś, co pozwala jej górować nad mężem – choćby pod jednym względem – a to było niewyobrażalne, jak wyjaśniał wtedy jeden z amerykańskich sędziów, bo podważało „starodawną zasadę" kontraktu małżeńskiego, która istniała po to, by „połączyć ich tożsamość (męża i żony) i dać przewagę mężowi" (oczywiście, ściśle rzecz ujmując, nie jest to połączenie, tylko przejęcie; przynajmniej wiadomo, o co chodzi).

Nie trzeba chyba dodawać, że prawo to nie dotyczyło odwrotnej sytuacji. Jeśli rodowity Amerykanin zawierał związek małżeński z cudzoziemką, mężowi jak najbardziej wolno było zachować obywatelstwo, a jego żonie (przez niego „osłoniętej"!) na pewno pozwolono by zostać amerykańską obywatelką... pod warunkiem że spełniałaby wszystkie oficjalne warunki naturalizacyjne stawiane cudzoziemkom (czyli nie była Murzynką, Mulatką, przedstawicielką rasy malajskiej ani żadnym innym stworzeniem, które Stany Zjednoczone Ameryki jednoznacznie uznawały za niepożądane).

To prowadzi nas do innej niepokojącej mnie sprawy w matrymonialnej spuściźnie: do rasizmu, na który natykamy się niemal wszędzie w prawie małżeńskim... nawet w najnowszych dziejach Ameryki. Jedną z najbardziej złowrogich postaci w amerykańskiej historii małżeństwa był niejaki Paul Popenoe, hodowca awokado z Kalifornii, który w latach trzydziestych dwudziestego wieku otworzył w Los Angeles klinikę eugeniczną pod nazwą Fundacja Udoskonalania Człowieka. Zainspirowany próbami wyhodowania lepszych owoców awokado, wziął sobie za cel wyhodowanie lepszych (czytaj: bielszych) Amerykanów. Niepokoiło go, że białe kobiety – które niedawno zaczęły uczęszczać do college'ów i odsuwały w czasie moment zamążpójścia – za późno rodziły dzieci i miały ich za mało, podczas gdy ludzie o niewłaściwym kolorze skóry rozmnażali się ponad miarę. Martwiły go też bardzo małżeństwa i rozmnażanie się tych „niezdatnych", wobec czego najważniejszym celem kliniki miała być sterylizacja wszystkich, których Popenoe uważał za niegodnych posiadania potomstwa. Jeśli brzmi to niepokojąco znajomo, to tylko dlatego, że pomysły Paula Popenoe wywarły odpowiednie wrażenie na nazistach, którzy często się na niego powoływali w swoich pracach, a nawet lepiej niż on sam wykorzystali jego idee. Ostatecznie bowiem Niemcy wysterylizowali ponad 400 tysięcy osób, a Stanom Zjednoczonym – stosującym program Popenoe'a – udało się wysterylizować zaledwie około 60 tysięcy obywateli.

Ciarki człowieka przechodzą, kiedy pomyśli, że Popenoe otworzył w swojej klinice również pierwszy ośrodek poradnictwa małżeńskiego w Ameryce. Intencją powołania tego ośrodka było zachęcanie „zdatnych" par (białych protestantów pochodzenia północnoeuropejskiego) do pobierania się i płodzenia dzieci. Jeszcze bardziej przerażające jest to, że Popenoe, ojciec amerykańskiej eugeniki, stworzył w „Ladies' Home Journal" słynną kolumnę zatytułowaną *Czy można ocalić to małżeństwo?* Cel tej kolumny był taki sam jak ośrodka poradnictwa małżeńskiego: podtrzymywanie związku tych wszystkich białych amerykańskich par, żeby mogły spłodzić więcej białych amerykańskich dzieci.

Dyskryminacja rasowa zawsze kształtowała małżeństwo w Ameryce. Przed wojną secesyjną niewolnikom na Południu, co oczywiste, nie wolno było się pobierać. W prostym ujęciu argument przeciwko ich małżeństwu brzmiał tak: Nie jest to możliwe. W zachodnim społeczeństwie kontrakt małżeński jest wyrazem obopólnej zgody, a niewolnik – z samej definicji – nie posiada własnej woli, czyli nie może wyrażać zgody. Każde jego posunięcie kontrolowane jest przez pana i dlatego nie może on zawierać umowy z inną osobą. Pozwolić niewolnikowi zawrzeć kontrakt małżeński to przyjąć, że niewolnik może złożyć własną obietnicę, a to jest rzecz jasna niemożliwe. Dlatego niewolnicy nie mogli się pobierać. Owo proste rozumowanie, ten argument (i brutalna polityka narzucająca go) na wiele pokoleń praktycznie zniszczyły instytucję małżeństwa w społeczności Afroamerykanów... stając się haniebnym dziedzictwem, które do dzisiaj nęka nasze społeczeństwo.

Jest też problem małżeństw międzyrasowych, które w Stanach Zjednoczonych jeszcze do bardzo niedawna były nielegalne. Przez większość amerykańskiej historii zakochanie się w osobie o innym kolorze skóry mogło zaprowadzić do więzienia albo skończyć się jeszcze gorzej. Wszystko to uległo zmianie w 1967 roku, w związku ze sprawą pary mieszkańców Wirginii, o całkiem poetyckim nazwisku Loving. Richard Loving był biały; jego żona,

Mildred – którą uwielbiał, odkąd miał siedemnaście lat – czarna. Kiedy w roku 1958 postanowili się pobrać, międzyrasowe związki małżeńskie wciąż były nielegalne w Wirginii, podobnie jak w piętnastu innych stanach, wobec czego młoda para złożyła przysięgę małżeńską w Waszyngtonie, w Dystrykcie Kolumbii. Kiedy jednak wrócili do domu po podróży poślubnej, zostali natychmiast aresztowani przez policję, która wdarła się w środku nocy do ich sypialni. (Policja miała nadzieję złapać ich na gorącym uczynku uprawiania seksu, bo wtedy można by oskarżyć oboje o zakazane międzyrasowe stosunki płciowe, ale nie miała takiego szczęścia; Lovingowie byli pogrążeni we śnie.) Samo wzięcie ślubu było winą bezsporną i wystarczającą, by osadzić ich w areszcie. Richard i Mildred złożyli do sądu prośbę o prawo utrzymania ważności udzielonego im w Dystrykcie Kolumbii ślubu, ale sędzia w Wirginii unieważnił ich małżeństwo, jakże pomocnie wyjaśniając w orzeczeniu: „Wszechmocny Bóg stworzył rasy, białą, czarną, żółtą, malajską i czerwoną i to On umieścił je na różnych kontynentach. Fakt, że rozdzielił te rasy, ukazuje, że nie było Jego zamierzeniem, by się mieszały".

Dobrze wiedzieć.

Lovingowie przenieśli się do Waszyngtonu, wiedząc, że jeśli kiedykolwiek wrócą do Wirginii, czeka ich tam więzienie. Ich historia mogłaby się na tym zakończyć, gdyby nie list, który Mildred w 1963 roku napisała do NAACP, amerykańskiej organizacji broniącej praw mniejszości rasowych, prosząc o pomoc w znalezieniu jakiegoś sposobu, by mogli pojechać do Wirginii, choćby z krótką wizytą. „Wiemy, że nie wolno nam tam mieszkać – pisała pani Loving z porażającą pokorą – ale chcielibyśmy pojechać jeden raz, na krótko, by odwiedzić rodziny i przyjaciół".

Para prawników z ACLU, Amerykańskiej Unii Swobód Obywatelskich, wzięła tę sprawę i w końcu doprowadziła ją w roku 1967 do Sądu Najwyższego, którego sędziowie – rozważywszy całą historię – jednogłośnie pozwolili sobie nie zgodzić się z tezą, że współczesne prawo cywilne ma się opierać na egzegezie biblijnej. (Wielkie uznanie należy się Kościołowi rzymskokatolickiemu za to, że kilka miesięcy wcześniej wydał publiczne oświadczenie, w którym wyraził swoje bezwarunkowe poparcie dla małżeństw międzyrasowych.) Sąd Najwyższy przypieczętował wszystkimi dziewięcioma głosami legalność związku Richarda i Mildred, stwierdzając między innymi: „Już dawno uznano swobodę zawierania związków małżeńskich za jedno z żywotnych osobistych praw, niezbędnych człowiekowi wolnemu, by w uporządkowany sposób mógł poszukiwać szczęścia".

Muszę tu dodać, że w przeprowadzonym w tamtym czasie sondażu 70 procent Amerykanów było zdecydowanie przeciwnych temu orzeczeniu. Powtórzę więc: W niedawnej historii Ameryki, s i e d m i u n a d z i e s i ę c i u Amerykanów wciąż uważało, że związek małżeński ludzi różnych ras powinien być traktowany jako przestępstwo. Jednak w tej sprawie pod względem moralnym sądy wyprzedzały zwykłych obywateli. Ostatnie bariery rasowe usunięto z kanonu amerykańskiego prawa rodzinnego i życie potoczyło się dalej. Wszyscy przywykli do nowej rzeczywistości, a instytucja małżeństwa nie zawaliła się z tego powodu, że odrobinę rozszerzono jej granice. I chociaż wciąż mogą być jeszcze ludzie, dla których mieszanie ras jest czymś strasznym, obecnie trzeba być naprawdę ekstremalnym rasistowskim szaleńcem, by poważnie i głośno twierdzić, że dorosłym o różnym pochodzeniu etnicznym należy zabronić zawierania legalnych małżeństw. Co więcej, nie ma w naszym kraju ani jednego polityka, który wygrałby wybory na jakieś wysokie stanowisko z takimi godnymi pogardy przekonaniami. Innymi słowy, dokonaliśmy postępu.

Domyślacie się, dokąd zmierzam, prawda? Czy raczej widzicie, dokąd zmierza ta h i s t o r i a? Chyba się nie zdziwicie, jeśli teraz chwil kilka poświęcę małżeństwu osób tej samej płci. Doskonale zdaję sobie sprawę z tego, że ludzie mają zdecydowane poglądy na ten temat. W roku 1996 ówczesny kongresman z Missouri James M. Talent na pewno wyrażał opinię wielu, kiedy mówił: „Tylko człowiek nieposkromionej pychy może wierzyć, że małżeństwo okaże się nieskończenie plastyczne, że można je dowolnie ugniatać i rozciągać na wszystkie strony, nie niszcząc podstawy jego stabilności i znaczenia dla naszego społeczeństwa".

Z taką argumentacją jest tylko jeden problem, a mianowicie taki, że historycznie i definicyjnie rzecz ujmując, małżeństwo nieustannie podlegało zmianom. W zachodnim świecie ten związek prawny zmienia się w każdym stuleciu, nieustannie dostosowując się do nowych społecznych standardów i nowego pojmowania sprawiedliwości. Właśnie plastyczności pozwalającej na modelowanie tej instytucji tak naprawdę zawdzięczamy, że małżeństwo przetrwało. Niewielu ludzi – a założę się, że pan Talent również do nich należy – zaakceptowałoby małżeństwo na trzynastowiecznych zasadach. Innymi słowy, małżeństwo jako instytucja trwa właśnie dlatego, że ewoluuje. (Choć, jak przypuszczam, nie byłby to zbyt przekonywający argument dla tych, którzy nie wierzą nawet w ewolucję.) W duchu pełnej szczerości powinnam jasno powiedzieć, że popieram małżeństwa osób tej samej płci. To oczywiste; taka jestem. Powodem, dla którego w ogóle poruszam tutaj ten temat, jest fakt, że dzięki małżeństwu mam dostęp do pewnych istotnych przywilejów socjalnych, którego odmawia się wielu moim przyjaciołom i współpodatnikom. Irytuje mnie to ogromnie, a jeszcze bardziej irytująca jest świadomość, że gdybyśmy przypadkiem byli z Felipe tej samej płci, to po tamtym incydencie na lotnisku Dallas/Fort Worth mielibyśmy naprawdę poważne kłopoty. Jeden rzut oka funkcjonariuszy Departamentu Bezpieczeństwa Wewnętrznego na nasz związek wystarczyłby, żeby na zawsze wyrzucono mojego partnera z kraju, nie pozostawiając żadnej nadziei na ułaskawienie przez małżeństwo. Zatem wyłącznie swojej heteroseksualności zawdzięczam możliwość uzyskania dla Felipe amerykańskiego paszportu. W tym świetle moje przyszłe małżeństwo zaczyna przypominać coś takiego jak członkostwo w ekskluzywnym klubie golfowym... umożliwiające dostęp do pewnych cennych udogodnień, których odmawia się moim pod żadnym względem nie gorszym sąsiadom. Taka dyskryminacja zawsze będzie mnie uwierać, zwiększając jedynie naturalną niechęć, jaką czuję wobec instytucji małżeństwa.

Mimo to waham się i powstrzymuję przed zbyt szczegółowym omawianiem tej konkretnej debaty społecznej, choćby dlatego, że małżeństwa gejów i lesbijek są bardzo gorącym tematem i chyba nie nadszedł jeszcze czas, by wydawać na ten temat książki. Dwa tygodnie przed tym, zanim zaczęłam pisać ten akapit, małżeństwa homoseksualne zalegalizowano w stanie Connecticut. Tydzień później ogłoszono, że w Kalifornii są nielegalne. Kiedy po upływie kilku miesięcy redagowałam ten akapit, rozpętało się akurat piekło w Iowa i w Vermoncie. Niedługo potem New Hampshire jako szósty stan zalegalizowało małżeństwa homoseksualne i zaczynam powoli wierzyć, że obojętnie co powiem dzisiaj na ten temat, w najbliższy wtorek po południu okaże się to już nieaktualne.

Mogę jednak powiedzieć, że całkowite zalegalizowanie w Stanach Zjednoczonych małżeństw osób tej samej płci jest nieuniknione. W dużej części dlatego, że niezalegalizowane homoseksualne małżeństwa już tutaj istnieją. Pary takie żyją ze sobą otwarcie, niezależnie od tego, czy ich związek został usankcjonowany przez dany stan czy nie. Niektóre pary wychowują razem dzieci, płacą wspólnie podatki, budują domy, prowadzą interesy, dorabiają się majątku, a nawet rozwodzą. Wszystkie te istniejące już związki i zobowiązania ludzi wobec siebie muszą być jakoś zorganizowane i ujęte w normy prawne, aby społeczeństwo obywatelskie działało gładko i sprawnie. (Dlatego właśnie spis ludności w Stanach Zjednoczonych, który zostanie przeprowadzony w roku 2010, po raz pierwszy ujmie pary homoseksualne jako „poślubione", aby można było uzyskać rzeczywisty obraz demograficzny narodu.) Sądy federalne znudzą się w końcu, tak jak to było z małżeństwami mieszanymi, i dojdą do wniosku, że o wiele łatwiej jest pozwolić parom dorosłych ludzi pobierać się, niż roztrząsać ten problem w każdym stanie po kolei, od poprawki do poprawki, od szeryfa do szeryfa, od jednego osobistego uprzedzenia do drugiego.

Oczywiście konserwatyści wciąż będą uważać, że małżeństwo homoseksualne jest czymś niewłaściwym, ponieważ celem małżeństwa jest płodzenie dzieci. To, że niepłodne, bezdzietne, niebędące już w wieku rozrodczym heteroseksualne pary stale się pobierają, nikomu nie wydaje się dziwne. (Na przykład ultrakonserwatywny komentator polityczny Pat Buchanan i jego żona nie mają dzieci i nikt nie sugeruje, by odebrać im przysługujące małżeństwom przywileje, dlatego że nie udało im się spłodzić potomstwa.) A jeśli chodzi o pogląd, że małżeństwa między osobami tej samej płci w jakiś sposób doprowadzą do zepsucia całego społeczeństwa, to nikomu nie udało się udowodnić tej tezy w sądzie. Wręcz przeciwnie, setki organizacji naukowych i społecznych – od Amerykańskiej Akademii Lekarzy Rodzinnych poprzez Amerykańskie Towarzystwo Psychologiczne na Amerykańskiej Lidze Opieki Społecznej nad Dziećmi skończywszy – publicznie poparły małżeństwa homoseksualne i adopcję dzieci przez pary gejów i lesbijek.

Jednak małżeństwa homoseksualne są w Ameryce zawierane przede wszystkim dlatego, że tutaj małżeństwo jest sprawą świecką, nie religijną. Zastrzeżenia wobec takich małżeństw prawie zawsze mają biblijny charakter, jednakże w tym kraju niczyje prawne przysięgi nie są interpretowane na podstawie Biblii... a przynajmniej nie od czasu, kiedy Sąd Najwyższy ujął się za Richardem i Mildred Lovingami. Ślub kościelny jest sympatyczną ceremonią, w Ameryce nie jest on jednak ani w y m a g a n y, by małżeństwo było zgodne z prawem, ani n i e   s t a n o w i o legalności związku. O legalności związku w naszym kraju decyduje ta istotna kartka papieru, którą ty i twój wybranek musicie podpisać i zarejestrować w urzędzie stanowym. Moralność waszego małżeństwa może być sprawą pomiędzy wami a Bogiem, natomiast tutaj, na ziemi, to właśnie urzędowe i świeckie dokumenty czynią wasze przysięgi oficjalnymi. Tak więc w ostateczności decyzje dotyczące zasad prawa małżeńskiego są sprawą amerykańskich sądów, a nie amerykańskich kościołów i to właśnie w sądach rozstrzygnie się ostatecznie debata dotycząca małżeństw osób tej samej płci. Szczerze mówiąc, ta ostra walka konserwatystów wydaje mi się nieco szalona, jeśli zważyć na to, że społeczeństwu może tylko wyjść na dobre, jeśli jak najwięcej rodzin będzie żyło w ramach małżeństwa. I mówi to osoba – co chyba jest dość widoczne – zdecydowanie wobec małżeństwa podejrzliwa. Tak, to prawda. Legalne małżeństwo, z racji tego, że ogranicza rozwiązłość seksualną i wprzęga ludzi w system społecznych zobowiązań, jest istotnym składnikiem uporządkowanego społeczeństwa. Zdaję sobie sprawę z tego, że małżeństwo nie zawsze okazuje się czymś wspaniałym dla każdej pojedynczej osoby w granicach tego związku, ale to zupełnie inna kwestia. Nie ulega wątpliwości – nawet w swoim buntowniczym umyśle muszę to przyznać – że na ogół małżeństwo stabilizuje ład społeczny, a często jest czymś niezwykle korzystnym dla dzieci*.

---

* Przepraszam na chwilę. To jest tak istotny i skomplikowany problem, że wymaga tego jedynego przypisu w książce. Kiedy socjologowie mówią, że „małżeństwo jest czymś nadzwyczaj dobrym dla dzieci", mają w rzeczywistości na myśli to, że stabilność jest czymś nadzwyczaj dobrym dla dzieci. Udowodniono ponad wszelką wątpliwość, że dzieci dobrze się rozwijają w otoczeniu, w którym nie są poddawane ciągłym huśtawkom emocjonalnym... takim na przykład, jak nieustanna rotacja pojawiających się w domu i znikających miłosnych partnerów mamy czy taty. Małżeństwo wpływa stabilizująco na rodzinę i chroni przed takimi wstrząsami, choć niekoniecznie. Obecnie na przykład dziecko urodzone w związku niemającej ślubu pary w Szwecji (gdzie prawnie zawarte małżeństwo jest coraz bardziej passé, ale gdzie więzy rodzinne są całkiem silne) ma większe szanse posiadania na zawsze tych samych rodziców niż dziecko urodzone w małżeństwie amerykańskim (gdzie małżeństwo jest wciąż szanowaną instytucją, ale rozwody są coraz częstsze). Dzieciom potrzeba stałości sytuacji i otoczenia. Małżeństwo sprzyja, ale nie gwarantuje rodzinnej trwałości.

Gdybym to ja była konserwatystką – to znaczy, gdyby tak bardzo zależało mi na społecznej stabilności, rozkwicie gospodarczym i seksualnej monogamii – chciałabym, żeby jak najwięcej par homoseksualnych brało ślub. Chciałabym, żeby jak najwięcej w s z e l k i c h par brało ślub. Widzę, jak konserwatyści martwią się tym, że homoseksualiści zniszczą i pogrzebią instytucję małżeństwa, ale może powinni oni się zastanowić, czy przypadkiem w obecnym stanie rzeczy pary homoseksualne nie okażą się r a t u n k i e m dla małżeństwa. Tylko pomyślmy! Wszędzie w świecie zachodnim zwyczaj zawierania małżeństw zamiera. Ludzie pobierają się w późniejszym wieku, jeśli w ogóle, płodzą dzieci przypadkowo w związkach pozamałżeńskich albo (jak ja) mają do instytucji małżeństwa stosunek ambiwalentny lub wręcz wrogi. Wielu z nas, zwyczajnych ludzi, nie ufa już małżeństwu. Nie rozumiemy go. Nie jesteśmy przekonani, że jest nam koniecznie potrzebne. Czujemy, że możemy z niego skorzystać albo machnąć na nie ręką. W rezultacie poczciwy, stary węzeł małżeński wiotczeje targany wiatrami zimnej nowoczesności.

Akurat teraz, kiedy wydaje się, że wszystko jest już stracone, że małżeństwo staje się ewolucyjnie zbędne, podobnie jak małe palce i wyrostek robaczkowy, kiedy wydaje się, że ta instytucja zwietrzeje powoli i skruszy się z powodu malejącego społecznego zainteresowania, pojawiają się homoseksualne pary z prośbą, by je włączyć w rytuał! Ba, błagają! Więcej nawet, one walczą ze

---

Niemające ślubu pary oraz samotni rodzice czy nawet dziadkowie mogą stworzyć spokojne i stabilne środowisko, w którym dzieci mogą rozkwitać poza więzami oficjalnego małżeństwa. Chciałam to bardzo dokładnie wyjaśnić. Przepraszam za ten wtręt i dziękuję za uwagę.

wszystkich sił, by pozwolono im uczestniczyć w zwyczaju, który może być bardzo dobroczynny dla społeczeństwa jako całości, ale który wielu – na przykład ja – uważa za duszący, staroświecki i nieistotny.

Może się to wydawać paradoksalne, że homoseksualiści, którzy przez stulecia czynili sztukę z prowadzenia swobodnego stylu życia na marginesie społeczeństwa, teraz tak rozpaczliwie pragną być częścią głównego nurtu. Na pewno nie wszyscy nawet w społeczności homoseksualistów rozumieją tę chęć asymilacji. Filmowiec John Waters zawsze uważał – jak sam mówi – że czerpie tylko jedną korzyść z tego, że jest gejem: nie musi iść do wojska ani brać ślubu. Niemniej prawdą jest, że wiele par homoseksualnych bardzo pragnie dołączyć do społeczeństwa jako w pełni zintegrowani, odpowiedzialni społecznie, skoncentrowani na rodzinie, płacący podatki, trenujący małoletnich sportowców, służący narodowi, poślubieni z poszanowaniem prawa obywatele. Czemu więc nie mielibyśmy ich przyjąć? Czemu nie wpuszczać ich całą masą, by odważnie ratowali kulejącą i poobijaną starą instytucję małżeństwa przed grupą apatycznych, leniwych, heteroseksualnych nieudaczników takich jak ja?

Niezależnie od tego, co i kiedy stanie się z małżeństwami homoseksualnymi, mogę was zapewnić, że przyszłe pokolenia uznają za niedorzeczny, wręcz komiczny fakt, że w ogóle debatowaliśmy nad tą sprawą, podobnie jak dziś wydaje nam się absurdem, że kiedyś zgodnie z prawem angielski chłop nie mógł się ożenić z kimś spoza własnej warstwy, a biały amerykański obywatel nie mógł poślubić osoby rasy malajskiej. To doprowadza nas do ostatniego powodu, który przekonuje o tym, że nadchodzi czas na małżeństwa homoseksualne: małżeństwo w świecie zachodnim od kilkuset lat przesuwa się – powoli, lecz nieuchronnie – w stronę większej osobistej prywatności, większej sprawiedliwości, większego szacunku dla dwojga zaangażowanych w nie osób i coraz większej swobody wyboru.

Początki „ruchu swobód małżeńskich" – tak to nazwijmy – możemy wyznaczyć mniej więcej na połowę osiemnastego wieku. Świat się zmieniał, powstawały liberalne demokracje i wszędzie w Europie Zachodniej i w Ameryce pojawiła się silna społeczna potrzeba większej swobody, większej prywatności, większej możliwości dążenia do szczęścia dla pojedynczych osób, niezależnie od tego, czego życzyliby sobie inni. Zarówno mężczyźni, jak i kobiety zaczęli głośniej wyrażać swoje pragnienie w y b o r u. Chcieli wybierać swoich przywódców, swoją religię, swoje przeznaczenie i – owszem – nawet swoich współmałżonków.

Co więcej, wraz z postępem rewolucji przemysłowej i wzrostem zarobków pary stać było teraz na zakup własnego domu i uwolnienie się od życia w nieskończoność pod jednym dachem z wielopokoleniową rodziną... Nie można przecenić wpływu tej społecznej transformacji na małżeństwo, ponieważ wraz z nowymi prywatnymi domami przyszła... no cóż, p r y w a t n o ś ć. Prywatne myśli i prywatny czas, a w rezultacie prywatne pragnienia i prywatne pomysły. Kiedy zamknęły się drzwi domu, twoje życie należało do ciebie. Mogłeś być panem swojego przeznaczenia, kapitanem swojego emocjonalnego statku. Mogłeś poszukiwać swojego raju i znajdować własne szczęście... nie w niebie, ale tutaj, na przykład w śródmieściu Pittsburgha, ze swoją uroczą żoną. Twojego małżeństwa nie aranżowała rodzina, żonę wybrałeś sobie sam, i to wcale nie dlatego, że był to ekonomicznie korzystny układ, ale dlatego, że p o d o b a ł c i s i ę j e j ś m i e c h.

Do moich ulubionych bohaterów ruchu swobód małżeńskich należą Lillian Harman i Edwin Walker z wielkiego stanu Kansas. Wszystko działo się około 1890 roku. Lillian była sufrażystką i córką znanego anarchisty, a Edwin postępowym dziennikarzem i sympatykiem feministek. Byli dla siebie stworzeni. Kiedy się w sobie zakochali i postanowili przypieczętować swój związek, nie poszli ani do księdza, ani do sędziego, tylko zawarli coś, co nazwali „małżeństwem autonomistycznym". Opracowali własne przysięgi małżeńskie. Podczas ceremonii mówili o absolutnej prywatności swojego związku; Edwin przysiągł, że w żaden sposób nie zdominuje swojej małżonki, a ona przysięgła, że nie przyjmie jego nazwiska. Co więcej, Lillian odmówiła przysięgi o wiecznej wierności Edwinowi, oświadczyła jedynie z mocą: „Nie będę składać obietnic, których spełnienie może okazać się dla mnie niemożliwe lub niemoralne, natomiast zachowam prawo działania zgodnego z tym, co podyktuje mi sumienie i rozum".

Naturalnie Lillian i Edwina aresztowano za świadome łamanie konwenansów... jakżeby inaczej, w ich noc poślubną. (Jak to jest, że aresztowanie ludzi w ich łóżkach zawsze sygnalizuje nową erę w historii małżeństwa?) Parę oskarżono o zlekceważenie ceremonii ślubnej, przy czym jeden z sędziów oświadczył, że „związek pomiędzy E.C. Walkerem i Lillian Harman nie jest małżeństwem, a oni w pełni zasługują na karę, jaka została im wymierzona".

Mleko już się jednak rozlało. Ponieważ to, czego chcieli Edwin i Lillian, nie różniło się wiele od tego, czego chcieli im współcześni, czyli swobody zawierania i rozwiązywania swoich związków, na własnych warunkach, z prywatnych powodów, z dala od wścibskiego wtrącania się Kościoła, prawa lub rodziny. Chcieli równości i sprawiedliwości wewnątrz małżeństwa. Najbardziej jednak pragnęli wolności w definiowaniu swojego związku na podstawie własnej interpretacji miłości.

Oczywiście był opór wobec tych radykalnych pomysłów. Już w połowie dziewiętnastego wieku zaczęli się pojawiać pruderyjni, marudni konserwatyści, którzy sugerowali, że tendencja do przejawiania ekspresyjnego indywidualizmu w małżeństwie poskutkuje załamaniem się społeczeństwa. A bardziej konkretnie przepowiadali, że pozwalanie na dożywotnie związki oparte jedynie na miłości i chwilowych uczuciowych zachciankach bardzo szybko doprowadzi do astronomicznej liczby rozwodów i do mnóstwa zgorzkniałych rozbitych rodzin.

To wszystko teraz wydaje się śmieszne, prawda?

Tyle że w pewnym sensie oni mieli rację.

Liczba rozwodów, które kiedyś w społeczeństwach Zachodu były wyjątkową rzadkością, w połowie dziewiętnastego wieku zaczęła rosnąć... niemal natychmiast po tym, jak ludzie zaczęli wybierać sobie partnerów wyłącznie z miłości. I od tamtej pory ta liczba staje się coraz większa, w miarę jak małżeństwo staje się coraz mniej „instytucjonalne" (oparte na potrzebach społeczeństwa jako całości), a coraz bardziej „ekspresyjnie indywidualistyczne" (oparte na potrzebach... t w o i c h).

Jak się okazało, niesie to ze sobą pewne niebezpieczeństwa. Mamy oto ten pojedynczy najbardziej interesujący fakt w całej poznanej przeze mnie historii małżeństwa: Wszędzie, w każdym społeczeństwie, na całym świecie, zawsze kiedy konserwatywna kultura aranżowanych małżeństw jest zastępowana przez ekspresyjną kulturę ludzi wybierających sobie partnerów na podstawie uczucia miłości, liczba rozwodów gwałtownie rośnie. Można sobie według tego nastawiać zegarek. (Teraz na przykład dzieje się to w Indiach.)

Pięć minut po tym, jak ludzie zażądają prawa do pobierania się z miłości, będą się domagać prawa do rozwodu, kiedy ich miłość wygaśnie. Co więcej, sądy zaczną zezwalać na rozwód na podstawie tego, że zmuszanie dwojga ludzi, którzy się kiedyś kochali, do bycia razem teraz, gdy się nie znoszą, jest formą niczym nieusprawiedliwionego okrucieństwa. („Poślijcie męża i żonę na ciężkie roboty, jeśli potępiacie ich postępowanie i uważacie, że zasługują na karę – apelował George Bernard Shaw – ale nie każcie im tkwić po wieczne czasy w małżeństwie".) Kiedy uczucie staje się naprawdę istotne w małżeństwie, sędziowie zaczynają mieć bardziej współczujący stosunek do nieszczęsnych współmałżonków... może dlatego, że sami z własnego doświadczenia wiedzą, jak bolesna może być zdruzgotana miłość. W 1849 roku pewien sędzia w Connecticut orzekł, że małżonkom należy pozwolić legalnie się rozejść nie tylko z powodu złego traktowania, zaniedbania czy zdrady, ale także z powodu zwykłego braku poczucia szczęścia. „Wszelkie zachowanie, które trwale unieszczęśliwia powoda/powódkę – orzekł ów sędzia – stoi w sprzeczności z celem związku małżeńskiego".

Było to naprawdę radykalne stwierdzenie. Wnioskowanie, że c e l e m małżeństwa jest szczęście, nigdy wcześniej w naszej historii nie wystąpiło. Można przypuszczać, że pogląd ten prowadzi nieuchronnie do czegoś, co badaczka małżeństwa Barbara Whitehead nazwała „ekspresyjnymi rozwodami". Mowa o ludziach rozchodzących się wyłącznie dlatego, że miłość wygasła. W ich przypadkach poza tym w związku nie działo się nic złego. Nikt nikogo nie maltretował, nie zdradzał, tyle że atmosfera love story uległa zmianie, a rozwód staje się wyrazem tego najbardziej osobistego z rozczarowań.

Wiem dokładnie, o co chodzi Whitehead, kiedy mówi o ekspresyjnym rozwodzie; tym właśnie była moja ewakuacja z pierwszego małżeństwa. Oczywiście, kiedy sytuacja czyni nasze życie dojmująco nieznośnym, trudno powiedzieć, że jesteśmy „tylko" nieszczęśliwi. Wydaje się, że nic nie jest „tylko" w trwającym na przykład całe miesiące nieopanowanym płaczu albo w poczuciu, że jest się pogrzebanym żywcem we własnym domu. Ale owszem, żeby być sprawiedliwa, muszę przyznać, że opuściłam męża t y l k o dlatego, że moje życie z nim stało się nieznośne, i gest ten ukazał, jaka to ze mnie bardzo ekspresyjnie nowoczesna żona.

Zatem przekształcenie małżeństwa z transakcji handlowej w wyraz uczucia z upływem czasu znacznie osłabiło tę instytucję... ponieważ małżeństwa oparte na miłości są, jak się okazuje, równie kruche jak sama miłość. Rozważcie tylko mój związek z Felipe i tę cieniutką nić pajęczą, która utrzymuje nas razem. Mówiąc prosto, nie potrzebuję tego mężczyzny praktycznie z żadnego z tych powodów, z jakich kobiety potrzebowały mężczyzn przez całe stulecia. Nie potrzebuję go, by chronił mnie w sensie fizycznym, bo żyję w jednym z najbezpieczniejszych społeczeństw na świecie. Nie potrzebuję, by mnie utrzymywał, bo zawsze sama zarabiałam na życie. Nie potrzebuję go po to, by poszerzył krąg moich krewnych, ponieważ mam wokół siebie liczną grupę przyjaciół, sąsiadów i członków rodziny. Nie potrzebuję go po to, by dał mi ważny status społeczny „kobiety zamężnej", ponieważ moja kultura darzy szacunkiem również kobiety niezamężne. Nie potrzebuję go, by był ojcem moich dzieci, ponieważ zdecydowałam, że nie będę matką... a nawet gdybym zmieniła zdanie, technologia oraz pobłażliwość liberalnego społeczeństwa pozwoliłyby mi mieć dzieci w inny sposób i samej je wychowywać.

Co zatem z tego wynika? Po co mi w ogóle ten mężczyzna? Potrzebny mi jest dlatego, że go uwielbiam, a jego towarzystwo przynosi mi radość i pociechę, bo jak ujął to kiedyś dziadek przyjaciółki: „Czasami życie jest zbyt ciężkie, by być samotnym, a czasami zbyt dobre, by być samotnym". To samo dotyczy Felipe: potrzebuje mnie tylko ze względu na moje towarzystwo. Wydaje się, że to dużo, ale wcale tak nie jest; to tylko miłość. A małżeństwo oparte na miłości nie gwarantuje dożywotniego kontraktu, jaki daje małżeństwo oparte na kryteriach klanowych lub materialnych, bo nie może. Irytuje mnie, że już z samej definicji to, co z tajemniczych powodów serce wybrało, może później odrzucić... także z jakichś własnych tajemniczych powodów. A wspólny prywatny raj może szybko przemienić się w prywatne piekło.

Co więcej, emocjonalny chaos, jaki towarzyszy rozwodowi, często przybiera tak kolosalne rozmiary, że ze względów psychicznych ślub z miłości jest większym ryzykiem. Najbardziej popularny test, jaki obecnie stosują lekarze do ustalenia poziomu stresu u pacjentów, został skonstruowany w latach siedemdziesiątych ubiegłego wieku przez parę badaczy, Thomasa Holmesa i Richarda Rahego. „Śmierć współmałżonka" znajduje się na szczycie ich listy jako najbardziej stresujące wydarzenie, jakie w życiu dotknie większość ludzi. Zgadniecie, co jest drugie na tej liście? R o z w ó d. Zgodnie z ich badaniami, „rozwód" unieszczęśliwia bardziej niż „śmierć bliskiego członka rodziny" (musimy założyć, że nawet śmierć dziecka, skoro to straszne przeżycie nie ma osobnej kategorii), i jest o wiele bardziej stresujący niż „poważna choroba" i „utrata pracy", a nawet „uwięzienie". Co mnie jednak najbardziej zaskoczyło w skali Holmesa–Rahego, to fakt, że „małżeńskie pojednanie" także figuruje wysoko na liście wywołujących stres zdarzeń. Nawet dojście p r a w i e do rozwodu i uratowanie małżeństwa w ostatniej chwili może być emocjonalnie druzgocące.

Kiedy więc mówimy o tym, w jaki sposób zawierane z miłości małżeństwa mogą doprowadzać do większej liczby rozwodów, nie należy traktować tego lekko. Emocjonalne, finansowe, a nawet zdrowotne koszty przegranej miłości są w stanie zniszczyć pojedyncze osoby i całe rodziny. Ludzie potrafią nękać, kaleczyć, wręcz zabijać byłych współmałżonków, a jeśli nawet nie dochodzi do sytuacji ekstremalnych i przemocy fizycznej, sam rozwód jest psychiczną, emocjonalną i ekonomiczną bombą niszczącą... co może poświadczyć każdy, kto tkwił w takim nieudanym małżeństwie lub był choćby w jego pobliżu.

Rozwód jest czymś tak okropnym po części z powodu emocjonalnej ambiwalencji. Dla wielu rozwiedzionych tkwienie w stanie czystego żalu, czystego gniewu lub czystej ulgi po rozstaniu ze współmałżonkiem jest trudne lub wręcz niemożliwe. Często jeszcze przez wiele lat te emocje tworzą nieprzyjemną mieszankę. Tak więc jednocześnie brakuje ci byłego męża i masz do niego pretensje. Dlatego zamartwiasz się o byłą żonę, choć jednocześnie żywisz wobec niej mordercze uczucia. To wszystko wywołuje dezorientację. Na ogół trudno nawet przypisać jednoznaczną winę którejś ze stron. Prawie we wszystkich rozwodach, których byłam świadkiem, obie ponosiły co najmniej częściową winę za rozpad związku (chyba że jedno z małżonków było socjopatą). Kim więc jesteś, kiedy twoje małżeństwo się nie udaje? Ofiarą czy złoczyńcą? Nie zawsze łatwo to ustalić. Linie podziału zachodzą na siebie i zlewają się, jakby w jakiejś fabryce nastąpił wybuch, a fragmenty szkła i stali (kawałki jego serca i jej serca) stopiły się ze sobą w żarze eksplozji. Próba wydostania się z tego pogorzeliska może doprowadzić cię na krawędź szaleństwa.

Trzeba też wspomnieć o koszmarze, jakim jest obserwowanie, że osoba, którą się kiedyś kochało i chroniło, staje się agresywnym przeciwnikiem. W samym środku wydarzeń związanych z rozwodem spytałam raz moją prawniczkę, jak jest w stanie wykonywać tę pracę... jak może znieść to, że każdego dnia jej pracy pary, które się kiedyś kochały, skaczą sobie do gardła w sali sądowej. Odpowiedziała: „Praca ta przynosi mi satysfakcję z jednego powodu: wiem coś, czego wy nie wiecie. Ja wiem, że jest to najgorsze doświadczenie w waszym życiu, ale wiem również, że pewnego dnia pozostawicie je za sobą i d o j-d z i e c i e   d o   s i e b i e. A pomaganie komuś takiemu jak ty w przebrnięciu przez najgorsze doświadczenie jest niezwykle satysfakcjonujące".

Miała rację pod jednym względem (wszyscy ostatecznie dojdziemy do siebie), ale całkowicie się myliła pod innym (nigdy tak do końca nie pozostawimy tego za sobą). W tym sensie my, rozwiedzeni, przypominamy nieco dwudziestowieczną Japonię: Posiadaliśmy kulturę przedwojenną, teraz mamy powojenną, a pomiędzy tymi dwiema kulturami zieje ogromna dymiąca dziura.

Zrobię niemal wszystko, by uniknąć ponownego przeżywania takiej apokalipsy. Zdaję sobie jednak sprawę z tego, że zawsze istnieje ryzyko kolejnego rozwodu, właśnie dlatego, że kocham Felipe, a więzy miłości są tak przedziwnie delikatne. Zważcie jednak na to, że nie zamierzam rezygnować z miłości. Nadal w nią wierzę. I może w tym właśnie tkwi problem. Może rozwód jest podatkiem, który płacimy zbiorowo jako cywilizacja, która ośmiela się wierzyć w miłość... a przynajmniej za to, że ośmielamy się łączyć miłość z tak społecznie ważnym kontraktem jak małżeństwo. Być może miłość i małżeństwo nie pasują do siebie jak koń i wóz. Może pasują do siebie miłość i rozwód... jak wóz i koń.

Może więc jest to problem społeczny, którym trzeba się tutaj zająć, zamiast zastanawiać się nad tym, komu wolno się pobierać, a komu nie. Z antropologicznego punktu widzenia prawdziwy dylemat współczesnego związku jest następujący: Jeśli rzeczywiście chcemy żyć w społeczeństwie, w którym ludzie wybierają sobie partnerów na podstawie własnych uczuć, to musimy się przygotować na to, co nieuniknione. Będą złamane serca; niejedno złamane życie. Właśnie dlatego, że ludzkie serce stanowi taką tajemnicę („taką tkankę paradoksu", jak pięknie ujął to wiktoriański uczony sir Henry Finck), miłość zamienia wszystkie nasze plany i wszystkie nasze zamierzenia w jedną wielką loterię.

Pamiętam rozmowę, jaką przeprowadziłam kilka lat temu z pewną kobietą, którą spotkałam w Nowym Jorku, podczas przyjęcia w wydawnictwie, w bardzo złym momencie swojego życia. Ta młoda kobieta, którą widziałam wcześniej raz czy dwa razy przy towarzyskich okazjach, z uprzejmości zapytała mnie, gdzie jest mój mąż. Wyjaśniłam jej, że go przy mnie nie ma, bo jesteśmy w trakcie przeprowadzania rozwodu. Moja towarzyszka wypowiedziała kilka nie całkiem szczerych słów współczucia, po czym, sięgając do półmiska z serem, oświadczyła, „Ja sama jestem już od ośmiu lat szczęśliwą mężatką. I nigdy się nie rozwiodę".

Cóż można rzec na podobny komentarz. *Gratulacje z okazji osiągnięć, których jeszcze nie osiągnęłaś?* Teraz rozumiem, że ta młoda kobieta wciąż była ignorantką w sprawach małżeństwa. W przeciwieństwie do przeciętnej szesnastowiecznej kilkunastoletniej dziewczyny z Wenecji, miała szczęście, że nie narzucono jej męża. Ale właśnie z tego powodu – właśnie dlatego, że wybrała współmałżonka, kierując się miłością – jej małżeństwo było o wiele bardziej kruche, niż sądziła.

Przysięgi składane w dzień naszego ślubu są szlachetną próbą zaprzeczenia ukrycia tej kruchości, przekonania nas samych, że – naprawdę – to, co Bóg Wszechmogący złączył, żaden człowiek nie może rozłączyć. Niestety, to nie Bóg Wszechmogący składa te ślubne przysięgi; człowiek (nic nie mogący) je składa i człowiek zawsze może je złamać. Nawet jeśli ta moja znajoma z przyjęcia była pewna, że ona sama nigdy nie opuści męża, to przecież nie było to zależne wyłącznie od niej. Nie była jedyną osobą w tym łóżku. Wszyscy kochankowie, nawet ci najbardziej wierni, mogą zostać porzuceni wbrew swojej woli. Wiem, że ten prosty fakt jest prawdą, ponieważ sama opuściłam tych, którzy nie chcieli, żebym odeszła, a znowu mnie porzucili ci, których błagałam o pozostanie. Wiedząc to wszystko, wkroczę w swoje drugie małżeństwo z o wiele większą pokorą niż w pierwsze. Podobnie uczyni Felipe. Nie żeby sama pokora nas ochroniła, ale przynajmniej tym razem będziemy jej trochę mieli.

Znane jest powiedzenie, że małżeństwo stanowi triumf nadziei nad doświadczeniem, ale nie jestem do końca przekonana, że to prawda. Wydaje mi się, że pierwsze małżeństwo jest przesiąknięte nadzieją, omywane wielkimi oczekiwaniami i łatwym banalnym optymizmem. Myślę, że drugie osłania coś innego: możliwe, że szacunek dla sił potężniejszych od nas. Szacunek, który być może jest wręcz bliski nabożnej czci.

Stare polskie powiedzenie ostrzega: „Przed pójściem na wojnę zmów pacierz. Przed wypłynięciem na morze zmów dwa pacierze. Przed ślubem zmów trzy".

Ja będę modlić się przez cały rok.

ROZDZIAŁ CZWARTY

MAŁŻEŃSTWO A ZADURZENIE

Uważaj na miłość (trochę) bardziej niż na wszystko inne.

e.e. cummings

Był wrzesień 2006 roku.

Wciąż włóczyliśmy się z Felipe po Azji Południowo-
-Wschodniej. Nie mieliśmy nic do roboty prócz zabijania
czasu. Nasza sprawa w urzędzie imigracyjnym utknęła
w martwym punkcie. Żeby być sprawiedliwa, muszę przyznać, że nie tylko nasza, ale sprawy wszystkich bez wyjątku
par, które złożyły wnioski o narzeczeńskie wizy amerykańskie. Cały system zamarł. Na nasze wspólne nieszczęście Kongres uchwalił właśnie nowe prawo imigracyjne
i w rezultacie tysiące par zawisły w próżni biurokratycz-
nego bezruchu na co najmniej cztery miesiące. Według
nowego prawa każdy obywatel amerykański, który chciał
poślubić obcokrajowca, musiał zostać prześwietlony przez
FBI, w poszukiwaniu ewentualnych śladów popełnionych
w przeszłości przestępstw.

Tak jest: od tej chwili wszyscy obywatele amerykańscy, którzy zapragnęli wziąć ślub z obcokrajowcami, byli
poddawani śledztwu FBI.

Co ciekawe, prawo to stworzono, by chronić kobiety –
biedne kobiety z krajów rozwijających się – przed przywo-
żeniem ich do Stanów Zjednoczonych jako narzeczonych
dla skazanych za gwałty, zabójstwa i przemoc wobec

119

najbliższych. W ostatnim czasie stało się to rzeczywiście poważnym problemem. Amerykańscy mężczyźni dosłownie kupowali dziewczyny z byłego Związku Radzieckiego, z Azji i z Ameryki Południowej, które po przewiezieniu do Stanów często czekało straszliwe życie prostytutek lub seksualnych niewolnic, a czasem nawet śmierć z rąk mężów, którzy już wcześniej byli karani za gwałt czy zabójstwo. Dzięki nowemu prawu można było prześwietlić wszystkich ewentualnych amerykańskich małżonków i chronić cudzoziemki przed związkiem z jakimś zwyrodnialcem.

Było to dobre prawo. Sprawiedliwe. Trudno byłoby go nie pochwalać. Jedynym problemem dla Felipe i dla mnie było to, że powstało ono w wyjątkowo niekorzystnym dla nas czasie. Nasza sprawa miała się przeciągnąć o co najmniej cztery miesiące, żeby FBI mogło wszystko zbadać skrupulatnie i potwierdzić, że nie jestem ani karaną gwałcicielką, ani seryjną morderczynią, mimo że idealnie pasuję do takiego portretu psychologicznego.

Co kilka dni wysyłałam e-maila do naszego prawnika w Filadelfii, by sprawdzić, czy są jakieś postępy, jakieś terminy, czy jest jakakolwiek nadzieja.

„Nic nowego", meldował niezmiennie. Czasami przypominał mi, na wypadek gdybym zapomniała: „Nie róbcie żadnych planów. Jeszcze nic nie wiadomo".

Kiedy to się działo (czy raczej n i e działo), dotarliśmy akurat z Felipe do Laosu. Lecieliśmy z północnej Tajlandii do starego miasta Luang Prabang nad pasmami poszarpanych stromych szmaragdowych gór, które wyłaniały się z zielonej dżungli niczym zastygłe spienione fale. Miejscowe lotnisko przypominało pocztę w amerykańskim miasteczku. Wynajęta riksza zawiozła nas do samego Luang Prabang, pięknie położonego w trójkącie, jaki tworzą rzeki

Mekong i wpadająca do niej Nam Khan. Luang Prabang to niezwykłe miejsce, w którym udało się jakoś przez stulecia upchnąć czterdzieści świątyń buddyjskich na niewielkim skrawku terenu. Dlatego mieszkają tam tysiące mnichów buddyjskich w wieku od dziesięciu (nowicjusze) do około dziewięćdziesięciu lat (mistrzowie). Można odnieść wrażenie, że w Luang Prabang stosunek liczby mnichów do liczby zwykłych śmiertelników wynosi mniej więcej pięć do jednego.

Nowicjusze należeli do najpiękniejszych chłopców, jakich w życiu widziałam. Ubierali się w jaskrawopomarańczowe szaty, mieli złocistą skórę i ogolone głowy. Każdego ranka przed świtem wysypywali się ze świątyń i szli rządkiem z miseczkami w rękach po codzienną strawę. Mieszkańcy miasta klękali na ulicach i napełniali ich miski ryżem. Felipe, znużony już podróżami, opisał tę ceremonię jako „straszne zamieszanie jak na piątą rano", ale ja to uwielbiałam i każdego dnia budziłam się wcześniej, by wyjść na werandę popadającego w ruinę hoteliku i patrzeć.

Ci mnisi mnie urzekli. Byli dla mnie fascynującą odskocznią od rzeczywistości. Mówiąc szczerze, przerodziło się to w obsesję i po kilku dniach spędzonych w tym małym laotańskim miasteczku na próżniactwie zaczęłam ich szpiegować.

Zgadzam się, śledzenie mnichów jest prawdopodobnie bardzo niecnym zajęciem (niech mi Budda wybaczy), ale trudno mi było się oprzeć. Byłam bardzo ciekawa, kim są ci chłopcy, co czują, czego chcą od życia, jednak niewiele z tego można się dowiedzieć tak po prostu. Pomijając barierę językową, kobiety nie powinny nawet p a t r z e ć na mnichów ani stać w ich pobliżu, a co dopiero się do nich odzywać. Poza tym trudno było się dowiedzieć czegokolwiek osobistego o konkretnym mnichu, skoro wszyscy wyglądali dokładnie tak samo; temu właśnie ma służyć golenie głów i skromne, identyczne pomarańczowe szaty. Buddyjscy mistrzowie stworzyli ów jednolity wygląd, by nowicjuszom łatwiej było przestać odczuwać siebie samych jako odrębne jednostki i stopić się w jedno z pozostałymi. Nawet dla siebie nawzajem powinni się stać nieodróżnialni.

Zatrzymaliśmy się w Luang Prabang na kilka tygodni, a ja po wielu przeprowadzonych na uliczkach i w zaułkach obserwacjach powoli nauczyłam się rozpoznawać poszczególnych mnichów w tłumie pomarańczowych szat i ogolonych głów. Stopniowo stawało się jasne, że bardzo się różnią między sobą. Byli wśród nich zalotni i śmiali, którzy stawali jeden drugiemu na ramionach, żeby zerknąć ponad świątynnym murem i zawołać do ciebie: „Halo, proszę pani!" Inni wymykali się nocą za mury klasztoru i ćmili papierosy, których ogniki żarzyły się kolorem podobnym do ich szat. Widziałam, jak nastoletni mnich robi pompki, i widziałam takiego, który miał niczym gangster tatuaż przedstawiający nóż na złocistej skórze ramienia. Którejś nocy podsłuchałam, jak kilku z nich, usadowionych pod drzewem w świątynnym ogrodzie, podśpiewuje piosenki Boba Marleya długo po nadejściu pory spoczynku. Widziałam nawet grupkę bardzo młodych nowicjuszy ćwiczących razem kick-boxing... był to pokaz zdrowej rywalizacji, która jak wszystkie zabawy chłopców na świecie, mogła w każdej chwili przemienić się w prawdziwą brutalną walkę.

Najbardziej zadziwił mnie jednak incydent, którego świadkiem byłam pewnego popołudnia w małej, ciemnej kawiarence internetowej, gdzie spędzaliśmy z Felipe kilka godzin dziennie, sprawdzając pocztę i kontaktując się z naszymi rodzinami i prawnikiem. Często też wpadałam tam sama. Przeglądałam wtedy oferty nieruchomości w okolicach Filadelfii. Odczuwałam przy tym – bardziej niż kiedykolwiek wcześniej w życiu, a może w ogóle pierwszy raz – tęsknotę za domem. Tęsknotę do domu. Marzył mi się własny dom; adres, małe kameralne miejsce dla nas dwojga. Pragnęłam uwolnić swoje książki z magazynu i ustawić alfabetycznie na półkach. Myślałam o przygarnięciu jakiegoś zwierzątka, chciałam jeść domowe potrawy, odwiedzać stare kąty i mieć blisko do mojej siostry i jej rodziny.

Nieco wcześniej zadzwoniłam do siostrzenicy, żeby złożyć jej życzenia z okazji ósmych urodzin, a dziewczynka rozpłakała się w słuchawkę.

– Dlaczego cię t u t a j nie ma? – dopytywała się Mimi. – Dlaczego nie przyjdziesz na moje p r z y j ę c i e u r o d z i n o w e?

– Nie mogę przyjść, skarbie. Utknęłam na drugim końcu świata.

– To dlaczego nie przyjdziesz jutro?

Nie chciałam obciążać Felipe tymi sprawami. Moje marzenie o domu powodowało tylko, że czuł się bezsilny, osaczony i w pewnym sensie odpowiedzialny za to, że jesteśmy na wygnaniu w północnym Laosie. Jednak dom nieustannie zajmował moje myśli. Przeglądanie ofert nieruchomości za plecami Felipe wywoływało u mnie poczucie winy, zupełnie jakbym surfowała po stronach pornograficznych, ale i tak to robiłam. „Nie róbcie żadnych planów", powtarzał w kółko nasz prawnik, a ja mimo to nie mogłam się powstrzymać. Wręcz marzyłam o planach. Planach poszczególnych pięter naszego domu.

A zatem kiedy pewnego upalnego popołudnia siedziałam samotnie w kawiarence internetowej w Luang Prabang i wpatrzona w monitor komputera, podziwiałam obraz kamiennego domku nad rzeką Delaware (z małą stodołą, którą bez trudu dałoby się przekształcić w gabinet pisarki!), przy sąsiednim komputerze usiadł szczupły kilkunastoletni mnich nowicjusz i zaczął balansować chudą pupą na krawędzi twardego drewnianego krzesła. Od tygodni widywałam tu mnichów przy komputerach, mimo to wciąż jeszcze ci poważni chłopcy kulturowo nie pasowali mi do surfowania po sieci. Ogarnięta ciekawością, co też oni mogą robić na komputerach, wstawałam czasami od swojego i jak gdyby nigdy nic okrążałam pomieszczenie, zerkając przy okazji na ich monitory. Zazwyczaj chłopcy zabawiali się grami wideo, choć czasami niezwykle zaabsorbowani mozolnie pisali jakieś teksty po angielsku.

Tego dnia młody mnich siedział tuż obok mnie. Był tak blisko, że widziałam delikatne włoski na jego szczupłych, bladobrązowych ramionach. Widziałam też dokładnie monitor jego komputera. Po chwili zerknęłam ciekawa, nad czym pracuje, i uświadomiłam sobie, że chłopiec czyta list miłosny. Miłosny e-mail, jak szybko się zorientowałam, był od osoby o imieniu Carla, która najwyraźniej nie była z Laosu i bez trudu pisała potoczną angielszczyzną. Zatem Carla była Amerykanką. Albo może Brytyjką. Albo Australijką. Jedno zdanie z ekranu przyciągnęło mój wzrok: „Wciąż cię pragnę jako kochanka”.

To zdanie przywołało mnie do rzeczywistości. Dobry Boże, jak to możliwe, że zaglądam komuś do prywatnej korespondencji? I to na dodatek przez ramię? Zawstydzona odwróciłam wzrok. Nie powinno mnie to w ogóle obchodzić. Ponownie zajęłam się doliną Delaware i nieruchomościami. Było mi odrobinę trudniej skupić się na swoich zajęciach, bo przecież cały czas nurtowało mnie jedno pytanie: *Kim, do diabła, jest Carla?*

Jak jakaś młoda kobieta z Zachodu mogła poznać nastoletniego laotańskiego mnicha? W jakim była wieku? A kiedy pisała: „Wciąż cię pragnę jako kochanka", czy miała na myśli to, że „chce, by był jej kochankiem w przyszłości"... czy może ten związek został już skonsumowany, a ona teraz pielęgnowała pamięć o razem przeżytej namiętności? I jeśli Carla i ten mnich rzeczywiście skonsumowali swój romans... no cóż, to jak? Kiedy? Może Carla była w Luang Parang na wakacjach i może zaczęła z tym chłopcem rozmawiać, mimo że kobiety nie powinny nawet spoglądać na nowicjuszy? Czy on zagadnął ją: „Halo, proszę pani!", i sprawy przybrały seksualny charakter? Co teraz się z nimi stanie? Czy ten chłopiec zamierza zerwać swoje śluby i przeprowadzić się do Australii? (Albo Wielkiej Brytanii, Kanady, do Memphis?) A może Carla przeniesie się do Laosu? Czy w ogóle jeszcze się kiedyś zobaczą? Czy pozbawią go habitu, jeśli ich złapią? (Czy w buddyzmie w ogóle to się nazywa „pozbawieniem habitu"?) Czy ten romans zrujnuje mu życie? Albo jej? Albo obojgu?

Chłopiec wpatrywał się milcząco w monitor i studiował swój list miłosny tak uważnie, że nawet nie zdawał sobie sprawy z mojej obecności tuż obok i nie miał oczywiście pojęcia, że ktoś martwi się po cichu o jego przyszłość. Rzeczywiście się martwiłam... martwiłam o to, że znalazł się w sytuacji, która go przerasta, i że dalsze brnięcie w nią doprowadzi jedynie do bólu serca.

Jak jednak można powstrzymać falę pożądania, która przetacza się przez świat, nieważne jak bardzo czasem niestosownego. Wszyscy mają prawo dokonywać niedorzecznych wyborów, zakochiwać się w najmniej odpowiednich osobach i narażać na łatwo przewidywalne katastrofy. No więc Carla miała ochotę na nastoletniego mnicha... i co z tego? Jak mogłabym ją za to osądzać? Czy ja też nie zakochiwałam się w wielu zupełnie nieodpowiednich mężczyznach? I czyż ci piękni „duchowi" młodzieńcy nie byli najbardziej ze wszystkich kuszący?

Mnich nie napisał odpowiedzi do Carli... przynajmniej nie tego popołudnia. Przeczytał jeszcze kilka razy jej list z takim namaszczeniem, jakby studiował tekst religijny. Potem siedział długo w milczeniu, z rękoma ułożonymi lekko na kolanach, z zamkniętymi oczyma, jakby medytował. Wreszcie zaczął działać: wydrukował e-maila. Jeszcze raz przeczytał list, teraz na papierze. Złożył kartkę z czułością, jakby składał żurawia techniką origami, i ukrył ją gdzieś między fałdami swojej szaty. Potem ten piękny młodzieniec, dziecko prawie, wyłączył internet i wymaszerował z kawiarenki na upalną ulicę starego nadrzecznego miasta.

Wstałam po chwili i niepostrzeżenie wyszłam za nim. Patrzyłam, jak nie rozglądając się na boki, idzie ulicą w kierunku centralnej świątyni na wzgórzu. Wkrótce pojawiła się za nim grupa mnichów, stopniowo go otaczając i wyprzedzając, a mnich Carli spokojnie wmieszał się w tłum smukłych nowicjuszy niczym pomarańczowa ryba niknąca w ławicy współbraci. Natychmiast straciłam go z oczu w tej gromadzie wyglądających tak samo chłopców. A przecież nie byli tacy sami. Na przykład tylko jeden z nich miał przy sobie list miłosny od kobiety o imieniu Carla, starannie złożony i ukryty w fałdach szaty. I choć ta jego gra wydawała się szalona i niebezpieczna, to przecież czułam pewien entuzjazm ze względu na chłopca.

Obojętnie jak to się miało skończyć, coś się z nim
d z i a ł o.

Budda nauczał, że wszelkie cierpienie bierze się z pożądania. Czyż nie wszyscy to wiemy? Każdy, kto czegoś
pożądał i tego nie dostał (albo co gorsza, dostał, a potem
utracił), zna doskonale cierpienie, o którym mówił Budda.
Pożądanie drugiej osoby jest zapewne najbardziej ryzykowne. Jeśli kogoś pragniesz tak naprawdę, to jest tak,
jakby wziąć nić chirurgiczną i przyszyć swoje szczęście do
skóry tamtej osoby – próba rozdzielenia skończy się potem
raną szarpaną. Wiesz jedynie, że wszelkimi dostępnymi
środkami musisz zdobyć obiekt pożądania, a potem już go
na stałe zachować. Myślisz wyłącznie o ukochanej osobie.
Człowiek owładnięty takim pierwotnym pożądaniem
przestaje być panem samego siebie. Staje się zniewolonym
sługą własnych pragnień.

Można więc zrozumieć, dlaczego Budda, który nauczał,
że wygaszenie emocji jest ścieżką wiodącą ku mądrości,
nie pochwaliłby młodego mnicha, który nosi przy sobie
listy od kogoś o imieniu Carla. Możemy pojąć, dlaczego
Budda uznałby taką potajemną schadzkę za rozpraszającą.
Na pewno nie spodobałby mu się żaden sekretny i na-
miętny związek. No tak, ale Budda nie był szczególnym
zwolennikiem seksualnej czy romantycznej zażyłości.
Pamiętajmy, że zanim dostąpił najwyższego oświecenia,
porzucił żonę i dziecko, by bez obciążeń wyruszyć w duchową podróż. Podobnie jak Ojcowie Kościoła Budda nauczał, że jedynie żyjący samotnie i w celibacie mogą zostać
oświeconymi. Dlatego buddyzm tradycyjny zawsze miał
nieco podejrzliwy stosunek do małżeństwa. Buddyjska
wędrówka przez życie oznacza brak przywiązania, a mał-

żeństwo jest stanem, który niesie ze sobą skomplikowane poczucie przywiązania do współmałżonka, dzieci i domu. Podróż ku oświeceniu zaczyna się wraz z odejściem od tego wszystkiego.

Owszem, w tradycyjnej kulturze buddyjskiej istnieje pewna rola dla ludzi pozostających w związku małżeńskim, ale jest to zaledwie rola drugoplanowa. Budda określał pary małżeńskie mianem „domowników". Podał nawet jasną instrukcję, jak być dobrym domownikiem: Należy być miłym dla współmałżonka, uczciwym, wiernym, dawać jałmużnę ubogim, ubezpieczyć się na wypadek pożaru i powodzi...

Nie żartuję: Budda dosłownie radził parom małżeńskim, żeby ubezpieczały swoją własność.

Nie jest to szczególnie ekscytująca propozycja w porównaniu z możliwością wyjrzenia za zasłonę iluzji i stanięcia na migocącym progu nieskalanej doskonałości, prawda? Jednak według Buddy domownicy oświecenia dostąpić nie mogli. I znowu pod tym względem przypominał Ojców Kościoła, którzy uważali, że małżeńskie przywiązanie stanowi jedynie przeszkodę na drodze do nieba... a to prowadzi człowieka do zastanowienia się, co dokładnie te oświecone istoty mają przeciwko parom. Skąd ta wrogość do romantycznego i cielesnego związku, a nawet do trwałego małżeństwa? Skąd ten opór wobec miłości? A może to nie miłość była problemem; Jezus i Budda byli największymi nauczycielami miłości i współczucia, jakich świat widział. Możliwe, że to nieodłączne niebezpieczeństwo pożądania sprawiło, że ci mistrzowie troszczyli się o ludzkie dusze, rozsądek i spokój.

Problem w tym, że wszyscy jesteśmy przepełnieni pożądaniem; jest ono najbardziej charakterystyczną cechą naszego istnienia jako istot obdarzonych uczuciami i może doprowadzić nas do upadku... i do upadku innych. W *Uczcie*, najsłynniejszym traktacie o pożądaniu, Platon opisuje sławną biesiadę, podczas której komediopisarz Arystofanes przedstawia mityczną historię wyjaśniającą, dlaczego my, ludzie, tak bardzo tęsknimy za związkami ze sobą i dlaczego te nasze związki okazują się czasami mało satysfakcjonujące, a wręcz destrukcyjne.

Dawno, dawno temu, opowiada Arystofanes, w niebiosach żyli sobie bogowie, a na ziemi ludzie. Ale wtedy ludzie nie wyglądali tak jak dzisiaj. Mieliśmy po dwie głowy, cztery nogi i cztery ręce... innymi słowy, byliśmy doskonałą kombinacją dwojga ludzi zlanych w jedną istotę. Istniały trzy warianty: połączenie mężczyzny z kobietą, dwóch kobiet i dwóch mężczyzna, zależnie od fantazji danego osobnika. Ponieważ byliśmy idealnie do siebie dopasowani, gładko złączeni, czuliśmy się szczęśliwi. Dwugłowe, w pełni zadowolone istoty o ośmiu kończynach wędrowały po ziemi, podobnie jak planety krążą po niebie, dostojnie, spokojnie, gładko. Nie brakowało im niczego do szczęścia; nie było niezaspokojonych potrzeb ani pragnień. Nie było sporów ani zamętu. Każdy był spełnioną całością.

Samowystarczalność doprowadziła te istoty do pychy i zapomniały one o oddawaniu czci bogom. Potężny Zeus ukarał je za to zaniedbanie, przecinając wszystkich zadowolonych ludzi na pół, zapełniając świat okrutnie okaleczonymi jednogłowymi, dwurękimi i dwunogimi, nieszczęsnymi stworzeniami. W chwili owej zbiorowej amputacji Zeus zaszczepił w ludziach bolesną świadomość, że nikt tak naprawdę nie tworzy całości. Od tamtej pory człowiek przychodzi na świat z uczuciem, że czegoś mu brakuje, owej utraconej połówki, którą kocha może nawet bardziej od siebie, i że ta zagubiona połówka gdzieś tam jest i krąży po świecie pod postacią innej osoby. Rodzimy się z uczuciem, że jeśli tylko będziemy wystarczająco uparcie szukać, to któregoś dnia znajdziemy tę drugą połowę. Kiedy połączymy się z nią, będziemy całością i już nigdy nie doświadczymy osamotnienia.

Oto osobliwa fantazja dotycząca ludzkiego pragnienia bliskości: że jeden plus jeden da kiedyś w jakiś sposób j e d e n.

Arystofanes ostrzegał jednak, że to marzenie o dopełnieniu do całości poprzez miłość jest złudne. Jako gatunek jesteśmy tak mocno okaleczeni, że nie może nas uleczyć proste zespolenie. Pierwotne połówki rozciętych ludzi zostały zbyt rozproszone po świecie, by mogły się kiedykolwiek odnaleźć. Zespolenie seksualne może na chwilę przynieść uczucie pełni i zaspokojenia (Arystofanes twierdził, że Zeus z litości pozwolił ludziom przeżywać orgazm, żeby choć chwilowo mogli poczuć się jednością i nie powymierali z przygnębienia i rozpaczy), ostatecznie jednak, w ten czy inny sposób w końcu zawsze zostajemy sami ze sobą. Niezmiennie jesteśmy osamotnieni, co powoduje, że wciąż łączymy się z niewłaściwymi osobami, szukając doskonalszego związku. Czasami możemy nawet uwierzyć, że odnaleźliśmy tę swoją drugą połówkę, ale jest bardziej prawdopodobne, że natrafiliśmy na taką osobę, która też rozpaczliwie chce wierzyć, iż znalazła, kogo szukała.

W taki sposób zaczyna się zadurzenie, będące najbardziej niebezpiecznym aspektem ludzkich pragnień. Zadurzenie prowadzi do powstawania tego, co psychologowie nazywają „natrętnymi myślami"... a co oznacza stan rozkojarzenia, kiedy nie możemy się skoncentrować na niczym innym poza obiektem naszej obsesji. Kiedy zadurzenie zaatakuje, wszystko inne – zajęcia, związki, obowiązki, jedzenie, sen, praca – idzie w zapomnienie, podczas gdy my pielęgnujemy fantazje o najdroższej osobie, fantazje, które szybko stają się powtarzalne, natarczywe i wszechogarniające. Zadurzenie zmienia chemię mózgu, jakby był nafaszerowany narkotykami i środkami pobudzającymi. Wyniki badań tomograficznych mózgu oraz huśtawki nastrojów zadurzonego kochanka są znacząco podobne do tych, jakie występują u osoby uzależnionej od kokainy... i nic dziwnego, jak się okazuje, bo przecież zadurzenie j e s t uzależnieniem, którego chemiczne skutki są zauważalne w mózgu. Jak wyjaśniła doktor Helen Fisher, antropolog i ekspert od zjawiska miłości, zadurzeni kochankowie, jak wszystkie ćpuny, „posuną się do ostateczności, gotowi nadwerężyć zdrowie i poniżyć się albo wręcz narazić na fizyczne niebezpieczeństwo, byle tylko zdobyć swój narkotyk".

Narkotyk działa najmocniej na samym początku namiętnego związku. Fisher zauważyła, że mnóstwo dzieci zostaje poczętych podczas pierwszych sześciu miesięcy romansu, który to fakt uznaję za godny odnotowania. Hipnotyczna obsesja może wywołać poczucie euforycznego zapamiętania, a euforyczne zapamiętanie jest najlepszym sposobem na przypadkową ciążę. Niektórzy antropologowie utrzymują wręcz, że gatunek ludzki potrzebuje zadurzenia jako narzędzia reprodukcji, które pozwala nam na taką nierozwagę, byśmy nie zwracali uwagi na ryzyko ciąży i tym samym ciągle uzupełniali i pomnażali nasze szeregi.

Badania Fisher pokazały również, że ludzie są bardziej podatni na zadurzenie w trudnych i niespokojnych okresach życia. Im bardziej jesteśmy wytrąceni z równowagi, tym większe jest prawdopodobieństwo, że szybciej i bardziej lekkomyślnie się zakochamy. Upodabnia to trochę zadurzenie do uśpionego wirusa, czekającego i gotowego zaatakować nasz osłabiony emocjonalny układ odpornościowy. Studenci college'ów – pierwszy raz z dala od domu, niepewni, pozbawieni podpory znajomego środowiska – są niezwykle podatni na zadurzenie. Wiemy też, że podróżujący po dalekich krajach często szaleńczo się zakochują, z dnia na dzień, jak się wydaje, w ludziach całkowicie obcych. W zmieniającym się otoczeniu odczuwamy rozgorączkowanie podróżą i nasze mechanizmy obronne bardzo szybko zaczynają zawodzić. Na swój sposób jest to cudowne (przez resztę życia będę czuła dreszcz emocji, kiedy przypomnę sobie, jak całowałam się z tym facetem na dworcu autobusowym w Madrycie), mądrze jednak w takich okolicznościach jest wziąć pod uwagę przestrogę czcigodnej północnoamerykańskiej „filozofki" Pameli Anderson: „Nigdy nie bierz ślubu na wakacjach".

Każdy, kto przeżywa trudny pod względem emocjonalnym okres – na przykład po śmierci członka rodziny albo utracie pracy – łatwo może się zakochać. Chorzy, ranni i ludzie czymś przerażeni też łatwo i nagle się zakochują... co pozwala wyjaśnić, dlaczego tylu rannych w bitwach żołnierzy żeni się ze swoimi pielęgniarkami. Współmałżonkowie, których związek przeżywa kryzys, są również pierwszorzędnymi kandydatami do zadurzenia się w kimś nowym, co mogę sama poświadczyć, na podstawie mętliku, jaki miałam w głowie u schyłku mojego pierwszego małżeństwa... skoro uznałam za stosowne zakochać się idiotycznie w innym mężczyźnie w tej samej chwili, w której odchodziłam od męża. Byłam wtedy niepocieszona, a moje poczucie „ja" rozpadło się na kawałki, co sprawiło, że niezwykle łatwo się zadurzyłam, no i dostałam za swoje. Ten nowy obiekt moich uczuć (z tego, co teraz wiem, to wręcz podręcznikowy przykład) musiał mieć nad głową ogromny neon WYJŚCIE... i ja, nie zważając na to, wbrew logice, wpakowałam się na siłę od strony wyjścia, wykorzystując romans jako pretekst, by uciec od rozpadającego się małżeństwa, a potem niemal z histeryczną pewnością utrzymywać, że t a nowa osoba uosabia wszystkie moje życiowe pragnienia.

Rezultat, co nietrudno przewidzieć, był opłakany.

Naturalnie problem z zadurzeniem tkwi w tym, że jest ono mirażem, sztuczką mamiącą oko... a właściwie sztuczką układu hormonalnego. Zadurzenie nie jest tym samym co miłość; jest raczej nieco podejrzanym, dalszym kuzynem miłości, takim, co to zawsze pożycza pieniądze i nigdy nie ma stałej pracy. Kiedy się w kimś zadurzysz, to tak naprawdę nie przyglądasz się tej osobie; urzeka cię to, co sobie wyobrażasz, oszałamia to, co sobie wymarzysz, a ktoś niemal zupełnie obcy staje się projekcją twoich uczuć. W takim stanie ducha dostrzegasz przeróżne imponujące cechy ukochanej osoby, które mogą, ale nie muszą, być prawdziwe. Widzisz coś niemal boskiego w obiekcie swoich westchnień, często ku zdumieniu rodziny i przyjaciół. Ostatecznie, ta sama kobieta, w której jeden mężczyzna widzi istną Wenus, dla drugiego może być zwykłą zdzirą, a twój Adonis może mieć u innych opinię nudnego nieudacznika.

To oczywiste, że wszyscy zakochani patrzą na obiekt swoich uczuć przez różowe okulary. Jest naturalne, powiedziałabym nawet stosowne, wyolbrzymianie cnót partnera. Carl Jung uważał, że pierwszych sześć miesięcy większości romansów to prawie dla wszystkich okres czystej projekcji. Natomiast zadurzenie to szalona projekcja. Romans oparty na zadurzeniu jest strefą wolną od zdrowego rozsądku, gdzie błędne przekonania nie mają granic i gdzie nie ma miejsca na obiektywizm. Freud zdefiniował zadurzenie krótko i jednoznacznie jako „przecenianie obiektu", a Goethe ujął to jeszcze lepiej: „Kiedy dwie osoby są naprawdę wzajemnie z siebie zadowolone, to na ogół można przyjąć, że się mylą". (A przy okazji, biedny Goethe! Nawet on sam, mimo całej swojej mądrości i doświadczenia, nie ustrzegł się zadurzenia. Ten porządny Niemiec w wieku siedemdziesięciu jeden lat zakochał się bez pamięci w kompletnie nieodpowiedniej dziewiętnastoletniej pięknej dziewczynie o imieniu Ulrike, która odrzucała jego namiętne propozycje małżeńskie, do tego stopnia pozbawiając starzejącego się geniusza nadziei, że odprawił requiem nad swoim życiem, kończąc słowami: „Straciłem cały świat, straciłem siebie".)

W stanie takiego rozgorączkowania żadne normalne stosunki nie wchodzą w grę. Prawdziwa, zdrowa, dojrzała miłość – taka, co to wiąże się ze spłacaniem rok po roku kredytu i odbieraniem dzieci ze szkoły – nie opiera się na zadurzeniu, ale na przywiązaniu i poszanowaniu. A słowo „poszanowanie", z łacińskiego *respicere* („oglądać się, mieć wzgląd na coś"), sugeruje, że rzeczywiście należy z a u w a ż a ć tę osobę, która stoi obok nas, co jest absolutnie niemożliwe, kiedy się buja w kłębiastych obłokach romantycznych złudzeń. Rzeczywistość doszczętnie się zaciera w momencie, w którym pojawia się zadurzenie, i natychmiast gotowi jesteśmy na różne szaleństwa, które nawet przez myśl by nam nie przeszły, kiedy byliśmy przy zdrowych zmysłach. Któregoś dnia możesz na przykład zabrać się do pisania namiętnego listu do szesnastoletniego mnicha w Laosie... czy coś w tym sensie. Kiedy wiele lat później opadnie kurz, być może zadasz sobie pytanie: „Co ja sobie myślałam?, a odpowiedź zazwyczaj jest ta sama: *W ogóle nie myślałaś.*

Psychologowie nazywają ten stan zwodniczego szaleństwa „miłością narcystyczną".

Ja zwę go „moimi latami po dwudziestce".

Chcę oświadczyć tu jasno, że zasadniczo nie mam nic przeciwko namiętności. Skądże znowu! Najbardziej radosnych przeżyć doświadczałam zawsze, gdy pożerała mnie romantyczna obsesja. Miłość tego rodzaju czyni z nas superbohaterów, istoty mityczne, nadludzkie, nieśmiertelne. Promieniujesz życiem; nie musisz spać; ukochana osoba jest tlenem dla twoich płuc. Chociaż to wszystko może się zakończyć boleśnie (zawsze tak było w moim przypadku), to nie życzę nikomu, by przeszedł przez życie, nie wiedząc, jakie to uczucie wsączyć się euforycznie w „ja" drugiej osoby. Kiedy mówię, że ekscytuje mnie sytuacja tego mnicha i Carli, mam na myśli właśnie to. Cieszę się, że mają okazję zakosztować tego narkotycznego szczęścia. Jednocześnie jestem bardzo, ale to bardzo zadowolona, że tym razem nie dotyczy to mnie.

Jest bowiem coś, czego teraz, kiedy zbliżam się do czterdziestki, jestem pewna. Koniec z zadurzeniem. To mnie wykańcza. Zawsze w końcu czuję się jak pogruchotana. Choć wiem, że muszą być takie szczęśliwe pary, których miłosne historie zaczęły się od ognia obsesji, by z latami złagodnieć w żarzące się węgielki długiego, zdrowego związku, ale ja sama nie nauczyłam się tej sztuczki. W moim przypadku zadurzenie ma zawsze tylko niszczycielskie działanie.

W młodości uwielbiałam ten stan radosnego podniecenia

wywołany zadurzeniem, więc uczyniłam z niego „nawyk". Przez „nawyk" rozumiem dokładnie to samo, co każdy uzależniony od heroiny, kiedy mówi o swoim nawyku: łagodne określenie na niedający się opanować wewnętrzny przymus. Szukałam namiętności wszędzie. Brałam ją jak kokę. Stałam się taką dziewczyną, jaką na pewno miała na myśli Grace Paley, kiedy opisywała pewną postać, której zawsze w życiu potrzebny był mężczyzna, nawet gdy wydawało się, że już jednego ma. Zakochiwanie się od pierwszego wejrzenia stało się moją specjalnością, jeszcze zanim skończyłam dwadzieścia lat, zdarzało mi się to częściej niż cztery razy w roku. Bywało, że porwana przygodą miłosną, zupełnie traciłam poczucie rzeczywistości. Na początku każdego romansu rzucałam się w jego wir na łeb na szyję, ale szybko nadchodził koniec i już tylko chciało mi się łkać i rzygać. Ileż ja nocy zarwałam, ile razy traciłam rozum. Teraz, z perspektywy czasu, wydaje mi się, jakbym chwilami ulegała zamroczeniu alkoholem. Tyle że bez alkoholu.

Czy taka osóbka powinna wychodzić za mąż w wieku dwudziestu pięciu lat? Mądrość i Roztropność by to odradzały. Ja jednak nie zaprosiłam Mądrości ani Roztropności na ślub. (Na swoją obronę mogę powiedzieć, że nie były też gośćmi pana młodego.) Byłam wtedy dziewczyną pod każdym względem niedbałą. Przeczytałam kiedyś w gazecie artykuł o mężczyźnie, który spowodował pożar tysięcy akrów lasu, bo jechał sobie przez park narodowy z wlokącym się po ziemi tłumikiem, krzesząc iskry, które przeskakiwały na suche poszycie i co kawałek wzniecały kolejny mały pożar. Inni kierowcy trąbili i wymachiwali rękoma, starając się zwrócić jego uwagę, ale zadowolony z siebie facet słuchał radia i do głowy mu nie przyszło, jaką katastrofę zapoczątkował i co zostawia za sobą.

To właśnie ja w młodości. Dopiero po przekroczeniu trzydziestki, kiedy mój mąż i ja rozwaliliśmy na dobre nasze małżeństwo, kiedy moje życie zostało przewrócone do góry nogami (podobnie jak życie kilku bardzo miłych i kilku mniej miłych panów oraz garstki niewinnych obserwatorów), dopiero wtedy w końcu zatrzymałam samochód. Wysiadłam i rozejrzałam się po wypalonym krajobrazie, zamrugałam i zapytałam: „Chyba nie chcecie powiedzieć, że cały ten bałagan ma cokolwiek wspólnego z e m n ą?"

Potem przyszła depresja.

Kwakierski nauczyciel Parker Palmer powiedział kiedyś o własnym życiu, że depresja była przyjacielem przysłanym, by uratować go przed porywami fałszywej euforii, którym się nieustannie poddawał. Depresja ściągnęła go z powrotem na ziemię, wrócił do realnego świata, w którym wreszcie mógł bezpiecznie funkcjonować. Mnie również trzeba było ściągnąć na ziemię i przywrócić rzeczywistości, po latach, które spędziłam na sztucznym i bezmyślnym windowaniu się w górę za pomocą jednej namiętności po drugiej. Ja też uznałam czas swojej depresji za coś niezbędnego... nawet jeśli jednocześnie ponurego i niezwykle dojmującego.

Wykorzystałam tamte przeżyte samotnie chwile na zagłębienie się w siebie, by móc zgodnie z prawdą odpowiedzieć na bolesne pytania i – przy pomocy cierpliwej terapeutki – dotrzeć do źródeł mojego destrukcyjnego zachowania. Podróżowałam (i unikałam przystojnych Hiszpanów na dworcach autobusowych). Wynajdywałam zdrowsze formy radości. Dużo czasu spędzałam w samotności. Nigdy wcześniej nie byłam sama, ale jakoś sobie z tym poradziłam. Nauczyłam się modlić, a jednocześnie starałam się jak najlepiej zadośćuczynić za pozostawione za sobą spustoszenie. Przede wszystkim jednak ćwiczyłam nową sztukę samopokrzepienia, opierając się wszelkim przelotnym romansom i seksualnym pokusom za pomocą tego nowo odkrytego dorosłego pytania: „Czy ten wybór na dłuższą metę okaże się dla kogokolwiek dobroczynny?" Mówiąc krótko: Dorosłam.

Immanuel Kant wierzył, że my, ludzie, ponieważ jesteśmy tak emocjonalnie skomplikowani, w ciągu życia przechodzimy dwukrotnie okres dojrzewania płciowego. Pierwszy, kiedy nasze ciało dojrzewa do seksu; drugi, kiedy nasz u m y s ł dojrzewa do seksu. Te dwa wydarzenia mogą być rozdzielone wieloma, wieloma latami, choć tak sobie myślę, czy przypadkiem nasza emocjonalna dojrzałość nie jest wynikiem wielu doświadczeń i lekcji, jakie wyciągamy z naszych młodzieńczych niepowodzeń. Wymagać, by dwudziestoletnia dziewczyna niejako automatycznie wiedziała o życiu to, czego zrozumienie zajęło większości czterdziestolatek dziesięciolecia, to oczekiwać od młodej osoby prawdziwej mądrości. Innymi słowy, może wszyscy musimy przejść przez cierpienia i błędy pierwszego dojrzewania, zanim będziemy mogli rozpocząć wspinaczkę do drugiego?

W każdym razie po długim eksperymencie z samotnością i całkowitą niezależnością poznałam Felipe. Był miły, lojalny i troskliwy, a żadnemu z nas się nie spieszyło. To nie była miłość nastolatków. Nie była to też szczenięca miłość ani miłość rozkwitła ostatniego dnia na biwaku. Przyznaję, że od zewnątrz musiało to wszystko wyglądać niesamowicie romantycznie. W końcu poznaliśmy się przecież na tropikalnej wyspie Bali, pod rozhuśtanymi palmami itd., itp. Trudno sobie wyobrazić bardziej idylliczną scenerię.

Pamiętam, że opisałam wtedy całą tę bajeczną sytuację w e-mailu, jaki wysłałam starszej siostrze, mieszkającej na przedmieściach Filadelfii. Z perspektywy czasu wydaje mi się to posunięciem bardzo niestosownym. Catherine, która miała dwójkę małych dzieci i akurat generalny remont domu na głowie, odpowiedziała tylko: „Taa, ja też planowałam spędzić weekend na tropikalnej wyspie z moim brazylijskim ukochanym... ale na drogach były straszne korki".

Przyznaję, ten romans miał w sobie cudowny element romantyzmu, który na zawsze zachowam w pamięci. Nie był jednak zadurzeniem, a wiem to stąd, że nie domagałam się od Felipe, by został moim wielkim oswobodzicielem ani jedynym źródłem mojego istnienia, nie zniknęłam też natychmiast w jego ramionach niczym poskręcany, nierozpoznawalny, pasożytniczy homunkulus. Podczas długiego okresu zalotów nie naruszyłam swojej osobowości i przyjmowałam Felipe takim, jaki był. Mogliśmy się sobie wydawać piękni, doskonali i heroiczni ponad miarę, nigdy jednak nie straciłam z pola widzenia tego, kim rzeczywiście oboje byliśmy: ja byłam czułą, aczkolwiek wymizerowaną rozwódką, która musi uważać na swoją skłonność do wdawania się w melodramatyczne romanse i karmienie nierozsądnymi nadziejami; Felipe natomiast był tkliwym łysiejącym rozwodnikiem, który musiał uważać z alkoholem i głęboko zakorzenioną obawą przed zdradą. Byliśmy dwojgiem całkiem miłych ludzi, noszących w sobie ślady dość banalnych, a jednocześnie niebagatelnych osobistych rozczarowań i każde z nas szukało w tym drugim... pewnej życzliwości, troskliwości, podzielanej przez oboje tęsknoty za tym, by ufać i być godnym zaufania.

Do chwili obecnej nie godzę się na obarczanie Felipe

tą olbrzymią odpowiedzialnością, jaką byłoby dopełnianie mnie. Doszłam bowiem do wniosku, że nie może mnie dopełnić, nawet gdyby chciał. Miałam już do czynienia z tyloma przypadkami własnej niepełności, by wiedzieć, że należy ona wyłącznie do mnie. Poznawszy tę fundamentalną prawdę, mogę teraz powiedzieć, gdzie kończę się ja, a zaczyna ktoś inny. Może to się wydawać całkiem prostym zabiegiem, muszę jednak jasno tutaj stwierdzić, że trzydzieści pięć lat zajęło mi dotarcie do tego punktu... do poznania granic ludzkiej zażyłości, tak łagodnie zdefiniowanych przez C.S. Lewisa piszącego o swojej żonie: „Oboje to wiedzieliśmy: ja miałem swoje troski, nie jej; ona miała swoje, nie moje".

Innymi słowy, jeden plus jeden musi czasami równać się dwa.

Skąd jednak mam wiedzieć, że już nigdy w nikim się nie zadurzę? Jak dalece mogę ufać swojemu sercu? Jak stała jest lojalność Felipe wobec mnie? Skąd mogę mieć niezachwianą pewność, że któregoś z nas nie skusi jakiś przedmiot pożądania?

Zaczęłam sobie zadawać te pytania, kiedy zrozumiałam, że Felipe i ja jesteśmy – jak ujęła to moja siostra – „skazani na dożywocie". Mówiąc szczerze, mniej martwiłam się o jego wierność niż o własną. Historia miłości Felipe przedstawia się dużo prościej niż moja. To niepoprawny monogamista, który wybiera kogoś, a potem bez trudu popada w stan wierności... i to właściwie wszystko. Ma to w naturze, jego wierność dotyczy wszystkiego. Kiedy polubi jakąś restaurację, może jeść w niej codziennie, nie czując żadnej potrzeby odmiany. Jeśli podoba mu się jakiś film, z przyjemnością obejrzy go setki razy. Jeśli lubi w czymś chodzić, będzie to nosił latami. Kiedy pierwszy raz kupiłam mu półbuty, oświadczył słodko: „Och, to bardzo miłe z twojej strony... ale ja już mam jedną parę".

Pierwsze małżeństwo Felipe nie rozpadło się z powodu niewierności (on już miał jedną parę butów, jeśli rozumiecie, co mam na myśli). Rodzinę zasypała lawina na tyle ciężkich przypadków, że w końcu więzy nie wytrzymały i pękły. A szkoda, bo szczerze wierzę, że Felipe to człowiek, który łączy się na całe życie. Jest lojalny na poziomie komórkowym. I może to wcale nie musi być przenośnia. Istnieje bowiem obecnie pewna teoria ewolucyjna, wedle której istnieją na świecie dwa typy mężczyzn: przeznaczeniem jednych jest płodzić dzieci, a drugich je wychować. Ci pierwsi mają wiele partnerek, ci drudzy są stali w uczuciach.

To jest ta słynna teoria „Tata albo Drań". W kręgach ewolucjonistów nie ma to wydźwięku moralnego, jest raczej czymś, co da się sprowadzić do poziomu DNA. Najwyraźniej istnieje jakieś drobne, acz decydujące chemiczne zróżnicowanie w męskiej części naszego gatunku, zwane „genem receptora wazopresyny". Mężczyźni, którzy mają ten gen, są godnymi zaufania i wiernymi partnerami seksualnymi; trzymając się jednej kobiety przez dziesięciolecia, wychowują dzieci i dbają o swoje rodziny. (Nazwijmy tych gości Harrymi Trumanami.) Z kolei mężczyźni pozbawieni tego genu, mają skłonność do flirtowania, są nielojalni, zawsze chętni szukać gdzieś indziej seksualnej odmiany. (Nazwijmy takich mężczyzn Johnami F. Kennedymi.)

Wśród biologów ewolucyjnych płci żeńskiej krąży dowcip, że istnieje tylko jedna część męskiej anatomii, o której długość powinna martwić się ewentualna partnerka, a mianowicie długość genu receptora wazopresyny.

Skąpo nim obdarzeni Kennedy tego świata wędrują tu i tam, rozsiewając gdzie popadnie swoje nasienie, powodując, że ludzki kod DNA jest wymieszany i poplątany... co dla naszego gatunku jest dobre, nawet jeśli niekoniecznie dobre dla kobiet, najpierw kochanych, a potem często porzucanych. W rezultacie mający długie geny Trumanowie często wychowują dzieci Kennedych.

Felipe to typowy Harry Truman, a kiedy go poznałam, miałam serdecznie dosyć tych wszystkich Johnów Kennedych, byłam tak znużona ich urokiem i raniącymi serce kaprysami, że marzyłam jedynie o kimś, kto byłby wielką kojącą opoką. Nie traktuję jednak przyzwoitości Felipe jako czegoś niezmiennie oczywistego, nie pozwalam też sobie na radosną ufność, jeśli chodzi o moją wierność. Historia uczy nas, że w kwestii miłości i pożądania prawie wszyscy zdolni są niemal do wszystkiego. W życiu każdego zdarzają się okoliczności, które rzucają wyzwanie nawet największej lojalności. Może właśnie tego obawiamy się najbardziej, wstępując w związek małżeński... że „okoliczności", w postaci jakiejś nieposkromionej nagłej namiętności, któregoś dnia rozerwą jego więzy.

Jak się przed tym chronić?

Jedyną pociechę, na jaką udało mi się natrafić, znalazłam w pracy Shirley P. Glass, psycholog, która przez większość swojej kariery zawodowej badała małżeńską niewierność. Zawsze zadawała pytanie: „Jak do tego doszło?" Jak to się stało, że porządni, uczciwi ludzie, nawet ludzie w typie Harry'ego Trumana, nagle zostali porwani przez falę pożądania i zrujnowali życie swoje i innych i rozbili rodziny, tak naprawdę w ogóle nie mając podobnego zamiaru? Nie mówimy tutaj o recydywistach, ale o ludziach odpowiedzialnych, którzy – wbrew rozsądkowi i własnym zasadom etycznym – zboczyli z drogi. Ileż to razy słyszeliśmy, jak ktoś mówi: „Nie szukałem miłości poza małżeństwem, ale to się po prostu stało"? Ujęte w takich kategoriach cudzołóstwo zaczyna przypominać wypadek samochodowy, jakąś łatę czarnego lodu ukrytą na zdradliwym zakręcie, która zaskakuje jadącego spokojnie kierowcę.

Glass odkryła, że jeśli pogrzebać trochę głębiej w ludzkiej niewierności, niemal zawsze zobaczymy, że romans zaczął się na długo przed pierwszym skradzionym pocałunkiem. Większość romansów rozpoczyna się, napisała Glass, kiedy mąż albo żona zaprzyjaźniają się z jakąś nową osobą i rodzi się rzekomo niewinna poufałość. Nie widzimy w tym żadnego niebezpieczeństwa, bo niby co może być złego w przyjaźni? Dlaczego nie możemy mieć przyjaciół przeciwnej płci – albo tej samej, jeśli już o to chodzi – kiedy jesteśmy w związku małżeńskim?

Odpowiedź brzmi, jak wyjaśniła doktor Glass, że nie ma n i c złego w przyjaźni pozamałżeńskiej... tak długo, jak długo „ściany i okna" tej relacji pozostają na swoich miejscach. Zgodnie z jej teorią każde zdrowe małżeństwo zbudowane jest ze ścian i okien. Okna to aspekty naszego związku, które są otwarte na świat... to znaczy niezbędne przerwy, umożliwiające nam kontakty z rodziną i przyjaciółmi; ściany są natomiast barierami zbudowanymi z zaufania, za którymi kryją się najbardziej intymne tajemnice naszego małżeństwa.

Zdarza się często, że w ramach tych tak zwanych niewinnych przyjaźni zaczynasz się zwierzać z intymnych szczegółów, które powinny pozostać bezpiecznie ukryte w ścianach twojego małżeństwa. Dzielisz się swoimi sekretami – najgłębszymi tęsknotami i frustracjami, odsłaniasz

143

się i dobrze ci to robi. Otwierasz na oścież okno w miejscu, gdzie powinna znajdować się solidna ściana nośna, i już wkrótce ta nowa osoba zna wszystkie tajemnice twojego serca. Nie chcąc, by współmałżonek był zazdrosny, trzymasz szczegóły nowej przyjaźni w tajemnicy. Robiąc to, stwarzasz problem. Bo właśnie stawiasz ścianę pomiędzy sobą a współmałżonkiem, utrudniając swobodną cyrkulację powietrza i dostęp światła. W rezultacie cała dotychczasowa architektura twojej małżeńskiej zażyłości ulega przebudowie. Wszystkie dawne ściany są teraz ogromnymi oknami; każde dawne okno zabite jest teraz deskami jak w rozpadającym się domu. Właśnie w niezauważalny sposób powstały zręby twojej przyszłej zdrady.

Kiedy więc zaprzyjaźniona osoba przyjdzie pewnego dnia do biura roztrzęsiona z powodu jakiejś złej wiadomości, przytulicie się mocno (tylko dla pocieszenia!), a potem, zupełnie przypadkiem, musną się wasze usta i nagle, w jednej oszałamiającej chwili, uzmysłowisz sobie, że k o c h a s z tę osobę – i to od zawsze! – a wtedy jest za późno. Lont został podpalony. I teraz rzeczywiście ryzykujesz, że któregoś dnia (zapewne niedługo) staniesz na gruzach swojego życia, naprzeciwko zdradzonego i zdruzgotanego współmałżonka (na którym wciąż ci bardzo zależy) i z płaczem będziesz starać się tłumaczyć, że nikt nikogo nie chciał skrzywdzić i że nie masz pojęcia, jak to się stało.

I jest to prawda. Nie masz pojęcia. Ale stworzonej przez ciebie sytuacji można było w porę zapobiec. W chwili, gdy stwierdzisz, że zaczynasz dzielić z kimś innym sekrety, które powinny być wyłącznie własnością twoją i twojego współmałżonka, trzeba pójść, według doktor Glass, dużo mądrzejszą i uczciwszą drogą. Należy wrócić do domu i opowiedzieć o tym swojemu mężowi lub żonie. Może to brzmieć mniej więcej tak: „Muszę się z tobą podzielić pewnym kłopotem. W tym tygodniu poszłam dwukrotnie na lunch z Markiem i uderzyło mnie, że za każdym razem atmosfera stawała się dość poufała. Dzieliłam się z nim sprawami, o których dotychczas rozmawiałam tylko z tobą. Tak właśnie ty i ja rozmawialiśmy ze sobą na samym początku naszego związku – i pamiętam, że to uwielbiałam – ale niestety gdzieś to zagubiliśmy. Brakuje mi tamtej zażyłości z tobą. Czy sądzisz, że moglibyśmy coś zrobić, żeby do tego powrócić?"

Mówiąc szczerze, odpowiedź może brzmieć: „Nie".

Może nie być już sposobu, by do tego powrócić. Mam przyjaciółkę, która mniej więcej w taki sposób zwróciła się do męża, na co on zareagował słowami: „Gówno mnie to obchodzi, z kim spędzasz czas". Nic dziwnego, że ich małżeństwo wkrótce się rozpadło. (Według mnie musiało.) Kiedy jednak współmałżonek jest przychylny, usłyszy tęsknotę w twoim wyznaniu i jeśli dopisze ci szczęście, odpowie na nią, może nawet dając wyraz własnemu pragnieniu.

Zawsze istnieje możliwość, że małżonkom nie uda się dojść do ładu, ale przynajmniej później będą wiedzieć, że dokonali szczerego wysiłku, by ściany i okna ich małżeństwa zostały zabezpieczone, a taka wiedza daje dużą pociechę. Poza tym można w ten sposób uniknąć zdrady, nawet jeśli i tak nie uda się uniknąć rozwodu... i samo to z wielu powodów może być dobre. Jak ujęła to moja wieloletnia znajoma, prawniczka: „Nigdy w historii cudzołóstwo jednego ze współmałżonków nie przyczyniło się do tego, by rozwód przebiegał łatwiej, z większym zrozumieniem, szybciej albo taniej".

W każdym razie lektura pracy doktor Glass na temat

niewierności napełniła mnie niemal euforyczną nadzieją. Koncepcje autorki dotyczące małżeńskiej wierności nie są szczególnie skomplikowane, chodzi o to, że n i g d y w c z e ś n i e j i c h s o b i e n i e p r z y s w o i ł a m. Nie sądzę, by kiedykolwiek przyszła mi do głowy żenująco prosta myśl, że w zasadzie sami kontrolujemy to, co dzieje się wewnątrz i w pobliżu naszego związku. Wstyd mi to przyznać, ale tak było. Kiedyś wierzyłam, że pożądanie jest nie do opanowania niczym tornado; można tylko mieć nadzieję, że nie wessie naszego domu i nie rozwali na kawałki w powietrzu. A co z ludźmi, których związki przetrwały dziesięciolecia? Wykombinowałam sobie, że musieli mieć szczęście, skoro w nich to tornado nie uderzyło. (Nie przyszło mi w ogóle do głowy, że wspólnie przygotowali sobie schrony przeciwhuraganowe w piwnicy pod domem, gdzie mogli się schować, kiedy wiatr niebezpiecznie przybierał na sile.)

Choć prawdą jest, że człowieka może ogarnąć bezgraniczne pożądanie, i choć świat jest pełen ponętnych istot i różnych kuszących możliwości, to człowiek rzeczywiście może dokonywać jasnych wyborów, ograniczając ryzyko zadurzenia i radząc sobie z nim. A jeśli martwimy się o przyszłe „kłopoty" w naszym małżeństwie, dobrze jest zrozumieć, że kłopoty nie są czymś, co zawsze się po prostu „zdarza"; kłopoty często mnożą się jak bakterie na płytkach Petriego, które bezmyślnie i beztrosko rozrzucamy wokół siebie.

Czy to, co napisałam powyżej, wydaje się wszystkim nieznośnie oczywiste? Bo dla mnie wcale takie nie było. Jest to informacja, która przydałaby mi się ponad dziesięć lat temu, kiedy pierwszy raz wychodziłam za mąż. Nie wiedziałam nic z tych rzeczy. I czasami jestem przerażona, kiedy sobie uświadomię, że wstąpiłam w związek małżeński, nie znając tych konkretnych, użytecznych danych, a prawdę mówiąc, nie znając żadnych użytecznych danych. Kiedy teraz spoglądam wstecz na swój pierwszy ślub, myślę o tym, co słyszałam od moich przyjaciółek na temat ich powrotu ze szpitala do domu po urodzeniu pierwszego dziecka. Jest taki moment, mówią, kiedy pielęgniarka podaje ci dziecko, a świeżo upieczona matka z przerażeniem uświadamia sobie: „O mój Boże... czy oni zamierzają odesłać to maleństwo ze mną do domu? Nie mam najmniejszego pojęcia, co robić!" Oczywiście, że w szpitalu wręczają matkom ich dzieci i odsyłają je do domu, bo istnieje takie założenie, że dzięki instynktowi macierzyńskiemu w sposób naturalny będą wiedziały, jak opiekować się własnym dzieckiem – że miłość je tego nauczy – nawet kiedy nie mają najmniejszego doświadczenia, jeśli chodzi o to ogromne zadanie.

Przekonałam się, że zbyt często wszyscy robimy takie same założenia na temat małżeństwa. Wierzymy, że jeśli dwoje ludzi naprawdę się kocha, bliskość osiągną w sposób intuicyjny, a ich małżeństwo będzie trwało wiecznie mocą samego uczucia. *All you need is love!* Tak przynajmniej uważałam w młodości. Na pewno nie są potrzebne żadne strategie ani pomoc, ani instrumenty, ani nawet spojrzenie z dystansu. I tak się zdarzyło, że mój pierwszy mąż i ja po prostu się pobraliśmy, bez żadnej wiedzy, żadnego przygotowania, oboje niedojrzali do małżeństwa, tylko dlatego, że mieliśmy na to ochotę. Przypieczętowaliśmy swoje przysięgi, nie mając najmniejszego pojęcia o tym, jak utrzymać i chronić nasz związek.

Czy jest zatem coś dziwnego w fakcie, że wróciliśmy do domu i upuściliśmy to biedne niemowlę na jego małą kędzierzawą główkę?

Dlatego właśnie, dwanaście lat później, szykując się do ponownego zamążpójścia, uznałam, że dobrze by było nieco rozważniej się na tę okoliczność przygotować. Przedłużony za sprawą Departamentu Bezpieczeństwa Wewnętrznego okres narzeczeństwa dał Felipe i mnie wyjątkowo dużo czasu (praktycznie całe dnie przez wiele miesięcy) na przedyskutowanie naszych problemów i spraw związanych z małżeństwem. Więc je przedyskutowaliśmy. Wszystkie. Z dala od rodzin, sami w odległych miejscach, odbywając kolejne dziesięciogodzinne podróże autobusem... czego jak czego, ale czasu nam nie brakowało. I tak rozmawialiśmy, rozmawialiśmy i rozmawiali, wyjaśniając sobie i rozstrzygając, jaki kształt powinien mieć nasz małżeński kontrakt.

Wierność oczywiście była podstawą. Był to ten jedyny niepodlegający negocjacjom warunek naszego małżeństwa. Oboje wiedzieliśmy, że jeśli straci się czyjeś zaufanie, to odzyskanie go jest żmudne i bolesne, jeśli w ogóle możliwe. (Jak powiedział kiedyś mój ojciec o zanieczyszczeniu wód, z własnego punktu widzenia jako inżyniera środowiska: „O ileż łatwiej i taniej jest w ogóle nie zanieczyszczać rzeki, niż oczyszczać ją, kiedy jest już zatruta".)

Potencjalnie niebezpieczne tematy dotyczące obowiązków domowych i innych drobnych prac również były łatwe do omówienia; mieszkaliśmy już razem i odkryliśmy, że dzielimy się nimi bez najmniejszych problemów. Mieliśmy oboje takie samo zdanie na temat posiadania dzieci (mianowicie: wielkie dzięki, ale nie) i okazało się, że nasza zgoda w tej poważnej sprawie z miejsca likwiduje całą masę ewentualnych przyszłych małżeńskich konfliktów. Szczęśliwie dobrze nam było ze sobą w łóżku, więc nie przewidywaliśmy przyszłych problemów w dziedzinie ludzkiej seksualności, zresztą nie uważałam, by należało zacząć szukać kłopotów tam, gdzie ich nie ma.

W ten sposób pozostał nam jeden poważny problem, który może rozbić małżeństwo: pieniądze. Jak się okazało, tu było sporo do przedyskutowania. Bo choć Felipe i ja jesteśmy jednomyślni w ocenie tego, co w życiu jest ważne (dobre jedzenie), a co n i e j e s t (droga porcelana do serwowania tego dobrego jedzenia), to na pieniądze patrzymy w sposób diametralnie różny. Ja zawsze obchodziłam się tradycyjnie z zarobionymi pieniędzmi, byłam ostrożna, jeśli chodzi o wydatki, oszczędna, organicznie niezdolna do zaciągania długów. Zawdzięczam to zapewne lekcjom, jakich udzielili mi moi oszczędni rodzice, którzy traktowali każdy dzień, jakby był trzydziestym października 1929 roku, i którzy założyli mi pierwszy rachunek oszczędnościowy, kiedy byłam w drugiej klasie.

Felipe z kolei wychował ojciec, który kiedyś zamienił niezgorszy samochód na wędzisko.

Podczas gdy oszczędność stanowi popieraną przez państwo religię mojej rodziny, Felipe jej nie wyznaje. Już raczej przepełnia go typowa dla przedsiębiorcy chęć podejmowania ryzyka i jest bardziej niż ja gotów stracić wszystko i zacząć od nowa. (Ujmę to inaczej: ja ani trochę nie jestem gotowa tracić wszystkiego i rozpoczynać od nowa.) Co więcej, Felipe nie posiada tak jak ja wrodzonego zaufania do instytucji finansowych. Tłumaczy to, nie bezpodstawnie, dorastaniem w kraju o bardzo niestabilnej walucie; jako dziecko nauczył się liczyć, obserwując, jak matka przelicza codziennie wartość zaoszczędzonych brazylijskich cruzeiros do poziomu bieżącej inflacji. Dlatego gotówka niewiele dla niego znaczy. Konto oszczędnościowe jeszcze mniej. Wyciągi z kont są niczym, jak mówi, tylko

„zerami na kartce papieru", które przez noc mogą wyparować z powodów pozostających całkowicie poza naszą kontrolą. Dlatego, wyjaśniał Felipe, woli trzymać swój majątek w szlachetnych kamieniach albo w nieruchomościach, ale nie w banku. Dał mi jasno do zrozumienia, że w tej sprawie poglądów nie zmieni.

W porządku, zgoda. Niech będzie. Zapytałam go tylko, czy nie miałby nic przeciwko temu, bym to ja zarządzała naszymi codziennymi wydatkami na życie i zajmowała się rachunkami związanymi z prowadzeniem domu. Byłam pewna, że firmie energetycznej nie można płacić za prąd ametystami, więc musimy mieć jakieś wspólne konto bankowe, choćby tylko do obsługi rachunków. Zgodził się na takie rozwiązanie, co było doprawdy krzepiące.

Jeszcze bardziej krzepiące było to, że Felipe zgodził się, byśmy podczas tych niekończących się wspólnych podróży bardzo starannie i z ogromną powagą ustalili warunki umowy przedślubnej. Prawdę mówiąc, zależało mu na tym tak samo jak mnie. To akurat może się wielu osobom wydać trudne do zrozumienia i dlatego proszę o rozważenie naszej sytuacji. Jako kobieta zawdzięczająca wszystko samej sobie i pracująca twórczo na własny rachunek, zawsze zarabiałam na siebie i zdarzało mi się już w życiu utrzymywać mężczyzn (co więcej, wciąż z bólem wypisuję czeki dla swojego byłego), traktuję więc ten problem bardzo serio. Jeśli chodzi o Felipe, który po rozwodzie został nie tylko ze złamanym sercem, ale i bez złamanego grosza... no cóż, dla niego to też była poważna sprawa.

Zauważyłam, że kiedy tylko w mediach jest mowa o umowach przedślubnych, na ogół sprawa dotyczy zamożnego starszego mężczyzny, który ma poślubić kolejną piękną, dużo młodszą kobietę. To zawsze brzmi paskudnie, jakby ustalano warunki podejrzanej transakcji typu „seks za pieniądze". Jednak my dwoje nie należeliśmy ani do bogaczy, ani do oportunistów; byliśmy jedynie ludźmi na tyle doświadczonymi, by wiedzieć, że związki się czasami kończą i głupio byłoby twierdzić, że z całą pewnością coś takiego nam się nigdy nie może przydarzyć. W każdym razie kwestia pieniędzy zawsze wygląda inaczej, kiedy bierze się ślub w wieku średnim, a nie w młodości. My wnosiliśmy do małżeństwa nasze już istniejące rozbudowane osobne światy, które obejmowały karierę zawodową, prowadzone interesy, aktywa, jego dzieci, moje honoraria, kamienie szlachetne, które pieczołowicie latami kolekcjonował, fundusz emerytalny, który stale powiększałam od czasu, gdy jako dwudziestolatka byłam kelnerką... i wszystkie inne mające jakąś wartość rzeczy, które należało wziąć pod uwagę, rozważyć, omówić.

Choć sporządzanie szkicu umowy przedślubnej może nie wydawać się zbyt romantycznym sposobem spędzania ostatnich miesięcy narzeczeństwa, uwierzcie mi, proszę, że podczas tych rozmów przeżyliśmy wiele naprawdę pełnych czułości momentów... szczególnie kiedy spieraliśmy się w najlepiej pojętym interesie tej drugiej strony. Trzeba przyznać, że zdarzały się też mniej przyjemne i nerwowe chwile. Jak długo można wałkować te kwestie, zanim człowiek zapragnie przerwy, zmiany tematu albo nawet odseparowania się na kilka godzin. Co ciekawe, kilka lat później, kiedy sporządzaliśmy z Felipe nasze testamenty, natknęliśmy się na ten sam problem... wewnętrzne zmęczenie, które kazało nam odchodzić od stołu. To takie ponure zajęcie, planowanie na wypadek tego najgorszego. I nie zliczę, ile razy w obydwu tych przypadkach, zarówno przy testamentach, jak i umowie przedślubnej, użyliśmy zwrotu: „Nie daj Boże".

Nie zrezygnowaliśmy jednak z wykonania tej ciężkiej pracy i spisaliśmy umowę obejmującą warunki, które zadowalały nas oboje. Może „zadowolenie" nie jest najbardziej odpowiednim słowem, kiedy opracowujemy sobie strategię wyjścia awaryjnego z historii miłosnej, która się dopiero rozpoczyna. Wyobrażanie sobie klęski miłości jest zajęciem ponurym, ale jakoś się z tym zadaniem uporaliśmy, dlatego że małżeństwo nie jest jedynie prywatną historią miłości, ale również w najwyższym stopniu kontraktem społecznym i ekonomicznym; gdyby tak nie było, nie istniałyby tysiące miejskich, stanowych i federalnych przepisów prawa dotyczących naszego związku małżeńskiego. Zrobiliśmy to, ponieważ wiedzieliśmy, że lepiej ustalić własne warunki, niż ryzykować, że któregoś dnia w surowej sali sądowej obcy ludzie bez odrobiny sentymentu zdecydują w tych sprawach za nas. Przede wszystkim przebrnęliśmy przez te nieprzyjemne, niezręczne rozmowy na temat finansów, ponieważ zdążyliśmy już się przekonać o pewnej niezmiennej prawdzie: *Jeśli sądzicie, że trudno rozmawiać o pieniądzach, kiedy jesteście w sobie zakochani, spróbujcie porozmawiać o nich później, kiedy będziecie niepocieszeni i rozgniewani, a wasza miłość zdąży wygasnąć.*

Nie daj Boże.

Czy byłam naiwna, pielęgnując nadzieję, że nasza miłość nie zginie?

Czy ośmieliłabym się w ogóle pomyśleć coś takiego? Podczas naszych wędrówek spędziłam żenująco wiele czasu, odhaczając na liście kolejne pozycje, obejmujące to wszystko, co przemawiało na korzyść Felipe i moją, kolekcjonując nasze zalety jak przynoszące szczęście kamyki, napełniając nimi kieszenie, przebierając po nich nerwowo palcami, nieustannie szukając poczucia pewności. Czyż moja rodzina i przyjaciele nie kochali już Felipe? Czy nie była to wiele mówiąca aprobata, a może nawet swego rodzaju talizman? Czyż moja najmądrzejsza i najbardziej dalekowzroczna przyjaciółka – jedyna kobieta, która lata temu przestrzegała mnie przed małżeństwem z moim pierwszym mężem – nie uznała, że stanowimy z Felipe dobraną parę? Czyż nie polubił go mój bezceremonialny dziewięćdziesięcioletni dziadek? (Podczas pierwszego spotkania z nim dziadziuś Stanley przez cały weekend przyglądał się bacznie mojemu mężczyźnie i w końcu wydał werdykt: „Podobasz mi się, Felipe – oświadczył. – Robisz wrażenie kogoś, kto się nie poddaje. I lepiej, żebyś taki był... bo ta dziewczyna niejednego już wykończyła".)

Czepiałam się tych dowodów aprobaty nie dlatego, że potrzebowałam zapewnienia co do Felipe, ale dlatego, że chciałam się upewnić co do s i e b i e. Bo jak to bez ogródek oświadczył dziadziuś Stanley, nie należałam do osób dokonujących sensownych wyborów w sprawach sercowych. Historia moich skrajnie błędnych decyzji dotyczących mężczyzn była długa i malownicza. Polegałam więc na opiniach innych, by podeprzeć własne przekonanie o słuszności podejmowanej obecnie decyzji.

Opierałam się także na innych zachęcających faktach. Z dwóch spędzonych razem lat wiedziałam, że Felipe i ja jesteśmy parą, którą psychologowie nazywają „niechętną konfliktom". Jest to krótsze określenie, które po rozwinięciu znaczy „żadne nie będzie rzucało w to drugie talerzami". Rzeczywiście, Felipe i ja tak rzadko się kłócimy, że kiedyś mnie to nawet martwiło. Tradycyjnie utrzymuje się, że pary m u s z ą się kłócić, by dać wyraz swemu niezadowoleniu. Tymczasem my w zasadzie tego

153

nie robiliśmy. Czy oznaczało to, że tłumiliśmy prawdziwy gniew i urazy i że pewnego dnia to wszystko wybuchnie i zaleje nas gorącą falą wściekłości i przemocy? Chyba nie. (Oczywiście, że nie; na tym właśnie polega ta podstępna sztuczka tłumienia, prawda?)

Kiedy dokładniej przestudiowałam ten temat, poczułam pewną ulgę. Nowe badania pokazują bowiem, że niektórym parom przez całe dziesięciolecia udaje się unikać poważnych konfliktów i nie powoduje to większych konsekwencji. Pary takie czynią sztukę z czegoś, co nosi nazwę „wzajemnie dostosowującego się zachowania"... delikatnie i starannie naginają się i prostują i w ten sposób unikają rozdźwięku. Układ ten działa jednak tylko wtedy, gdy oboje mają zgodną osobowość. Nie trzeba dodawać, że kiedy jedna osoba w małżeństwie jest potulna, a druga jest tyranem albo jędzą, to nie może być zdrowy związek. Natomiast obopólna uległość może się okazać udaną strategią, jeśli tego właśnie chcą obydwie strony. Niechętne konfliktom pary wolą, by ich urazy same powoli się rozmyły, niż miałyby walczyć o każdy drobiazg. Z duchowego punktu widzenia koncepcja ta ogromnie mi odpowiada. Budda nauczał, że większość problemów – jeśli tylko damy im dość miejsca i czasu – z czasem się wykruszy. Ale w przeszłości bywałam w takich związkach, w których kłopoty nigdy by się nie wykruszyły, nawet w pięciu kolejnych wcieleniach, więc co mogłam na ten temat wiedzieć? Tak naprawdę wiem jedynie to, że Felipe i ja żyjemy razem w wielkiej zgodzie. Nie potrafię natomiast powiedzieć d l a c z e g o.

Dopasowanie się ludzi do siebie jest jednak czymś bardzo tajemniczym. Zresztą nie tylko ludzi! Przyrodnik William Jordan napisał uroczą książeczkę zatytułowaną *Divorce Among the Gulls* („Rozwód u mew"), w której wyjaśnia, dlaczego nawet wśród mew morskich – gatunku, którego przedstawiciele łączą się rzekomo na całe życie – „współczynnik rozwodów" wynosi 25 procent. Innymi słowy, jednej czwartej wszystkich par mew morskich nie udaje się pierwszy związek... i to tak bardzo, że z powodu niedających się pogodzić różnic muszą się rozstać. Nikt nie jest w stanie wymyślić, dlaczego akurat te konkretne pary ptaków nie żyją w zgodzie, najwyraźniej: *One po prostu nie żyją w zgodzie.* Sprzeczają się i wydzierają sobie jedzenie. Spierają się o to, które wybuduje gniazdo. Kłócą się o to, kto przypilnuje jaj. Prawdopodobnie kłócą się też o nawigację. W rezultacie nie udaje im się wychować zdrowych piskląt. (To, dlaczego takie kłótliwe ptaki w ogóle poczuły do siebie pociąg, dlaczego nie słuchały przestróg przyjaciół, stanowi tajemnicę... jestem akurat ostatnią osobą, która powinna to rozsądzać.) W każdym razie po jednym czy po dwóch sezonach niesnasek nieszczęsne pary mew morskich rozstają się i ruszają na poszukiwanie innych partnerów. I tu ciekawostka: często ich „drugie małżeństwo" jest bardzo udane i wiele z nich łączy się już na całe życie.

Wyobrażacie to sobie? Nawet wśród zwierząt o móżdżku rozmiarów baterii do aparatu fotograficznego istnieje coś takiego jak podstawowe dopasowanie lub niedopasowanie wynikające chyba – jak wyjaśnia Jordan – z „zasadniczych różnic psychiczno-biologicznych", których nie był jeszcze w stanie zdefiniować żaden uczony. Ptaki albo są zdolne latami ze sobą wytrzymać, albo nie są. To aż takie proste i aż takie skomplikowane.

W przypadku ludzi sytuacja przedstawia się tak samo. Niektórzy doprowadzają się wzajemnie do szału; inni nie. Prawdopodobnie nic na to nie można poradzić. Emerson napisał, że „nie można nas zbytnio winić za nasze nieudane małżeństwa", więc może nie należałoby również przypisywać sobie zasług za udane. Ostatecznie, czy każdy romans nie zaczyna się w tym samym miejscu – tam, gdzie sympatia łączy się z pożądaniem, a dwoje nieznajomych spotyka się i zakochuje w sobie? Jakim więc cudem, kiedy zaczyna się miłość, ktokolwiek może przewidzieć, co przyniesie czas? Część tego rzeczywiście trzeba złożyć na karb przypadku. Owszem, utrzymywanie każdego związku wymaga pewnej pracy, znam jednak bardzo sympatyczne pary, które włożyły ogromny wysiłek w uratowanie małżeństwa, a i tak doszło do rozwodu, podczas gdy inne pary – ani nie sympatyczniejsze, ani nie lepsze – latami funkcjonują szczęśliwie i bez najmniejszych kłopotów, niczym samooczyszczające się piecyki.

Przeczytałam kiedyś wywiad z nowojorską sędzią sądu rodzinnego, która powiedziała, że w tych przygnębiających dniach po 11 września zaskakująco duża liczba par wycofała swoje pozwy rozwodowe. Wszystkie twierdziły, że poruszone rozmiarem tragedii zamierzają wskrzesić swoje małżeństwa. To wydaje się sensowne. Skala kataklizmu i ogrom odczuwanego współczucia pozwalają zobaczyć we właściwej perspektywie nasze sprzeczki o opróżnianie zmywarki, wypełniają nas naturalną tęsknotą za pogrzebaniem zapiekłych żalów i zaczęciem wszystkiego od nowa. Były to bardzo szlachetne intencje, naprawdę. Ale jak zauważyła ta sama sędzia, sześć miesięcy później wszystkie bez wyjątku pary wróciły do sądu z pozwami rozwodowymi. Szlachetne intencje to jedno, ale jeśli nie możemy z kimś wytrzymać, to nawet atak terrorystyczny nie uratuje naszego małżeństwa.

Jeśli chodzi o problem dopasowania, to często się zastanawiam, czy te siedemnaście lat różnicy wieku między mną a Felipe nie działa na naszą korzyść. On twierdzi, że jest dla mnie o wiele lepszym partnerem, niż mógłby być dla kogoś o dwadzieścia lat wcześniej, a ja na pewno doceniam jego dojrzałość (i jej potrzebuję). A może obchodzimy się ze sobą wyjątkowo ostrożnie, ponieważ ta różnica wieku przypomina nam o nieodłącznej śmiertelności naszego związku? Felipe jest już dobrze po pięćdziesiątce; nie będę miała go na zawsze i nie chcę marnować tych lat na spory.

Pamiętam, jak przed dwudziestu pięciu laty dziadek chował prochy babci na naszej rodzinnej farmie. Był listopad, północ stanu Nowy Jork, zimny późnojesienny wieczór. My wszyscy, jego dzieci i wnuki, szliśmy za nim pośród purpurowych wieczornych cieni, poprzez znane łąki, na piaszczysty cypel w zakolu rzeki, gdzie postanowił pochować prochy swojej żony. W jednej ręce niósł latarnię, drugą trzymał oparty na ramieniu szpadel. Zamarzniętą ziemię pokrywał śnieg i wykopanie w niej dołu było ciężką pracą... nawet na taki mały pojemnik jak urna, nawet dla tak krzepkiego mężczyzny jak dziadek Stanley. Powiesił latarnię na nagim konarze drzewa i miarowo kopał ten dół... i nagle było po wszystkim. Tak właśnie się dzieje. Masz kogoś przez jakiś czas, a potem w jednej chwili już nie masz.

Wszystkich nas to spotka – wszystkie pary, które są ze sobą z miłości. Pewnego dnia (jeśli przypadnie nam w udziale szczęście spędzenia razem życia) jedno z nas będzie niosło ten szpadel i tę latarnię z powodu tego drugiego. Wszyscy dzielimy nasze domy z Czasem, który tyka sobie obok, kiedy pracujemy i żyjemy naszym codziennym życiem, przypominając nam o ostatecznym celu. Tyle że dla niektórych z nas Czas tyka szczególnie natarczywie...

Dlaczego mówię o tym wszystkim akurat teraz?

Ponieważ go kocham. Czyżbym dotarła tak daleko z tą książką i jeszcze tego jasno nie oświadczyła? Kocham tego człowieka. Mam nieskończenie wiele niedorzecznych powodów. Kocham jego stopy, szerokie i krzepkie jak u hobbita. Kocham sposób, w jaki śpiewa *La Vie en Rose*, kiedy gotuje obiad. (Jest chyba oczywiste, że zachwyca mnie, jak gotuje obiad.) Uwielbiam jego p r a w i e perfekcyjną angielszczyznę i to, że po latach posługiwania się nią na co dzień wciąż udaje mu się wymyślać cudowne własne słowa. („Gładkowato" jest moim ulubionym, choć przepadam też za słowem „koło-senka", które jest jego uroczym przekładem słowa „kołysanka".) Uwielbiam to, że nigdy nie opanował do końca rytmu i dokładnego szyku wyrazów w niektórych angielskich idiomach. („Nie chwal dnia, zanim słońce znajdzie się za horyzontem" jest tego świetnym przykładem, choć jestem też fanką jego „Nigdy nic nie wiadomo, póki nie powiesz hop".) Zachwycające jest to, że Felipe absolutnie nie potrafi zapamiętać imion amerykańskich celebrytów. („George Cruise" i „Tom Pitt" to dwa najlepsze tego przykłady.)

Kocham go i dlatego pragnę go strzec... nawet przed samą sobą, jeśli trzeba. Nie chciałam pominąć żadnych kroków w przygotowaniach do małżeństwa ani zostawić żadnej sprawy niezałatwionej, żeby nic nie mogło później nas skrzywdzić... skrzywdzić j e g o. Przejęta, że mimo wszystkich rozmów, analiz i prawnych przepychanek mogę przegapić jakiś ważny matrymonialny problem, wzięłam do rąk świeży raport Rutgers University zatytułowany „Samotni razem: jak zmienia się amerykańskie małżeństwo" i nieco zwariowałam na jego punkcie. To potężne tomisko skrupulatnie analizuje wyniki dwudziestoletnich badań nad małżeństwem w Ameryce – najobszerniejsze jak dotąd studium – a ja ślęczałam nad nim, jakby to była księga mądrości zawierająca odpowiedzi na wszystkie nurtujące nas problemy i pytania. Szukałam pocieszenia w statystykach, trapiłam się diagramami dotyczącymi „trwałości małżeństwa", dopatrując się twarzy Felipe i swojej ukrytych pośród słupków na różnych skalach porównawczych.

Z tego, co zrozumiałam z raportu Rutgers University (a jestem pewna, że nie pojęłam wszystkiego), wynika, że badacze, opierając się na pewnej liczbie niepodważalnych czynników demograficznych, odkryli pewne tendencje „podatności na rozwód". Niektóre pary bardziej od innych narażone są na niepowodzenie w dającym się przewidzieć stopniu. Pewne czynniki brzmiały znajomo. Wszyscy wiemy, że w związku ludzi, których rodzice się rozwiedli, ryzyko rozwodu jest wyższe – jakby rozwód rodził rozwód – a dowody tego widoczne są w kolejnych pokoleniach.

Inne koncepcje były mi nieznane, ale za to okazały się krzepiące. Zawsze na przykład słyszałam, że ludzie mający za sobą rozwód są bardziej narażeni na fiasko drugiego małżeństwa, tymczasem nie... wcale niekoniecznie. Co zachęcające, badania te pokazują, że wiele z tych ponownych małżeństw jest na całe życie. (Tak jak mewy, niektórzy ludzie dokonują złego wyboru za pierwszym razem, ale dużo lepiej im się wiedzie z kolejnym partnerem.) Problem pojawia się, kiedy przenosimy destrukcyjne zachowania, takie jak alkoholizm, uzależnienie od hazardu, choroba psychiczna, skłonności do przemocy czy do flirtów, z jednego małżeństwa do drugiego. Z takim bagażem nieważne jest, kogo się poślubi, bo i tak ostatecznie i nieuchronnie dojdzie do rozpadu związku z powodu patologii.

Jest jeszcze sprawa tego niesławnego pięćdziesięcioprocentowego wskaźnika rozwodów w Ameryce. Wszyscy go znamy, prawda? Nieustannie się nim żongluje i, o rety, jak strasznie ponuro ta liczba brzmi w naszych uszach. Antropolog Lionel Tiger rzucił na ten temat kilka ciętych uwag: „Zadziwiające, że w tych okolicznościach małżeństwo jest wciąż prawnie dozwolone. Gdyby połowa czegokolwiek innego kończyła się w tak katastrofalny sposób, rząd natychmiast by tego zakazał. Gdyby połowa *tacos* podawanych w restauracjach wywoływała dyzenterię, gdyby połowa ludzi uczących się karate łamała sobie dłonie, gdyby zaledwie 6 procent ludzi, którzy w wesołym miasteczku pojechali kolejką górską, miała w wyniku tego uszkodzone ucho środkowe, opinia publiczna domagałaby się skutecznych działań. A przecież ta najbardziej osobista katastrofa... zdarza się raz za razem".

Te 50 procent, jeśli rozłożyć je na pewne dane demograficzne, jest liczbą o wiele bardziej skomplikowaną, niż się wydaje. Najbardziej znaczącym czynnikiem jest chyba wiek pobierającej się pary. Im jest się młodszym w chwili ślubu, tym bardziej prawdopodobny staje się rozwód. Prawdopodobieństwo to jest z a d z i w i a j ą c o wysokie dla młodych małżonków. Na przykład ryzyko, że się rozwiedziecie, kiedy pobieracie się przed dwudziestką albo tuż po, jest dwa albo i trzy razy większe, niż gdybyście poczekali do trzydziestki lub czterdziestki.

Powody tego są tak oczywiste, że waham się, czy je wyliczyć, żeby nie obrazić czytelników. Oto one: Kiedy jesteśmy bardzo młodzi, mamy skłonność do nieodpowiedzialności i beztroskich zachowań, mamy mniejszą samoświadomość i brakuje nam jeszcze stabilności ekonomicznej. Dlatego nie powinniśmy się pobierać w bardzo młodym wieku. I dlatego wskaźnik rozwodów niedawno poślubionych osiemnastolatków wynosi nie 50 procent, ale jest bliższy 75 procentom, co całkowicie zmienia wynik dla wszystkich pozostałych. Wiek dwudziestu pięciu stanowi jakąś magiczną ostrą granicę. Pary, które się pobierają wcześniej, są wyjątkowo narażone na ryzyko rozwodu w porównaniu z tymi, które mają dwadzieścia sześć lat albo i więcej. Statystyki te stają się mniej niepokojące wraz ze wzrostem wieku par. Wstrzymaj się ze ślubem do pięćdziesiątki, a ryzyko, że skończysz w sądzie rodzinnym, spadnie statystycznie prawie do zera. Niewiarygodnie mnie to pokrzepiło, jeśli bowiem dodamy wiek Felipe i mój, a potem podzielimy rezultat przez dwa, wychodzi nam przeciętna około czterdziestu sześciu lat. Jeśli chodzi o statystyczną zmienną wieku, jesteśmy rewelacyjni.

Oczywiście wiek nie jest jedyną zmienną braną pod uwagę. Według badań Rutgers University inne czynniki wpływające na trwałość małżeństwa obejmują:

1. Wykształcenie. Z punktu widzenia statystyki, im lepiej jesteście wykształceni, tym lepiej powiedzie się waszemu małżeństwu. Zwłaszcza im lepiej wykształcona jest k o b i e t a, tym szczęśliwsze okaże się jej małżeństwo. Kobiety z wyższym wykształceniem i pracujące zawodowo, które wychodzą za mąż względnie późno, są najbardziej prawdopodobnymi kandydatkami do utworzenia trwałego związku. Wydaje się, że to świetna wiadomość, zdecydowanie zdobywamy z Felipe kilka punktów.

2. Dzieci. Statystyka pokazuje, że pary z małymi dziećmi odczuwają „większe rozczarowanie" w małżeństwie niż pary z dziećmi dorosłymi i pary bezdzietne. Potrzeby,

których zaspokojenia wymagają szczególnie niemowlęta, są ogromne, czego nie muszę wyjaśniać nikomu, komu niedawno urodziło się dziecko. Nie wiem, co to oznacza dla przyszłości całego świata, ale dla Felipe i dla mnie to kolejne dobre wieści. Starsi, wykształceni i bezdzietni, Felipe i ja mamy jako para niezgorsze szanse... przynajmniej według bukmacherów z Rutgers University.

3. Wspólne zamieszkiwanie. No tak, tutaj sprawy zaczynają przybierać dla nas gorszy obrót. Okazuje się bowiem, że ludzie, którzy mieszkali ze sobą przed ślubem, rozwodzą się nieco częściej niż ci, którzy do ślubu mieszkali osobno. Socjologowie nie bardzo potrafią to wytłumaczyć; sądzą, że być może wspólne zamieszkiwanie przed ślubem wskazuje na bardziej niezobowiązujące podejście do poważnego zaangażowania. Niezależnie od powodów: Punkt na niekorzyść Felipe i Liz.

4. Heterogamia. Ten czynnik mnie przygnębia, ale trudno: Im bardziej się różnicie pod względem rasowym, wiekowym, religijnym, etnicznym, kulturowym i zawodowym, tym większe ryzyko rozwodu w przyszłości. Przeciwności się co prawda przyciągają, ale niekoniecznie na zawsze. Socjologowie podejrzewają, że ta tendencja z czasem osłabnie wraz z załamaniem się uprzedzeń, ale teraz? Drugi punkt na niekorzyść Liz i jej ukochanego, o wiele starszego, południowoamerykańskiego biznesmena z rodziny katolickiej.

5. Integracja społeczna. Im mocniej para wpleciona jest w społeczność przyjaciół i rodziny, tym silniejsze będzie małżeństwo. Fakt, że współcześni Amerykanie słabiej znają sąsiadów, rzadziej należą do klubów towarzyskich i nie mieszkają w pobliżu krewnych, wpływa zdecydowanie destabilizująco na małżeństwo. Trzeci punkt na

niekorzyść Felipe i Liz, którzy – w czasie gdy Liz czytała ten raport – mieszkali całkowicie sami w nędznym hoteliku w północnym Laosie.

6. Religijność. Im bardziej para jest religijna, tym większa szansa, że małżeństwo się nie rozpadnie, choć wiara daje tylko minimalne zabezpieczenie. W Ameryce osoby nawrócone na chrześcijaństwo mają zaledwie o dwa procent niższy wskaźnik rozwodów od swoich mniej pobożnych sąsiadów... może dlatego, że pary pochodzące z Południa Stanów, gdzie fundamentalizm protestancki jest silny, za młodo się pobierają? Prawdę mówiąc, nie wiem, jak się problem religii ma do mnie i do mojego wybranka. Gdyby wymieszać moje i Felipe poglądy na sprawy religii, uzyskałoby się filozofię, którą można by nazwać „niewyraźnie duchową". (Jak wyjaśnia to Felipe: „Jedno z nas jest duchowe, drugie tylko niewyraźne".) W raporcie Rutgers University nie znalazłam żadnych konkretnych danych statystycznych dotyczących trwałości związków małżeńskich ludzi niewyraźnie duchowych. Zero punktów.

7. Sprawiedliwe traktowanie osób płci odmiennej. A to dobre. Małżeństwa oparte na tradycyjnym, ograniczonym pojmowaniu roli kobiety są mniej trwałe i mniej udane niż te, w których mężczyzna i kobieta uważają się za równych sobie i mąż uczestniczy w tradycyjnie bardziej kobiecych i niewdzięcznych domowych zajęciach. Mam tylko jedno do powiedzenia na ten temat. Podsłuchałam kiedyś, jak Felipe mówił do któregoś z gości, że zawsze uważał, iż miejsce kobiety jest w kuchni... gdzie ma siedzieć sobie wygodnie, z nogami w górze, popijać wino i przyglądać się, jak jej mąż gotuje obiad. Czy w związku z tym mogę liczyć na kilka dodatkowych punktów?

Mogłabym ciągnąć to dalej, ale po jakimś czasie zaczęłam dostawać zeza i zawrotów głowy od tych wszystkich danych. Moja kuzynka Mary, która jest statystykiem w Stanford University, ostrzega mnie przed przykładaniem zbyt wielkiej wagi do tego rodzaju badań. Najwyraźniej nie należy z nich czytać jak z fusów herbacianych. Mary zaleca szczególnie ostrożne podejście do tych badań nad małżeństwem, które mierzą takie pojęcia jak „szczęście", skoro szczęście nie za bardzo daje się naukowo wymierzyć. Co więcej, to, że jakieś badania naukowe pokazują związek pomiędzy dwoma pojęciami (na przykład wykształceniem a trwałością małżeństwa), nie oznacza jeszcze, że jedno k o n i e c z n i e wynika z drugiego. Jak uzmysłowiła mi kuzynka, badania statystyczne udowodniły też ponad wszelką wątpliwość, że w Ameryce wskaźnik utonięć jest najwyższy na tych terenach, gdzie sprzedaje się dużo lodów. Nie oznacza to wcale, że kupowanie lodów powoduje utonięcia. Oznacza to tyle, że dużo lodów sprzedaje się na plaży i ludzie toną w pobliżu plaż, bo tam na ogół znajduje się woda. Łączenie dwóch niemających ze sobą nic wspólnego faktów, takich jak sprzedaż lodów i utonięcia, stanowi doskonały przykład logicznej bzdury, a w badaniach statystycznych roi się od takich pułapek. Prawdopodobnie właśnie dlatego, kiedy pewnego wieczoru w Laosie zasiadłam do wspomnianego raportu i próbowałam stworzyć jakiś model najmniej podatnej na rozwód pary w Ameryce, uzyskałam iście frankensteinowski duet.

Najpierw poszukajcie dwojga ludzi tej samej rasy, w tym samym wieku, tej samej religii, o tych samych korzeniach kulturowych oraz poziomie intelektualnym, których rodzice nigdy się nie rozwodzili. Każcie tym dwojgu poczekać, aż będą mieli około czterdziestu pięciu lat, zanim pozwolicie im się pobrać... oczywiście do tego czasu muszą mieszkać oddzielnie. Upewnijcie się, że oboje żarliwie wierzą w Boga i że uznają wartości rodzinne i oczywiście nie mają dzieci. (Poza tym mąż musi mieć przychylny stosunek do ruchów feministycznych.) Niech mieszkają w tym samym mieście co ich rodziny i dopilnujcie, żeby spędzali wiele radosnych chwil, grając w kręgle lub w karty z sąsiadami... to znaczy wtedy, kiedy akurat nie odnoszą spektakularnych sukcesów zawodowych, które zawdzięczają swoim niezwykle wysokim kwalifikacjom.

Kim są ci ludzie?

I co ja robiłam, pocąc się w dusznym pokoju hotelowym w Laosie, ślęcząc nad badaniami statystycznymi i usiłując wykoncypować, jak ma wyglądać doskonałe amerykańskie małżeństwo? Ta obsesja przypomniała mi scenę, której byłam świadkiem pewnego pięknego letniego dnia na Cape Cod, podczas spaceru z moją przyjaciółką Becky. Przyglądałyśmy się młodej matce, która zabrała synka na przejażdżkę rowerową. Biedne dziecko dla bezpieczeństwa wyposażono we wszystko, co tylko można sobie wyobrazić – kask, ochraniacze kolan i nadgarstków, kamizelkę odblaskową, boczne kółka i pomarańczowe ostrzegawcze chorągiewki przy rowerku. Co więcej, matka dosłownie trzymała rowerek na postronku i biegła uwieszona na nim, tak by dziecko cały czas było pod jej kontrolą.

– Mam informację dla tej paniusi – oświadczyła Becky z westchnieniem. – Któregoś dnia kleszcz zaatakuje jej dziecko.

Nieuchronny nagły wypadek nigdy nie jest tym, na który się człowiek przygotował.

Innymi słowy, nigdy nic nie wiadomo, póki nie powiesz hop.

Czy nie możemy chociaż trochę z m i n i m a l i z ow a ć niebezpieczeństwa? Czy istnieje sposób, by zrobić to rozsądnie, bez popadania w przesadę? Niepewna, jak postępować, brnęłam dalej przez moje przedślubne przygotowania, próbując pamiętać o wszystkim, przewidzieć każdą możliwą sytuację. Powodowana przemożnym pragnieniem szczerości, chciałam dopilnować – to ta ostatnia i najważniejsza sprawa – by Felipe wiedział, co dostaje i w co się pakuje, jeśli chodzi o mnie. Bardzo mi zależało na tym, żeby nie wciskać temu mężczyźnie kitu ani też jawić mu się w wyidealizowanej roli uwodzicielki. Uwodzenie działa na pełnym etacie jako sługa pożądania i tylko m a m i, a ja nie chciałam zwodniczego upiększania tego związku podczas prób w plenerze. Więcej nawet, byłam tak nieugięta, że pewnego dnia w Laosie kazałam Felipe usiąść, w miejscu, w którym akurat byliśmy, czyli na brzegu rzeki Mekong, i dla własnego spokoju, by mieć pewność, że go uczciwie ostrzegłam, przedstawiłam mu listę moich najgorszych wad. (Nazwijmy to przedmałżeńskim oświadczeniem o świadomym wyrażeniu zgody.) A oto moje najbardziej godne ubolewania wady... przynajmniej pięć, do których z wielkim trudem udało mi się zawęzić:

1. Wysoko sobie cenię własne opinie. Wydaje mi się, że najlepiej wiem, jak inni powinni żyć... a ty będziesz główną tego ofiarą.
2. Wymagam tak wielkiej nieustannej atencji, że nawet Maria Antonina by się tego nie powstydziła.
3. Entuzjazm, który okazuję, przerasta moją faktyczną energię. Rozgorączkowana bardzo często biorę na siebie więcej, niż potrafię fizycznie i emocjonalnie udźwignąć, co jak nietrudno zgadnąć, kończy się spektakularnymi

objawami wycieńczenia. Na ciebie spadnie konieczność zbierania mnie z podłogi za każdym razem, kiedy się przeforsuję i klapnę. Będzie to niewyobrażalnie nużące zadanie. Z góry przepraszam.
4. Jawnie jestem dumna, skrycie krytykancka, a w konfliktach tchórzliwa. Bywa, że wszystkie te rzeczy się zmówią i robią ze mnie kłamczuchę.
5. I moja najbardziej hańbiąca wada: choć nie robię tego pochopnie, to kiedy już uznam, że ktoś zachował się w sposób niewybaczalny, to prawdopodobnie nie przebaczę tej osobie do końca życia... jakże często odcinając ją na zawsze, bez żadnego ostrzeżenia, wyjaśnienia i dania jeszcze jednej szansy.

To nie była przyjemna lista. Czytałam ją z bólem i przyznaję, że nigdy wcześniej nikomu tak szczerze nie spowiadałam się ze swoich słabości. Kiedy jednak przedstawiłam Felipe listę moich żałosnych wad, nie okazał specjalnego niepokoju. Wprost przeciwnie, uśmiechnął się i oświadczył:
– Czy jest coś, co teraz chciałabyś mi o sobie powiedzieć, a czego dotąd nie wiedziałem?
– Czy wciąż mnie kochasz? – spytałam.
– Wciąż – potwierdził.
– J a k?
Bo to przecież podstawowa sprawa, mam rację? Chcę powiedzieć, że kiedy mija początkowe szaleństwo pożądania i stajemy naprzeciwko siebie jako zwyczajni, mało rozgarnięci śmiertelnicy, jak to się dzieje, że zachowujemy zdolność, by wytrwać w miłości i przebaczaniu? Felipe długo milczał.
– Kiedy jeździłem do Brazylii – odezwał się wreszcie – żeby kupować kamienie szlachetne, często brałem

coś, co nazywają „pakietem". Pakiet to przypadkowy zestaw kamieni, zebrany przez górnika czy hurtownika, kogokolwiek, kto próbuje cię wykiwać. Typowy pakiet może zawierać jednocześnie, powiedzmy, dwadzieścia lub trzydzieści kryształów akwamaryny. Zakłada się, że w ten sposób można zrobić lepszy interes – kupując je łącznie – ale musisz zachować ostrożność, bo gość na pewno postara się zedrzeć z ciebie skórę. Stara się pozbyć kiepskich kamieni, łącząc je z kilkoma naprawdę wspaniałymi.

Kiedy wziąłem się do tego interesu – ciągnął Felipe – popadałem w kłopoty, bo za bardzo ekscytowałem się jednym czy dwoma nieskazitelnymi kryształami w pakiecie i nie zwracałem większej uwagi na śmiecie, jakie mi podrzucano. Kilkakrotnie się sparzyłem i wreszcie zmądrzałem i wyciągnąłem z tego taką lekcję: Nie należy zwracać uwagi na doskonałe kamienie. Nie należy nawet spoglądać na nie dwa razy, bo oślepiają. Trzeba je odłożyć i przyjrzeć się uważnie pozostałym, tym naprawdę kiepskim. Przyglądać im się długo, a potem zadać sobie szczerze pytanie: „Czy sobie z tym poradzę? Czy mogę coś z tego zrobić?" W przeciwnym razie wydasz mnóstwo pieniędzy na jedną lub dwie cudowne akwamaryny zagrzebane w stosie bezwartościowego śmiecia.

Myślę, że podobnie jest ze związkami – mówił. – Ludzie zakochują się zawsze w najbardziej doskonałych aspektach osobowości tego drugiego. Bo kto by się nie zakochał? Każdy potrafi kochać najcudowniejsze fragmenty innej osoby. Ale to żadna sztuka. Sztuka polega na tym, żeby zadać sobie parę pytań: Czy mogę zaakceptować te skazy? Czy potrafię przyjrzeć się uważnie wadom partnera i oświadczyć: „Poradzę sobie z tym. Mogę coś z tego zrobić"? Bo dobry materiał zawsze tam będzie, zawsze będzie śliczny, iskrzący, tylko te śmiecie mogą nas zrujnować.

– Czy chcesz przez to powiedzieć – spytałam – że jesteś dość sprytny, by poradzić sobie z całym tym moim nic niewartym, gównianym chłamem?

– Próbuję tylko powiedzieć, skarbie, że przyglądam ci się bacznie od dłuższego czasu i jestem gotów przyjąć cały pakiet.

– Dziękuję – odparłam szczerze, w imieniu wszystkich skaz na mojej osobowości.

– Czy chciałabyś teraz poznać m o j e największe wady? – spytał.

Muszę przyznać, że pomyślałam sobie: *Ja już znam twoje najgorsze wady, koleżko.* Zanim jednak zdążyłam się odezwać, przedstawił fakty szybko i bez ogródek, jak potrafi to zrobić mężczyzna, który aż za dobrze zna samego siebie.

– Zawsze byłem dobry w robieniu pieniędzy – oświadczył – ale nigdy się nie nauczyłem, jak to cholerstwo oszczędzać. Piję za dużo wina. Byłem nadopiekuńczy w stosunku do dzieci i zapewne zawsze będę nadopiekuńczy w stosunku do ciebie. Czasami zachowuję się paranoicznie – powodem tego jest moja brazylijskość – więc kiedy nie bardzo rozumiem, co się wokół mnie dzieje, zawsze zakładam to najgorsze. Z tego powodu straciłem przyjaciół i zawsze żałuję tego swojego zachowania, ale taki już jestem. Bywam nietowarzyski, impulsywny i humorzasty. Lubię ustalony porządek, co oznacza, że jestem nudny. Nie mam cierpliwości do idiotów. – Uśmiechnął się i spróbował ożywić swoje słowa dowcipem. – Poza tym nie potrafię patrzeć na ciebie, nie myśląc o uprawianiu z tobą seksu.

– Dam sobie radę – oświadczyłam.

Trudno o wspanialszy dar niż pełna akceptacja kogoś, kogo się kocha niemal wbrew jego woli. Mówię to, ponieważ takie otwarte przedstawienie naszych wad nie było jakąś milusią sztuczką, ale prawdziwą próbą odsłonięcia ciemnych plam na naszych charakterach. Te wady to nie zabawa. Mogą wyrządzić krzywdę. Mogą wszystko zniweczyć. Moje narcystyczne zapatrzenie w siebie pozostawione bez kontroli ma taką samą niszczycielską moc jak finansowa brawura Felipe czy jego skłonność do zakładania w chwilach niepewności tego, co najgorsze. Jeśli tylko posiadamy choć trochę samokrytycyzmu, bardzo się staramy, by utrzymać pod kontrolą te bardziej ryzykowne aspekty własnego charakteru, one jednak n i e z n i k n ą. Warto też zauważyć: Jeśli Felipe ma wady, których nie potrafi zmienić, głupio byłoby uważać, że ja potrafię je zmienić za niego. I oczywiście na odwrót. Na część z tych cech, których nie potrafimy w sobie zmienić, trudno patrzeć z radością. Zatem być widzianym przez kogoś w całości i mimo to być kochanym... to dla człowieka dar, który graniczy z cudem.

Z całym szacunkiem dla Buddy i żyjących w celibacie pierwszych chrześcijan, zastanawiam się czasami, czy całe to nauczanie o niewiązaniu się z drugą osobą i o duchowym znaczeniu klasztornej samotności nie pozbawia człowieka czegoś bardzo istotnego. Może to wyrzeczenie się zażyłości pozbawia nas możliwości doświadczania owego przyziemnego, oswojonego daru trudnego, stałego, codziennego wybaczania. „Wszystkie istoty ludzkie mają swoje słabości", napisała Eleanor Roosevelt. (A ona – jedna połowa bardzo złożonego, czasami nieszczęśliwego, ale ostatecznie imponującego małżeństwa – wiedziała o czym mówi.) „Wszystkie istoty ludzkie mają potrzeby i pokusy, i niepokoje. Mężczyźni i kobiety, którzy żyją razem przez wiele lat, poznają swoje słabości; dowiadują się jednak również, co zasługuje na szacunek i podziw u tych, z którymi dzielą życie, i u nich samych".

Może stworzenie odpowiednio dużej przestrzeni we własnej świadomości, by pomieścić w niej czyjeś sprzeciwy – nawet idiotyzmy – i zgodzić się na nie, jest na swój sposób dziełem bożym. Być może transcendencję da się odnaleźć nie tylko na odosobnionych górskich szczytach czy w scenerii klasztornej, ale także przy własnym kuchennym stole, w codziennej akceptacji najbardziej męczących i irytujących przywar partnera.

Nie proponuję tutaj, żeby nauczyć się „tolerować" przemoc, lekceważenie, brak szacunku, pogardę, alkoholizm, romanse, i na pewno nie uważam, by pary, których małżeństwa stały się cuchnącymi i smętnymi grobowcami, miały po prostu zebrać siły i jakoś sobie z tym poradzić. „Po prostu nie wiedziałam, ile jeszcze warstw farby mogę położyć na swoje serce", łkała moja przyjaciółka po tym, jak opuściła męża... czy ktoś, kto ma choć odrobinę sumienia, mógłby wyrzucać jej, że zostawiła za sobą tę udrękę? Istnieją małżeństwa, które z czasem po prostu gniją i są skazane na zagładę. Wyrwanie się z dotkniętego zarazą małżeństwa nie musi oznaczać moralnego niepowodzenia, czasami wręcz wyraża przeciwieństwo rezygnacji: początek nadziei.

Zatem, mówiąc o „tolerancji", nie zachęcam oczywiście do prób znoszenia jakichś okropnych sytuacji. Mówię natomiast o tym, jak się nauczyć jak najlepiej dostosować swoje życie do z gruntu przyzwoitego człowieka, który czasami staje się dokuczliwy jak wrzód na tyłku. Pod tym względem małżeńska kuchnia może się stać czymś na kształt małej świątyni z linoleum na podłodze, do której wszyscy przybywamy codziennie, by praktykować odpuszczanie win, tak jak chcielibyśmy, by nam odpuszczano. Brzmi to przyziemnie, owszem. Nie ma w tym boskiej ekstazy ani siły ekspresji, bez wątpienia. Może jednak takie drobne akty domowej tolerancji stanowią mimo wszystko swoisty cud pod innym względem... w jakiś spokojny niemierzalny sposób?

Poza wspomnianymi przywarami istnieją pomiędzy Felipe i mną całkiem proste różnice, z którymi oboje będziemy musieli się pogodzić. On nigdy – zapewniam was – nie pójdzie ze mną na zajęcia jogi, nieważne ile razy będę próbowała go przekonać, że się nimi zachwyci. (W żadnym razie by się nie zachwycił.) Nigdy nie będziemy wspólnie medytować podczas weekendowego duchowego odosobnienia. Nigdy go nie zmuszę, by jadł mniej czerwonego mięsa i razem ze mną zrobił sobie jakąś zwariowaną oczyszczającą głodówkę, choćby tak dla zabawy. Nigdy nie spowoduję, by poskromił swój temperament, który przejawia się w różnych męczących, skrajnych zachowaniach. Nigdy nie zajmie się ze mną żadnym h o b b y, jestem tego pewna. Nie będziemy szli, trzymając się za ręce, przez wiejski targ, nie pójdziemy na wędrówkę, by wyszukiwać i rozróżniać polne kwiaty. I chociaż bardzo lubi słuchać, jak godzinami opowiadam, dlaczego uwielbiam Henry'ego Jamesa, nigdy nie przeczyta u mojego boku dzieł zebranych tego pisarza... więc ta wyrafinowana przyjemność będzie zawsze tylko moja.

I odwrotnie; są w jego życiu przyjemności, których ja nigdy nie będę z nim dzielić. Dorastaliśmy w innych dziesięcioleciach, na innych półkulach; zdarza mi się, że w ogóle nie chwytam jego kulturowych odniesień i dowcipów. Nigdy nie wychowywaliśmy razem dzieci, więc Felipe nie może wspominać ze mną godzinami zachowań Zo i Eriki, kiedy byli mali... co przecież mógłby robić, gdyby przez trzydzieści lat pozostawał mężem ich matki. Felipe wręcz rozkoszuje się dobrym winem, ja się na winie zupełnie nie znam. Uwielbia mówić po francusku; ja francuskiego nie znam. On najchętniej wylegiwałby się ze mną w łóżku przez cały ranek, natomiast ja, jeśli o świcie nie jestem na nogach, zaczynam się wiercić. Co więcej, Felipe nigdy nie zazna ze mną takiego spokojnego życia, jakie lubi. Jest samotnikiem; ja nie. Niczym pies potrzebuję stada; on niczym kot woli spokojniejszy dom. Tak długo, jak długo będzie moim mężem, nie ma co liczyć na spokojny dom. I trzeba dodać: To jeszcze nie cała lista.

Niektóre z różniących nas cech są znaczące, inne nie aż tak bardzo, ale żadnej nie da się zmienić. I dlatego wydaje mi się, że gotowość wybaczania może być jedynym rzeczywistym antidotum, jakie podsuwa nam miłość, byśmy mogli zwalczyć nieuchronne rozczarowania związane z bliskością. My, ludzie, przybywamy na ten świat – co pięknie wyjaśnił Arystofanes – z uczuciem, jakby przecięto nas na pół, rozpaczliwie próbujemy znaleźć kogoś, kto nas rozpozna i naprawiając, dopełni. Pożądanie to nic innego jak krwawiący fragment rozciętego pępka, który nam został i któremu cały czas brakuje tej bezbłędnie pasującej reszty. Wybaczanie natomiast jest jak pielęgniarka, która wie, że rany nie da się zszyć idealnie równo, ale może i tak sobie poradzimy, jeśli będziemy uprzejmi i życzliwi i postaramy się nie stracić zbyt dużo krwi.

Bywają takie chwile, kiedy niemal w i d z ę tę przestrzeń, która oddziela Felipe ode mnie – i zawsze będzie nas dzielić – mimo nieustannego pragnienia, by czyjaś miłość uczyniła mnie całością, mimo moich wieloletnich wysiłków, by znaleźć kogoś, kto byłby dla mnie idealny i kto z kolei pozwoliłby mi się stać istotą udoskonaloną. Nasza odmienność i nasze wady wzbierają pomiędzy nami jak tajemnicza fala. Czasami jednak kątem oka zauważam samą Bliskość, balansującą na grzebieniu fali naszej odrębności... tak naprawdę tkwi na stanowisku tam, dokładnie pomiędzy nami – a właściwie (daj nam, Boże) stanowi szansę.

ROZDZIAŁ PIĄTY

MAŁŻEŃSTWO A KOBIETY

Dzisiaj tym nienazwanym problemem jest to,
jak pogodzić ze sobą pracę,
miłość, zajmowanie się domem i dziećmi.

Betty Friedan
The Second Stage („Drugi etap")

W ostatnim tygodniu pobytu w Luang Prabang poznaliśmy młodego człowieka o imieniu Keo.

Keo był przyjacielem Khamsy'ego, który prowadził hotelik nad Mekongiem, gdzie od jakiegoś czasu mieszkaliśmy z Felipe. Kiedy już dokładnie zbadałam Luang Prabang, zarówno pieszo, jak i na rowerze, kiedy już miałam dość szpiegowania mnichów, kiedy już znałam na pamięć każdą ulicę i każdą świątynię tego niewielkiego miasta, spytałam w końcu Khamsy'ego, czy nie zna przypadkiem kogoś znającego angielski, kto ma samochód i chciałby zabrać nas za miasto w góry.

W rezultacie Khamsy był uprzejmy przyprowadzić Keo, który z kolei był uprzejmy załatwić samochód swojego wujka... i ruszyliśmy w drogę.

Keo był dwudziestojednolatkiem z wieloma zainteresowaniami. Wiem to na pewno, bo na samym początku mi oświadczył:

– Mam dwadzieścia jeden lat i wiele zainteresowań.

Wyjaśnił też, że urodził się biedakiem – jako najmłodsze z siedmiorga dzieci w biednej rodzinie, w najbiedniejszym kraju Azji Południowo-Wschodniej – ale dzięki temu, że był bardzo pilny w szkole, zawsze należał do

177

najlepszych uczniów. Tylko jedno z dzieci na rok dostaje tytuł najlepszego ucznia z angielskiego i tym najlepszym uczniem zawsze był Keo i dlatego nauczyciele w klasie lubili odpytywać Keo, bo był zawsze przygotowany. Keo zapewnił mnie również, że wie wszystko o jedzeniu. Nie tylko laotańskim, ale także francuskim, bo był kiedyś kelnerem we francuskiej restauracji i dlatego z radością podzieli się ze mną swoją wiedzą na te tematy. Poza tym pracował jakiś czas w obozie słoni dla turystów, więc wiedział mnóstwo o tych zwierzętach.

Żeby zademonstrować, jak dużo wie o słoniach, zapytał mnie, ledwo się poznaliśmy:

– Czy możesz zgadnąć, ile paznokci ma słoń przy przednich nogach?

Postawiłam losowo na trzy.

– To niewłaściwa odpowiedź – oświadczył Keo. – Pozwolę ci spróbować jeszcze raz.

Powiedziałam, że pięć.

– Niestety, to też niewłaściwa odpowiedź – powiedział Keo. – Więc ja ci jej udzielę. Na przednich nogach słonia są cztery paznokcie. No dobrze, a jak jest z tylnymi?

Postawiłam na cztery.

– Niestety mylisz się. Pozwolę ci zgadnąć jeszcze raz.

Powiedziałam, że trzy.

– Też niewłaściwie. Na tylnych nogach słonia jest pięć paznokci. No dobrze. A potrafisz odgadnąć, ile litrów wody może się zmieścić w słoniowej trąbie?

Nie potrafiłam. Nie miałam zielonego pojęcia. Keo jednak wiedział: osiem litrów! Znał też setki innych faktów dotyczących słoni. Dlatego, jeżdżąc cały dzień samochodem z Keo przez laotańskie góry, można się było nieźle podszkolić w biologii gruboskórców! Tyle że młodzieniec miał również wiadomości z innych dziedzin. Jak to starannie wyjaśnił:

– Opowiem wam nie tylko o rzeczach dotyczących słoni. Wiem także mnóstwo o rybach, które nazywają się bojowniki.

Właśnie d o k ł a d n i e takim dwudziestojednolatkiem był Keo. I dlatego Felipe wolał zostać w domu, zamiast robić jednodniowe wypady poza Luang Prabang... tym bardziej że jedną z wad Felipe (choć nie umieścił jej na swojej liście) jest to, że nie znosi być w kółko przepytywany przez dwudziestojednoletnich młodzieńców na temat paznokci u słonia.

Ja za to polubiłam Keo. Sympatia dla wszystkich Keo tego świata tkwi w mojej naturze. Keo był naturalnie ciekawski i pełen entuzjazmu, był także wyrozumiały dla mojej ciekawości i entuzjazmu. Nieważne, jakie zadałam mu pytanie, uzasadnione czy nie, starał się udzielić wyczerpującej odpowiedzi. Czasami w swoich wyjaśnieniach odnosił się do historii Laosu; kiedy indziej udzielał uproszczonych odpowiedzi. Na przykład pewnego popołudnia jechaliśmy przez bardzo biedną górską wioskę, gdzie ludzie mieszkali na glinianej polepie, w budach z blachy falistej z otworami zastępującymi drzwi i okna. A jednak, jak w wielu innych miejscach, które widziałam na wiejskich terenach Laosu, mnóstwo z tych bud miało na dachach drogie anteny telewizyjne. Rozważałam w milczeniu problem, dlaczego ktoś zainwestował w talerz telewizji satelitarnej zamiast, powiedzmy, w drzwi.

– Dlaczego dla tych ludzi antena satelitarna jest taka ważna? – zapytałam wreszcie.

Keo wzruszył tylko ramionami i odparł:

– Bo tutaj jest naprawdę kiepski odbiór obrazu telewizyjnego.

Oczywiście większość moich pytań dotyczyła małżeństwa, bo był to dla mnie temat roku. Keo był bardzo zadowolony, że może mi wytłumaczyć, jak w Laosie wygląda małżeństwo. Powiedział, że ślub jest najważniejszym wydarzeniem w życiu Laotańczyka. Jedynie narodziny i śmierć są niemal tak samo doniosłe, ale czasami trudno zaplanować przyjęcia z tymi wydarzeniami związane. Dlatego ślub jest zawsze wielką uroczystością. On sam na przykład zaprosił rok wcześniej na swój ślub siedemset osób. To norma, oświadczył. Jak większość Laotańczyków, przyznał, ma „zbyt wielu kuzynów, zbyt wielu przyjaciół, a musimy zaprosić ich wszystkich".

– Czy wszyscy z siedmiuset zaproszonych przyszli na ślub? – spytałam.

– Ależ skąd – zapewnił mnie. – Przyszło ponad tysiąc!

Ponieważ każdy kuzyn i każdy przyjaciel zaprasza na ślub swoich kuzynów i przyjaciół (a goście gości czasami przyprowadzają swoich gości) i ponieważ gospodarzowi nie wolno nikogo odprawić, sprawy mogą się szybko wymknąć spod kontroli.

– Czy chcesz, żebym przedstawił teraz informacje dotyczące tradycyjnego ślubnego prezentu wręczanego podczas tradycyjnego laotańskiego wesela? – zapytał Keo.

Bardzo chciałam, więc mnie poinformował. Kiedy laotańska para ma się pobrać, wysyła pisemne zaproszenia do wszystkich gości. Goście biorą te zaproszenia (ze swoimi imionami i adresami), robią z nich małe koperty i umieszczają w środku pieniądze. W dzień ślubu wszystkie te koperty wędrują do ogromnej drewnianej skrzyni. Zebrane pieniądze stanowią kapitał, z którym para rozpocznie swoje nowe wspólne życie. Dlatego Keo i jego narzeczona zaprosili na ślub tylu gości: żeby zagwarantować sobie jak najwyższy napływ gotówki.

Później, kiedy skończy się wesele, państwo młodzi siedzą do rana i przeliczają pieniądze. Podczas gdy pan młody zagląda do kopert, panna młoda zapisuje dokładnie w notesie, ile przyniósł każdy z gości. Nie robią tego po to, by później zredagować odpowiednie podziękowanie (jak natychmiast założył mój umysł białej Amerykanki pochodzenia anglosaskiego), ale żeby zacząć zawsze już starannie prowadzoną księgowość. Ten notes – który w rzeczywistości jest księgą rachunkową – złożą w bezpiecznym miejscu i w przyszłości będą wielokrotnie do niego zaglądać. W rezultacie, kiedy pięć lat później kuzyn z Vientiane zaprosi ich na ślub, będą mogli sprawdzić w notesie, ile on przyniósł w kopercie, i oddać mu dokładnie tyle samo. Tak naprawdę nawet nieco więcej, z procentem.

– Wyrównanie do inflacji! – jak z dumą zauważył Keo.

Pieniądze otrzymane z okazji ślubu nie są więc tak naprawdę prezentem: Są one bardzo dokładnie zapisaną ruchomą pożyczką, krążącą od jednej rodziny do drugiej, kiedy kolejna para zaczyna wspólne życie. Wykorzystujesz te pieniądze na starcie, żeby kupić kawałek ziemi lub zapoczątkować jakiś mały interes, a potem, kiedy zacznie ci się powodzić, powoli, latami, wybierając się na jeden ślub za drugim, spłacasz dług.

System ten ma ogromne znaczenie w kraju tak skrajnie ubogim i pogrążonym w gospodarczym chaosie. Laos przez dziesięciolecia cierpiał, tkwiąc za najbardziej opresyjną komunistyczną „bambusową kurtyną" w Azji, gdzie kolejne rządy prowadziły finansową politykę spalonej ziemi, a banki narodowe więdły i ginęły w rezultacie korupcji i niekompetentnego zarządzania. W reakcji na tę sytuację ludzie zgromadzili swoje grosze i zamienili ślubne ceremonie w system bankowy, który naprawdę działał: jedyny narodowy, godny zaufania fundusz. Cały ten kontrakt społeczny zbudowano na wspólnym założeniu, że kiedy jesteście parą nowożeńców, to pieniądze otrzymane z okazji ślubu nie należą do was; należą do danej społeczności i muszą zostać spłacone. Z procentem. Do pewnego stopnia oznacza to, że wasze małżeństwo też nie należy tylko do was; należy także do całej wspólnoty, która będzie się spodziewać od waszego związku dywidendy. W rezultacie małżeństwo staje się przedsięwzięciem biznesowym, w którym wszyscy dookoła w sensie dosłownym mają swoje udziały.

Stawki w takich udziałach stały się dla mnie bardziej zrozumiałe pewnego popołudnia, kiedy Keo zawiózł mnie do położonej na nizinie oddalonej od gór Luang Prabang maleńkiej wioski Ban Phanom – zamieszkanej przez grupę należącą do mniejszości etnicznej – ludu Leu. Lud ten kilka stuleci wcześniej przedostał się do Laosu z Chin, uciekając przed uprzedzeniami i prześladowaniami, przynosząc ze sobą jedynie swoje jedwabniki i rolnicze umiejętności. Keo miał koleżankę z uniwersytetu, która mieszkała w tej wiosce i tak jak wszystkie inne kobiety Leu pracowała teraz jako tkaczka. Dziewczyna i jej matka zgodziły się spotkać ze mną, żeby porozmawiać o małżeństwie, a Keo zobowiązał się tłumaczyć naszą rozmowę.

Rodzina mieszkała w czystym bambusowym domu z betonową podłogą. Okien nie było, żeby do wnętrza nie dochodziły palące promienie słoneczne. Efekt był taki, że kiedy człowiek znalazł się w środku, miał wrażenie, jakby siedział w ogromnym koszu na robótki... co by zresztą doskonale pasowało do społeczności słynącej z utalentowanych tkaczek. Kobiety przyniosły mi maleńki taboret i szklankę wody. W domu prawie nie było mebli, za to w głównym pokoju wystawiono na pokaz, w odpowiedniej kolejności, najcenniejsze przedmioty należące do rodziny: nowiutkie krosna, nowiutki motocykl i nowiutki telewizor.

Koleżanka Keo miała na imię Joy, jej matka – atrakcyjna, pulchna czterdziestokilkulatka – Ting. Podczas gdy córka siedziała i w milczeniu obrębiała jedwabną tkaninę, jej matka wręcz kipiała entuzjazmem, do niej więc skierowałam wszystkie swoje pytania. Spytałam Ting o małżeńskie tradycje w jej wiosce, a ona odparła, że wszystko jest w zasadzie bardzo proste. Jeśli chłopcu podoba się jakaś dziewczyna, a on jej, to ich rodzice usiądą razem, żeby obgadać sprawę. Jeśli wszystko pójdzie dobrze, obie rodziny odwiedzą wkrótce pewnego mnicha, który poszuka w kalendarzu buddyjskim pomyślnej daty dla tej pary. W takim właśnie dniu młodzi wezmą ślub, a wszyscy z całej społeczności pożyczą im pieniądze. Małżeństwa te są trwałe, jak z zadowoleniem dodała Ting, bo w wiosce Ban Phanom nie istnieje coś takiego jak rozwód.

Spotkałam się już z tego rodzaju stwierdzeniami podczas swoich wcześniejszych podróży. I zawsze podchodzę do nich z odrobiną sceptycyzmu, ponieważ wszędzie na świecie „istnieje coś takiego jak rozwód". Jeśli trochę pogrzebać, zawsze odkopie się jakąś historię nieudanego małżeństwa. Wszędzie. Możecie mi wierzyć. Przypomina mi to ten fragment z powieści Edith Wharton *Świat zabawy*, w którym pewna dama z wyższych sfer zauważa: „W każdej rodzinie zdarza się rozwód i przypadek zapalenia ślepej kiszki". (A przy okazji, „przypadek zapalenia ślepej kiszki" było eufemistycznym edwardiańskim określeniem aborcji, która też zdarza się wszędzie, czasami w najbardziej zaskakujących kręgach.)

Ale, zgadza się, bywają społeczności, w których rozwód jest czymś nadzwyczaj rzadkim.

Podobnie było w klanie Ting. Kiedy ją przycisnęłam, przyznała, że jedna z jej przyjaciółek z dzieciństwa musiała przenieść się do stolicy, bo mąż ją porzucił, ale był to jedyny rozwód, na ile pamięta, do jakiego doszło w ciągu ostatnich pięciu lat. W każdym razie, oświadczyła, istnieją sposoby, by utrzymać rodzinę razem. Jak nietrudno sobie wyobrazić, w małej, ubogiej wiosce jak ta, gdzie pod każdym względem (również finansowym) życie wszystkich opiera się na wzajemnej zależności, należy podejmować zdecydowane kroki, by nie dopuścić do rozpadu rodziny. Kiedy w jakimś małżeństwie pojawiają się kłopoty, wyjaśniała Ting, społeczność ma możliwość rozwiązania ich w czterech etapach. Najpierw zachęca się żonę, by zachowała spokój, podporządkowując się, na ile to możliwe, woli męża.

– Małżeństwo jest najlepsze wtedy, kiedy ma tylko jednego kapitana – oświadczyła. – Najprościej, kiedy to mąż jest kapitanem.

Przytaknęłam temu uprzejmie, ponieważ zależało mi, by rozmowa jak najszybciej przeszła do etapu drugiego.

Czasami jednak, wyjaśniała moja rozmówczyni, nawet całkowita uległość nie jest w stanie rozwiązać wszystkich konfliktów i wtedy konieczna jest pomoc z zewnątrz. Drugim etapem jest zatem sprowadzenie rodziców obojga współmałżonków, żeby to oni poszukali rady. Rodzice, po przeprowadzeniu rozmowy ze skłóconą parą, zasiądą do rodzinnej narady i spróbują znaleźć jakieś rozwiązanie. Jeśli interwencja rodziców okaże się nieskuteczna, przychodzi czas na etap trzeci. Teraz problemem zajmie się starszyzna wioski... są to ci sami ludzie, którzy kiedyś udzielili tej parze ślubu. Starszyzna podejmie tę sprawę na publicznym zebraniu rady. Wtedy już domowe kłopoty stają się punktem porządku obrad, tak jak walka z graffiti lub ustalanie wysokości szkolnych składek, i wszyscy muszą dołożyć starań, by znaleźć rozwiązanie. Sąsiedzi będą zgłaszali pomysły i propozycje rozwiązań albo nawet ofiarują pomoc... na przykład zabiorą na tydzień lub dwa małe dzieci, by ułatwić skłóconej parze skupienie się na jej problemach i dojście do porozumienia w spokoju.

Dopiero na etapie czwartym – kiedy wszystko inne zawiedzie – można przyznać, że sytuacja jest beznadziejna. Jeśli rodzina nie potrafi załagodzić sporu i nawet miejscowa społeczność jest bezradna (co rzadko się zdarza), to para udaje się do dużego miasta, żeby uzyskać rozwód w sądzie.

Słuchając wyjaśnień Ting, wróciłam myślą do mojego nieudanego małżeństwa. Zastanawiałam się, czy mój były mąż i ja mogliśmy uratować związek, gdyby udało się wcześniej przerwać to opadanie siłą bezwładu, zanim jeszcze sprawy przybrały aż tak toksyczny obrót. A gdybyśmy tak zwołali na pomoc jakąś antykryzysową radę przyjaciół, rodzin i sąsiadów? Może przeprowadzona we właściwym momencie interwencja by nas otrzeźwiła, odświeżyła i skierowała ponownie ku sobie. Co prawda pod koniec małżeństwa korzystaliśmy wspólnie przez sześć miesięcy z fachowego poradnictwa, ale – słyszałam już ten lament z ust niejednego terapeuty – za późno poszukaliśmy pomocy z zewnątrz i za mało się staraliśmy. Godzinna wizyta w czyimś gabinecie raz na tydzień nie mogła pomóc nam wyjść z ogromnego impasu, w jakim się znaleźliśmy w naszej małżeńskiej wędrówce. Kiedy zabraliśmy nasz wynędzniały związek do porządnej lekarki, mogła służyć już tylko raportem z sekcji zwłok. A może gdybyśmy tak zadziałali wcześniej albo z większą ufnością...? Albo gdybyśmy poszukali pomocy u naszej rodziny lub w społeczności...?

Sądzę jednak, że to by się na nic nie zdało. W tamtym małżeństwie wiele spraw było nie tak. Nie jestem przekonana, że wytrzymalibyśmy razem, nawet gdyby cała wioska Manhattan działała na naszą korzyść. Poza tym nie posiadaliśmy żadnego kulturowego wzoru czegoś takiego jak interwencja rodziny i miejscowej społeczności. Byliśmy nowoczesnymi, niezależnymi Amerykanami, mieszkającymi setki mil od swoich rodzin. W naszym przypadku takie wezwanie krewnych i sąsiadów na plemienną naradę w sprawach, które rozmyślnie latami utrzymywaliśmy w sekrecie, byłoby niezrozumiałe i nienaturalne. Równie dobrze dla odzyskania małżeńskiej harmonii moglibyśmy złożyć w ofierze kurę i mieć nadzieję, że to załatwi problem.

Istnieje jednak pewna granica, do jakiej możemy się posunąć z takimi myślami. Nie wolno nam pozwolić sobie na wpadnięcie w pułapkę nieustannej gry w „co by było, gdyby" i ubolewania z powodu nieudanego małżeństwa, choć trzeba przyznać, że dość trudno kontrolować tego rodzaju łamańce umysłowe. Dlatego też jestem przekonana, że najwyższym patronem wszystkich rozwiedzionych musi być mityczny tytan Epimeteusz (jego imię po grecku znaczy „mądry po szkodzie", który miał szczęście – a raczej nieszczęście – posiadać dar przewidywania po fakcie. Był sympatycznym facetem, ten Epimeteusz, który widział rzeczy wyraźnie, tyle że dopiero z perspektywy czasu, co nie jest zbyt przydatną umiejętnością w realnym świecie.

(Tak przy okazji, Epimeteusz miał żonę, choć zapewne poniewczasie żałował, że nie wybrał sobie innej dziewczyny. Jego żoną była bowiem Pandora. Świetna para.) Zresztą w którymś momencie trzeba przestać się katować za popełnione pomyłki – nawet te, które z perspektywy czasu wydają się możliwe do uniknięcia – i żyć dalej. Albo, jak kiedyś powiedział Felipe w ten swój niezrównany sposób: „Nie skupiajmy się stale na błędach przeszłości, skarbie. Skoncentrujmy się na błędach przyszłości".

Tamtego dnia w Laosie przyszło mi do głowy coś w podobnym tonie, a mianowicie, że być może Ting i jej społeczność wiedzą coś istotnego na temat małżeństwa. Oczywiście nie chodziło mi o to, że mąż ma być kapitanem, ale pomyślałam, że może zdarzają się takie chwile, kiedy wspólnota, aby utrzymać spójność, musi się dzielić nie tylko pieniędzmi i innymi zasobami, ale również poczuciem odpowiedzialności. Jeśli wszystkie nasze małżeństwa mają przetrwać, to może muszą być jakoś ze sobą połączone, utkane na jakimś większym społecznym krośnie. Dlatego tego dnia w Laosie zanotowałam sobie w pamięci: *Nie zawłaszczaj swojego małżeństwa z Felipe do tego stopnia, by stało się niedotlenione, odizolowane, samotne, bezbronne...*

Kusiło mnie, by zapytać moją nową znajomą, czy kiedyś interweniowała w sprawie małżeństwa sąsiadów jako ktoś w rodzaju przedstawiciela wioskowej starszyzny. Zanim jednak zadałam kolejne pytanie, ona zdążyła zapytać mnie, czy nie mogłabym przypadkiem znaleźć w Ameryce dobrego męża dla jej córki, Joy. Tej z wyższym wykształceniem. Potem pochwaliła mi się jednym z pięknych dzieł utkanych przez córkę; jedwabna dekoracyjna tkanina usiana była złocistymi słoniami hasającymi na karmazynowym tle.

Zastanawiała się, czy może jakiś mężczyzna w Ameryce nie chciałby poślubić dziewczyny, która własnymi rękoma potrafi wykonać coś takiego.

Przez cały ten czas, kiedy rozmawiałam z Ting, Joy siedziała obok i szyła w milczeniu; ubrana była w dżinsy i T-shirt, włosy miała spięte w koński ogon. Słuchała uprzejmie tego, co mówi matka, i od czasu do czasu – w typowy dla córek sposób – zażenowana jej słowami wznosiła oczy do nieba.

– Czy nie ma wykształconych Amerykanów, którzy chcieliby ożenić się z taką miłą dziewczyną Leu jak moja córka? – spytała znowu Ting.

Ting nie żartowała, a napięcie w jej głosie świadczyło o jakimś kryzysie. Poprosiłam Keo, żeby delikatnie ją podpytał, o co chodzi, i kobieta chętnie wyjaśniła nam, w czym rzecz. Ostatnio w wiosce były duże niepokoje, powiedziała. Wzięły się stąd, że od niedawna młode kobiety nie tylko zaczęły zarabiać więcej niż młodzi mężczyźni, ale jeszcze się kształcą. Kobiety Leu są niezwykle utalentowanymi tkaczkami i teraz, kiedy turyści z Zachodu odwiedzają Laos, jest większe zapotrzebowanie na ich wyroby. Miejscowe dziewczęta zarabiają sporo i często już w bardzo młodym wieku. Niektóre z nich – tak jak córka Ting – zaczynają odkładać sobie pieniądze. Wykorzystują je, żeby zapłacić za college, nie mówiąc już o tym, że kupują swoim rodzinom takie towary, jak motocykle, telewizory, nowe krosna, gdy tymczasem miejscowi chłopcy wciąż są zarabiającymi niewiele rolnikami.

Kiedy nikt nie zarabiał, nie było to problemem społecznym, natomiast sytuacja, w której tylko młode kobiety świetnie prosperują, naruszyła dotychczasową równowagę. Dziewczęta z wioski przyzwyczajają się do tego, że mogą na siebie zarobić, i niektóre z nich zwlekają z zamążpójściem. Ale nie to stanowi największy problem! Prawdziwy problem zaczyna się wtedy, kiedy młodzi ludzie się pobiorą i mężczyźni przyzwyczajają się szybko do wydawania pieniędzy żon i już nie muszą pracować tak ciężko jak przedtem. Ci młodzi mężczyźni, tracąc poczucie własnej wartości, powoli pogrążają się w pijaństwie i hazardzie. Młodym kobietom ta sytuacja bardzo się nie podoba. Dlatego wiele dziewcząt doszło ostatnio do wniosku, że w ogóle nie chcą wychodzić za mąż, to zaś wywraca do góry nogami cały system społeczny małej wioski, tworząc napięcia i komplikacje. Dlatego też Ting obawiała się, że jej córka może nigdy nie wyjść za mąż (chyba że znajdę dla niej podobnie wykształconego Amerykanina), ale co wtedy stanie się z ciągłością pokoleniową. I co stanie się z chłopcami z wioski, których dziewczęta przerosły? Co się stanie z całą tą skomplikowaną strukturą społecznych powiązań?

Ting nazwała tę sytuację „problemem w zachodnim stylu", co oznaczało, że czytuje gazety, bo rzeczywiście jest to problem w stylu zachodnim... taki, jaki obserwujemy w naszym świecie już od kilku pokoleń, odkąd tylko kobiety uzyskały możliwość dojścia do pieniędzy. Jedną z pierwszych rzeczy, jakie się zmieniają w każdym społeczeństwie, kiedy kobiety zaczynają mieć własne dochody, jest charakter małżeństwa. Ta tendencja widoczna jest we wszystkich krajach i we wszystkich społecznościach. Im bardziej niezależna finansowo staje się kobieta, tym w późniejszym wieku bierze ślub, jeśli w ogóle wychodzi za mąż.

Niektórzy ludzie wieszczą, że to upadek społeczeństwa, i sugerują, że ekonomiczna niezależność kobiet niszczy szczęście małżeńskie. Jednakże tradycjonaliści, którzy z nostalgią spoglądają wstecz na sielankę tych czasów, gdy kobiety siedziały w domu i zajmowały się rodziną i gdy wskaźnik rozwodów był znacznie niższy niż obecnie, powinni pamiętać, że przez stulecia wiele kobiet pozostawało uwięzionych w żałosnych związkach, bo nie mogły sobie pozwolić na odejście. Nawet obecnie przeciętny dochód rozwiedzionej amerykańskiej kobiety spada o 30 procent po rozwiązaniu małżeństwa... a w przeszłości było znacznie gorzej. Stare powiedzenie ostrzegało całkiem trafnie: „Każdą kobietę dzieli od bankructwa tylko jeden rozwód". Bo dokąd niby miała pójść kobieta z małymi dziećmi, nieposiadająca żadnego wykształcenia ani środków utrzymania? Mamy skłonność do idealizowania kultur, w których ludzie pozostają w związku małżeńskim do końca, nie wolno nam jednak automatycznie zakładać, że trwanie w małżeństwie jest absolutnie zawsze oznaką zadowolenia ze związku.

Podczas Wielkiego Kryzysu na przykład liczba rozwodów w Ameryce gwałtownie spadła. Komentatorzy społeczni lubili wówczas przypisywać ten spadek romantycznej idei, mówiącej, jakoby ciężkie czasy zbliżały małżonków. Malowali radosny obrazek nieugiętych rodzin, zbierających się na skromny posiłek wokół jednej wspólnej miski. Ci sami komentatorzy zwykli też mawiać, że wiele z tych rodzin straciło samochód, ale zyskało duszę. W rzeczywistości jednak, co mógłby potwierdzić każdy doradca małżeński, poważne kłopoty finansowe wywołują w rodzinach ogromne napięcia. Pomijając zdradę i przemoc, nic tak szybko nie niszczy związku, jak ubóstwo, bankructwo i długi. I kiedy współcześni historycy przyjrzeli się bliżej temu niższemu współczynnikowi rozwodów w czasie Wielkiego Kryzysu, odkryli, że wiele amerykańskich par zostało razem, bo nie stać ich było na rozwód. Trudno było utrzymać jedno gospodarstwo domowe, a co dopiero dwa. Wiele rodzin wybrało przetrwanie kryzysu z prześcieradłem rozwieszonym w salonie, by rozdzielić męża i żonę... co niewątpliwie jest przygnębiającym obrazkiem. Inne pary rozstały się, ale nie miały pieniędzy, by wnieść do sądu sprawę o rozwód. W latach trzydziestych porzucenia przybrały rozmiary epidemii. Całe mnóstwo zbankrutowanych Amerykanów wstawało od stołu i wychodziło z domu, zostawiając żony i dzieci, by nigdy już nie wrócić (jak myślicie, skąd się wzięli ci wszyscy włóczędzy?), a bardzo niewiele kobiet zgłaszało oficjalnie zaginięcie mężów. Miały ważniejsze sprawy na głowie, jak chociażby zdobycie jedzenia.

Nędza rodzi napięcia; to nie powinno nikogo dziwić. W Stanach Zjednoczonych wskaźnik rozwodów jest najwyższy pośród niewykształconych dorosłych o niepewnym statusie materialnym. Pieniądze oczywiście niosą ze sobą własne problemy... ale dają też możliwość wyboru. Można za nie mieć opiekę nad dziećmi, osobną łazienkę, wakacje, brak kłótni o rachunki... wszystko to, co pomaga konsolidować małżeństwo. A kiedy kobiety dostają do rąk własne pieniądze, a przede wszystkim kiedy ekonomiczne przetrwanie przestaje być motywacją dla małżeństwa, wówczas wszystko się zmienia. W roku 2004 niezamężne kobiety stanowiły najszybciej rosnącą grupę demograficzną w Stanach Zjednoczonych. Trzydziestoletnia Amerykanka miała wtedy trzykrotnie mniejszą szansę, że wyjdzie za mąż, niż jej odpowiedniczka z lat siedemdziesiątych. O wiele mniejsze było też prawdopodobieństwo, że zostanie matką. Liczba gospodarstw domowych bez dzieci w roku 2008 była najwyższa w historii kraju.

Oczywiście społeczeństwo jako całość nie przyjmuje tych zmian z radością. We współczesnej Japonii, gdzie spotykamy kobiety najlepiej wynagradzane w całym przemysłowym świecie (i nieprzypadkowo, najniższy na świecie wskaźnik urodzeń), konserwatywni krytycy społeczni nazywają młode kobiety, które nie chcą wychodzić za mąż i rodzić dzieci, „pasożytniczymi singielkami"... sugerując, że niezamężna, bezdzietna kobieta czerpie korzyści wynikające z faktu, że jest obywatelką tego kraju (taką korzyścią jest na przykład dobrobyt), nie dając nic w zamian (na przykład dzieci). Nawet w państwach tak represyjnych jak dzisiejszy Iran młode kobiety coraz częściej wolą odkładać na później małżeństwo i posiadanie dzieci, a zamiast tego zająć się własnym wykształceniem i karierą zawodową. Konserwatywni komentatorzy już krytykują tę tendencję, a jeden z wysoko postawionych irańskich urzędników określił takie kobiety niezamężne z własnej woli jako „groźniejsze niż nieprzyjacielskie bomby i pociski".

Zatem będąc matką w rolniczym, rozwijającym się Laosie, Ting miała bardzo złożone uczucia, jeśli chodzi o córkę. Z jednej strony była dumna z jej wykształcenia i tkackich umiejętności, które opłaciły nowe krosno, telewizor i motocykl. Z drugiej wszakże niewiele była w stanie pojąć z nowego wspaniałego świata swojej córki, w którym ważne były wykształcenie, pieniądze i niezależność. I kiedy spoglądała w przyszłość Joy, widziała jedynie chaos nowych niezrozumiałych spraw. Taka wykształcona, oczytana, niezależna finansowo i przerażająco współczesna młoda kobieta była kimś zupełnie nowym w tradycyjnej społeczności Leu. Co z nią z r o b i ć? Jak miałaby znaleźć równego sobie pośród niewykształconych sąsiadów wieśniaków? Jasne, można zaparkować motocykl w głównym pokoju, można przyczepić antenę satelitarną na dachu chaty, ale gdzie, do licha, umieścić taką dziewczynę?

Powiem wam, jak bardzo Joy interesowała się tą rozmową: Wstała i wyszła z domu w połowie moich pogaduszek z jej matką i tyle ją widziałam. Nie udało mi się z niej wyciągnąć ani jednego słowa na temat małżeństwa. Choć jestem przekonana, że miała zdecydowaną opinię na ten temat, to nie odczuwała potrzeby dzielenia się nią ze mną i ze swoją mamą. Wolała gdzieś sobie pójść i inaczej wykorzystać czas. Człowiek miał wrażenie, że poszła do delikatesów za rogiem po papierosy, a potem do kina z przyjaciółmi. Tyle że w tej wiosce nie było delikatesów, nie było też papierosów ani kina... i tylko kury gdakały i grzebały w pyle zakurzonej gruntowej drogi.

Dokąd zatem podążała ta dziewczyna?

No właśnie, w tym tkwi cały problem, prawda?

Czy wspomniałam już, że żona Keo była w ciąży? Dziecko miało się urodzić w tym właśnie tygodniu, w którym poznałam Keo i wynajęłam go na tłumacza i przewodnika. Napomknął wtedy, że szczególnie ucieszyła go możliwość dodatkowego zarobku w związku ze zbliżającymi się narodzinami dziecka. Był niezmiernie dumny, że zostanie ojcem, i ostatniego wieczoru naszego pobytu w Luang Prabang zaprosił Felipe i mnie do swojego domu na kolację... żeby pokazać nam, jak mieszka, i przedstawić nas swojej młodej żonie Noi.

– Poznaliśmy się w szkole – wyjaśnił. – Zawsze mi się podobała. Jest trochę młodsza ode mnie... ma dopiero dziewiętnaście lat. I jest bardzo ładna. Choć to dla mnie dziwne uczucie, że ona ma urodzić dziecko. Zawsze była taka drobna, jakby nic nie ważyła! A teraz wygląda, jakby nagle przytyła o mnóstwo kilogramów!

Udaliśmy się więc do domu Keo – zawiezieni tam przez jego przyjaciela Khamsy'ego – zabierając ze sobą prezenty. Felipe kupił kilka butelek beerlao, miejscowego piwa, a ja trochę uroczych dziecięcych ciuszków, odpowiednich zarówno dla chłopczyka, jak i dziewczynki, które znalazłam na rynku.

Dom Keo stał na prostokącie ziemi o bokach sześć metrów na dziewięć na końcu porytej koleinami drogi tuż za Luang Prabang. Był ostatnim z rzędu podobnych domów, dochodzącym do linii dżungli. Połowę posesji zajmowały betonowe zbiorniki z żabami i rybami bojownikami, które Keo hoduje, żeby dorobić do pensji nauczyciela w szkole podstawowej i tego, co sporadycznie dostaje jako przewodnik. Żaby sprzedaje jako żywność. Jak z dumą wyjaśnił, dostaje około 25 tysięcy kipów (czyli dwa i pół dolara) za kilogram, a na kilogram wchodzą trzy albo cztery żaby, bo one tutaj są całkiem duże, więc jest to niezły interes. Bojowniki rozmnażają się znakomicie i Keo sprzedaje je po 5 tysięcy kipów (50 centów) za sztukę ludziom, którzy obstawiają je podczas publicznych pokazów walk. Jak wiadomo, ryby te staczają pojedynki w okresie tarła. Keo wyjaśnił, że zaczął je hodować jako mały chłopiec, już wtedy szukając sposobu na zarobienie dodatkowych pieniędzy, żeby odciążyć rodziców. Choć nie lubi się przechwalać, wyjawił nam, że jest zapewne najlepszym hodowcą tych rybek w całym Luang Prabang.

Resztę działki – niezamieszkaną przez żaby i ryby – zajmował dom o powierzchni mniej więcej dwudziestu pięciu metrów kwadratowych, zbudowany z bambusa i dykty, z dachem z blachy falistej. Jego wnętrze podzielono ostatnio na dwa pomieszczenia, jedno dzienne, drugie do spania. Ścianka działowa była ze sklejki, porządnie pokrytej przez Keo tapetą z anglojęzycznych gazet, takich jak „Bangkok Post" i „Herald Tribune". (Później Felipe żartował, że Keo na pewno kładzie się tam w nocy i czyta każde słowo, nieustannie szlifując swój angielski. Jedyna żarówka zwisała z sufitu w pomieszczeniu służącym do siedzenia. Była też maleńka betonowa łazienka, z ustępem w postaci dziury, nad którą się kuca, i miednicą do mycia. Jednakże w wieczór naszej wizyty miednica była zajęta przez żaby, ponieważ zbiorniki przed domem były nimi wypełnione do granic możliwości. (To uboczna korzyść z hodowli setek żab, wyjaśnił Keo: „Jako jedyni spośród wszystkich naszych sąsiadów nie mamy żadnych problemów z moskitami".) Kuchnia znajdowała się na zewnątrz, pod niewielkim okapem i miała porządnie zamiecioną polepę.

– Kiedyś zainwestujemy w prawdziwą kuchenną podłogę – oświadczył nasz gospodarz z lekkością właściciela domu na przedmieściu wielkiego miasta, przewidującego, że któregoś dnia wybuduje przylegający do salonu ogród zimowy. – Wpierw jednak muszę trochę zarobić.

Nie mieli krzeseł ani stołu. W kuchni stała niewielka ławka, a pod ławką siedziała ulubienica gospodarzy, maleńka suczka, która kilka dni wcześniej się oszczeniła. Szczeniaki nie były większe od myszoskoczków. Nasz gospodarz raz tylko okazał zakłopotanie swoim skromnym stylem życia – chodziło o wielkość, a raczej maleńkość jego psa. Keo miał taką minę, jakby nie wypadało zapoznawać gości, którzy zaszczycili swoją obecnością jego dom, z równie niewyrośniętym psem... jakby to drobne zwierzę nie pasowało do pozycji Keo, a przynajmniej nie dorastało do jego aspiracji.

– Zawsze się z niej śmiejemy, bo jest taka mała. Przykro nam, że nie jest większa – tłumaczył się. – Ale to miłe stworzenie.

Była jeszcze kura. Mieszkała na terenie kuchni/ganku, przywiązana do ściany sznurkiem, tak że mogła sobie chodzić, ale nie uciec. Miała tam pudełko z tektury i do tego pudełka składała jedno jajko dziennie. Kiedy Keo demonstrował nam swoją kurę i jej kartonik, uczynił to tak jak rasowy farmer.

– A oto nasza kura! – oznajmił z dumą, wyciągając rękę.

W tym momencie zerknęłam kątem oka na Felipe i zobaczyłam, jak przez jego twarz przepływa fala różnych emocji: czułości, współczucia, nostalgii, podziwu. Była tam też odrobina smutku. Felipe wychowywał się w ubogiej rodzinie na południu Brazylii i – jak Keo – zawsze był człowiekiem dumnym. Prawdę mówiąc, taki pozostał i do dziś lubi mówić ludziom, że urodził się „spłukany", a nie „biedny", tym samym dając do zrozumienia, że zawsze traktował swoje ubóstwo jako sytuację tymczasową (jakby w jakiś sposób zaskoczono go na chwilowym braku gotówki, kiedy był bezbronnym niemowlęciem). I podobnie jak Keo, Felipe był rzutki i przedsiębiorczy od małego. Pierwszy wielki biznesowy pomysł przyszedł mu do głowy, kiedy miał dziewięć lat i zauważył, że samochody utykają w głębokiej kałuży u stóp wzgórza w jego rodzinnym Porto Alegre, ponieważ gasną im silniki. Ściągnął kolegę i we dwóch przesiadywali w tamtym miejscu, żeby wypychać samochody z kałuży. Kierowcy dawali chłopcom drobne, a oni za te drobne kupowali amerykańskie komiksy. Kiedy miał dziesięć lat, przeszukiwał miasto w poszukiwaniu żelaza, mosiądzu i miedzi, które sprzedawał na złom. Zanim skończył trzynaście lat, przerzucił się na zwierzęce kości, zbierane przed sklepami mięsnymi i rzeźniami i sprzedawane producentowi kleju – częściowo za te pieniądze kupił swój pierwszy bilet na rejs statkiem poza Brazylię. Gdyby wówczas wiedział o żabim mięsie i rybach bojownikach, wierzcie mi, tym też by się zajął.

Aż do tego wieczoru Felipe unikał Keo. Prawdę mówiąc, mój przewodnik irytował go swoją nadgorliwością. Coś jednak się zmieniło, kiedy obejrzał dom młodego człowieka, tę tapetę z gazet i porządnie zamiecioną polepę, i te żaby w łazience, i kurę w pudełku, i pieska. A kiedy poznał Noi, jego żonę, filigranową pomimo tych dodatkowych kilogramów, która dokładała wszelkich starań, żeby na pojedynczym palniku gazowym ugotować nam wieczerzę, zobaczyłam, jak oczy mu wilgotnieją ze wzruszenia, choć był zbyt uprzejmy, by okazać jakiekolwiek emocje poza przyjacielskim zainteresowaniem jej potrawami. Przyjmowała wstydliwie pochwały Felipe. („Mówi po angielsku” – oświadczył Keo. – Ale jest zbyt nieśmiała, by się odezwać".)

Kiedy Felipe zobaczył matkę Noi – drobniutką, a jednocześnie nieodparcie królewską postać w znoszonym niebieskim sarongu, przedstawioną po prostu jako „babka” – wiedziony nieomylnym instynktem pochylił się przed nią w głębokim ukłonie. Odpowiedziała delikatnym uśmiechem (widocznym jedynie w kącikach oczu) i prawie niedostrzegalnym skinieniem głowy, sygnalizując w subtelny sposób: „Twój ukłon, panie, sprawił mi przyjemność".

Chyba nigdy nie kochałam Felipe tak bardzo jak wtedy.

Muszę w tym miejscu wyjaśnić, że chociaż Keo i Noi nie mieli żadnych mebli, to byli szczęśliwymi posiadaczami trzech przedmiotów zbytku. Był tam telewizor z wmontowanym zestawem stereo i odtwarzaczem DVD, malutka lodówka i elektryczny wentylator. Kiedy weszliśmy do domu, Keo na powitanie włączył te wszystkie urządzenia. Wentylator dmuchał, lodówka warczała, produkując lód do schłodzenia piwa, a ekran telewizora jaśniał kolorami kreskówek.

– Czy podczas obiadu wolicie słuchać muzyki, czy oglądać filmy rysunkowe? – zapytał uprzejmie Keo.

Wybrałam muzykę.

– Wolicie zachodni hard rock – chciał wiedzieć dokładnie – czy łagodną muzykę laotańską?

Podziękowałam mu uprzejmie za starania i odparłam, że sprawi nam przyjemność spokojna muzyka laotańska.

– Proszę bardzo – oświadczył Keo. – Mam doskonałą kolekcję spokojnej muzyki laotańskiej, która się wam na pewno spodoba. – Puścił kilka miłosnych piosenek, nastawiając je bardzo głośno... żeby zademonstrować możliwości swojego sprzętu stereofonicznego. Z tego samego powodu skierował wentylator wprost w nasze twarze. Miał dom wyposażony w te luksusowe urządzenia i chciał, byśmy z nich jak najwięcej skorzystali.

Wieczór okazał się dość hałaśliwy, ale nie było w tym nic strasznego, wręcz przeciwnie – panowała radosna atmosfera, a my szybko się jej poddaliśmy. Wkrótce wszyscy popijali beerlao, opowiadali różne historyjki i zaśmiewali się. A przynajmniej Felipe, Keo i ja piliśmy, gadaliśmy i śmialiśmy się; Noi męczył upał, nie piła też piwa, tylko siedziała cicho na twardej polepie, szukając co jakiś czas wygodniejszej pozycji.

Babka nie odmówiła piwa, ale nie śmiała się tyle co my. Przyglądała się nam tylko z zadowoloną, spokojną miną. Dowiedzieliśmy się, że uprawia ryż i pochodzi z północy, z pobliża chińskiej granicy. Wywodziła się z rodziny od pokoleń uprawiającej ryż, a sama urodziła dziesięcioro dzieci (Noi była z nich najmłodsza), wszystkie we własnym domu. Opowiedziała nam to tylko dlatego, że chciałam usłyszeć historię jej życia. Przez Keo, który tłumaczył, dowiedziałam się, że jej małżeństwo – zawarte w wieku szesnastu lat – było nieco „przypadkowe". Wyszła za mężczyznę, który był w wiosce przejazdem. Spędził wieczór w jej domu rodzinnym i się w niej zakochał. Kilka dni później wzięli ślub. Próbowałam zadać kobiecie kilka pytań na temat małżeństwa, ale nie dowiedziałam się o niczym więcej niż uprawa ryżu, przypadkowe małżeństwo, dziesięcioro dzieci. Ogromnie mnie ciekawiło, co mogło oznaczać owo „przypadkowe" małżeństwo (w mojej rodzinie też wiele kobiet musiało wyjść za mąż z powodu „przypadku"), ale więcej informacji nie uzyskałam.

– Ona nie jest przyzwyczajona, żeby ludzie interesowali się jej życiem – wyjaśnił Keo, wobec czego poskromiłam ciekawość.

Niemniej przez cały wieczór zerkałam na babkę i wydawało mi się, jakby obserwowała nas z bardzo daleka. Otaczała ją jakaś nieziemska aura, pogłębiona przez jej sposób bycia, tak cichy i powściągliwy, że chwilami wydawała się niemal nieobecna. Chociaż siedziała na wprost mnie, choć w każdej chwili mogłam wyciągnąć rękę i jej dotknąć, odnosiłam wrażenie, jakby przebywała gdzieś indziej i spoglądała na nas dobrotliwie z tronu ustawionego bardzo wysoko, na Księżycu.

Maleńki dom lśnił czystością, tak że można było jeść z podłogi, co właśnie robiliśmy. Siedzieliśmy na bambusowej macie i dzieliliśmy ze sobą posiłek, tocząc w dłoniach kulki z ryżu. Zgodnie z laotańskim zwyczajem piliśmy z jednej szklanki, podając ją sobie kolejno od osoby najstarszej do najmłodszej. A oto, co jedliśmy: cudownie przyprawioną zupę z suma, sałatkę z zielonej papai w zawiesistym sosie z wędzonej ryby, lepki ryż i – oczywiście – żaby. Żaby były podanym z dumą daniem głównym, ponieważ pochodziły z własnej hodowli Keo, więc wypadało nam zjeść ich sporo. Jadałam już w przeszłości żaby (no cóż, prawdę mówiąc, żabie u d k a), ale tamte żaby nie miały z tymi nic wspólnego. Te tutaj to były ogromne, mięsiste żaby ryczące... pokrojone w duże kawałki jak kurczak na gulasz, a potem ugotowane, ze skórą, kostkami i w ogóle ze wszystkim. Najtrudniej było przełknąć skórę, ponieważ nawet po ugotowaniu była jednoznacznie żabia, plamista, gumowata, typowa dla płazów.

Noi pilnie nas obserwowała. Podczas posiłku niewiele się odzywała, raz tylko powiedziała: „Nie jedzcie samego ryżu... jedzcie też mięso", bo mięso jest wartościowe, a my byliśmy cenionymi gośćmi. Zjadaliśmy więc posłusznie kawały gumowatego żabiego mięsa, razem ze skórą i kawałkami kosteczek. Felipe nawet dwukrotnie poprosił o dokładkę, co wywołało rumieniec i uśmiech radości na pochylonej skromnie twarzy Noi. Wiedziałam, że Felipe chętniej zjadłby własny smażony but, niż przełknął kolejny kęs gotowanej żaby ryczącej, i znów zalała mnie fala miłości do tego niezwykle dobrego człowieka.

Tego mężczyznę możesz zabrać wszędzie i zawsze będzie wiedział, jak się zachować, pomyślałam z dumą.

Po kolacji Keo pokazał nam na wideo kilka nagrań tradycyjnych laotańskich tańców weselnych, żeby nas zabawić i przy okazji co nieco wyjaśnić. Grupa sztywnych, poważnych Laotanek z twarzami pokrytymi kunsztownym makijażem, w połyskujących sarongach tańczyła na dyskotekowej estradzie. Podczas tańca często zastygały w miejscu i obracały jedynie dłońmi, z przyklejonymi do twarzy uśmiechami. Oglądaliśmy to wszyscy przez pół godziny w skupionym milczeniu.

— To są doskonałe, zawodowe tancerki — poinformował nas w końcu Keo, przerywając tę naszą dziwną zadumę. — W podkładzie muzycznym słyszycie głos piosenkarza, który jest bardzo sławny w Laosie... dokładnie tak jak wasz Michael Jackson w Ameryce. Miałem przyjemność go poznać.

W tym młodym człowieku była jakaś niemal bolesna niewinność. Tak naprawdę cała ta rodzina wydawała się niczym nieskażona. Pomimo telewizora, lodówki i elektrycznego wentylatora pozostali nietknięci przez nowoczesność, a przynajmniej przez nonszalancję nowoczesności. W rozmowach z Keo i jego rodziną nie było cienia czegoś takiego jak ironia, cynizm, sarkazm czy arogancja. Znam amerykańskich pięciolatków sprytniejszych od członków tej rodziny. Prawdę mówiąc, w s z y s t k i e amerykańskie pięciolatki, które znam, są sprytniejsze od tej rodziny. Miałam ochotę schować ich wszystkich pod jakąś ochronną siatką i odgrodzić od świata... przedsięwzięcie to, zważywszy na rozmiary domu, nie wymagałoby dużych nakładów.

Kiedy zakończył się pokaz tańca, Keo wyłączył telewizor i ponownie skierował rozmowę na marzenia i plany dotyczące ich wspólnego życia z Noi. Po przyjściu na świat dziecka będą, co oczywiste, potrzebować więcej pieniędzy i dlatego Keo planował rozbudowanie żabiego interesu. Wyjaśnił nam, że chciałby wymyślić budynek dla żab, w którym przez cały rok utrzymywałby takie warunki, jakie panują latem na zewnątrz i jakich te stworzenia potrzebują, żeby się rozmnażać. Z tego, co zrozumiałam, miałoby to być coś w rodzaju szklarni, korzystającej z takich osiągnięć techniki, jak „sztuczny deszcz i sztuczne słońce". Takie środowisko wprowadzałoby żaby w błąd i w ogóle nie zauważałyby nadejścia zimy. Byłoby to bardzo korzystne rozwiązanie, bo zima to ciężki czas dla hodowców żab. Każdej zimy żaby Keo zapadają w stan hibernacji (on nazwał to, „medytacją"), nie jedzą i tracą na wadze, a wtedy sprzedaż na kilogramy przestaje być opłacalna. Gdyby Keo mógł hodować żaby przez okrągły rok i gdyby był jedynym w całym Luang Prabang, który to potrafi, jego interes kwitłby, a cała rodzina żyła w dobrobycie.

– Doskonały pomysł – powiedział Felipe.

– Noi to wymyśliła – oświadczył Keo i wszyscy ponownie skierowaliśmy uwagę na jego śliczną, zaledwie dziewiętnastoletnią żonę, która z twarzą wilgotną od gorąca i sterczącym brzuchem klęczała niezdarnie na polepie.

– Jesteś genialna, Noi! – zawołał Felipe.

– Rzeczywiście jest genialna – zgodził się Keo.

Usłyszawszy tę pochwałę, Noi oblała się pąsem i mało nie zemdlała z wrażenia. Nie miała siły, by unieść wzrok i spojrzeć nam w oczy, ale widziałam, że czuje się niezmiernie zaszczycona. Zobaczyła, jak bardzo mąż ją docenia. Przystojny, młody, pomysłowy Keo miał tak wysokie mniemanie o swojej małżonce, że czuł potrzebę chwalenia się nią przed honorowymi gośćmi! Na takie publiczne pochwały nieśmiała Noi aż puchła z dumy (choć już i tak była dwa razy szersza niż normalnie). Naprawdę, przez jeden krótki wzniosły moment przyszła matka była tak przepełniona dumą i przejęta uniesieniem, jakby miała odpłynąć i dołączyć do swojej matki tam wysoko, na powierzchni Księżyca.

Kiedy tamtego wieczoru wracaliśmy do hotelu, to wszystko, co widziałam i słyszałam, spowodowało, że zaczęłam myśleć o swojej babce i jej małżeństwie.

Moja babcia Maude skończyła niedawno dziewięćdziesiąt sześć lat. Pochodzi z rodziny, której poziom życia przez wiele pokoleń przypominał o wiele bardziej poziom życia Keo i Noi niż mój. Przodkowie babci wyemigrowali z północnej Anglii i dotarli do środkowej Minnesoty pionierskimi wozami i przemieszkali tamte pierwsze niewyobrażalnie trudne zimy w prymitywnych, krytych darnią lepiankach. Harując ponad siły, kupili wreszcie ziemię, wybudowali niewielkie drewniane domy, potem większe domy, stopniowo powiększali stada i wreszcie zaczęło im się dobrze powodzić.

Babka urodziła się w styczniu 1913 roku, w środku surowej zimy, w domu. Miała wrodzoną, zagrażającą życiu wadę – poważny rozszczep podniebienia, miała więc dziurę w podniebieniu i brakowało jej kawałka górnej wargi. Dopiero pod koniec marca tory kolejowe odtajały na tyle, że pociągi ruszyły i ojciec mógł zabrać małą Maude do Rochester na pierwszy zabieg. Szczęśliwie rodzicom mojej babki udało się jakoś utrzymywać niemowlę przy życiu, mimo że mała nie mogła ssać. Babka do dziś nie wie, jak rodzice ją karmili, podejrzewa jednak, że mogła się do tego przydać długa gumowa rurka, którą jej ojciec pożyczył sobie z pomieszczenia do dojenia krów. Babka żałuje, że nie pytała matki o te pierwsze trudne miesiące swojego życia, ale w takich rodzinach nie rozpamiętuje się smutnej przeszłości ani nie roztrząsa bolesnych tematów, więc nigdy o tym nie mówiono.

Choć moja babka nie ma zwyczaju narzekać, trzeba przyznać, że życie miała trudne i pełne wyzwań. Oczywi-

203

ście życie wszystkich, którzy ją otaczali, też było trudne, jednak Maude dźwigała dodatkowe brzemię swojej ułomności, która powodowała, że trudno jej było mówić, i na dodatek miała bliznę pośrodku twarzy. Nic dziwnego, że była bardzo nieśmiała. Wziąwszy to wszystko pod uwagę, założono, że nigdy nie wyjdzie za mąż. Nawet nie trzeba było o tym mówić; wszyscy po prostu wiedzieli.

Okazuje się, że nawet te bardzo dokuczliwe przypadłości mogą czasami przynieść ze sobą jakieś dobrodziejstwo. W przypadku mojej babki wyglądało to tak: Jako jedyna w rodzinie otrzymała całkiem przyzwoite wykształcenie. Pozwolono jej poświęcić się nauce, ponieważ było jej to niezbędne, żeby w przyszłości mogła sama na siebie zapracować. Zatem, kiedy chłopców gdzieś pod koniec podstawówki wyciągano ze szkoły do pracy w polu, a dziewczęta rzadko kończyły szkołę średnią (zamiast tego wychodziły za mąż i rodziły dzieci), Maude wysłano do szkoły w mieście. Zamieszkała na stancji i była wzorową uczennicą. Szczególnie lubiła historię i angielski i chciała w przyszłości zostać nauczycielką; zajmowała się też sprzątaniem u ludzi, żeby odłożyć pieniądze na studia nauczycielskie. Potem przyszedł Wielki Kryzys i studia ze względu na koszty stały się dla niej nieosiągalne. Maude jednak nie przestała pracować, a zarobki uczyniły z niej niezwykle rzadko spotykaną w tamtych czasach osobę: niezależną młodą kobietę, utrzymującą się z własnych dochodów.

Te lata jej życia tuż po skończeniu szkoły średniej zawsze mnie fascynowały, ponieważ moja babka podążała zupełnie inną drogą niż wszyscy inni wokół niej. Doświadczała rzeczywistego świata zewnętrznego, zamiast się zająć zakładaniem i powiększaniem rodziny. Jej własna matka rzadko opuszczała rodzinną farmę poza comiesięczną wyprawą do miasta (ale nigdy zimą) po zapasy mąki, cukru i kraciastej bawełny. Po skończeniu szkoły średniej Maude sama pojechała do Montany i pracowała w restauracji, podając ciasto i kawę kowbojom. Był rok 1931. Robiła rzeczy oryginalne i niezwykłe, o jakich żadnej kobiecie z jej rodziny nawet się nie śniło. Dała się ostrzyc i zrobić sobie fantazyjną trwałą (za całe dwa dolary) prawdziwej fryzjerce, na prawdziwej stacji kolejowej. Kupiła też sobie w prawdziwym sklepie zalotną, ekscentryczną, obcisłą żółtą sukienkę. Chodziła do kina. Czytała książki. Złapała okazję i przyjechała z Montany do Minnesoty na skrzyni ciężarówki prowadzonej przez rosyjskich imigrantów, którzy mieli przystojnego syna mniej więcej w jej wieku.

Wróciwszy do domu po przygodzie w Montanie, dostała pracę gospodyni i sekretarki u zamożnej starszej kobiety, niejakiej pani Parker, która piła i paliła, dużo się śmiała i ogromnie cieszyła życiem. Pani Parker, jak poinformowała mnie babka, „nawet odważyła się przeklinać" i wydawała w swoim domu tak kosztowne przyjęcia (z najlepszymi stekami, najlepszym masłem, z mnóstwem alkoholu i papierosów), jakby żaden kryzys nie szalał na zewnątrz. Co więcej, pani Parker była hojna i postępowa i często przekazywała swoje eleganckie stroje mojej babce, która była dwa razy szczuplejsza od starszej pani i niestety, nie zawsze mogła skorzystać z tej dosłownej o b f i t o ś c i darów.

Babka pracowała ciężko i oszczędzała pieniądze. Muszę to w tym miejscu podkreślić: M i a ł a   w ł a s n e   o s z c z ę d n o ś c i. Myślę, że moglibyście przeczesać przodków Maude na przestrzeni kilku stuleci i nie znaleźlibyście kobiety, której udało się zaoszczędzić własne pieniądze. Odkładała nawet osobno pieniądze na operację, która uczyniłaby bliznę na twarzy mniej widoczną. Według mnie jednak jej młodzieńczą niezależność najlepiej symbolizuje jeden przedmiot: wspaniały płaszcz w kolorze bordowym, z futrzanym kołnierzem, który kupiła sobie za dwadzieścia dolarów na początku lat trzydziestych. Jak na kobietę z tej rodziny była to niesłychana rozrzutność. Matka mojej babki zaniemówiła, kiedy usłyszała, że można wydać tak astronomiczną sumę na... płaszcz. I znowu jestem przekonana, że można by przejrzeć genealogię mojej rodziny ze szczypczykami w ręku i nie znalazłoby się kobiety, która kupiłaby sobie coś tak ładnego i tak kosztownego.

Jeśli zapytacie dzisiaj moją babkę o tamten zakup, to z czystej przyjemności zamruga powiekami. Bordowy płaszcz z kołnierzem z prawdziwego futra był najpiękniejszą rzeczą, jaką w życiu posiadała – najpiękniejszą, jaką kiedykolwiek miała posiadać – i wciąż pamięta rozkoszny dotyk futra, muskającego jej szyję i podbródek.

Później, tego samego roku, prawdopodobnie wciąż nosząc ten sam twarzowy płaszcz, poznała młodego farmera, niejakiego Carla Olsona, którego brat zalecał się do jej siostry, i Carl – mój dziadek – zakochał się w niej. Nie był mężczyzną ani romantycznym, ani poetycznym, a już na pewno nie był bogaty. (Jej niewielkie oszczędności przewyższały jego aktywa.) Był jednak oszałamiająco przystojny i bardzo pracowity. Moja babka straciła dla niego głowę. Wkrótce, ku zdziwieniu wszystkich, Maude Edna Morcomb była m ę ż a t k ą.

Wniosek, jaki wyciągałam z tej historii za każdym razem, kiedy o niej myślałam w przeszłości, był taki, że małżeństwo oznaczało koniec wszelkiej niezależności dla Maude Edny Morcomb. Jej późniejsze życie było pasmem nieustannych trudności i ciężkiej pracy, chyba aż do 1975 roku. Nie, żeby praca była dla niej nowością, ale jednak jej sytuacja pogorszyła się z dnia na dzień. Opuściła elegancki dom pani Parker (koniec steków, koniec przyjęć, koniec k a n a l i z a c j i) i zamieszkała na rodzinnej farmie dziadka. Krewni Carla byli surowymi szwedzkimi imigrantami. Młoda para żyła pod jednym dachem z młodszym bratem dziadka i ich ojcem. Maude była jedyną kobietą na farmie, więc sprzątała i gotowała dla wszystkich trzech mężczyzn... często też karmiła wynajętych pracowników. Kiedy dzięki programowi elektryfikacji wsi Roosevelta do miasta dotarł wreszcie prąd, teść babci kupował tylko najsłabsze żarówki, a i te rzadko bywały zapalone.

Maude wychowała pierwszą piątkę dzieci – z siedmiorga – w tamtym małym domu. Moja matka się tam urodziła. Pierwszych troje gnieździło się w jednym pokoju, pod jedną żarówką, tak jak będą się gnieździć dzieci Keo i Noi. (Jeśli chodzi o jej teścia i szwagra, to każdy z nich miał swój pokój.) Kiedy urodził się Lee, najstarszy syn Maude i Carla, zapłacili lekarzowi cielęciem. Nie mieli pieniędzy. Nigdy ich nie mieli. Oszczędności Maude – pieniądze, które zbierała na operację plastyczną – już dawno wydano na farmę. Kiedy urodziła się jej najstarsza córka, moja ciotka Marie, babka pocięła swój ukochany bordowy płaszcz i uszyła z niego zimowe ubranka dla dziecka.

I to właśnie jest dla mnie metaforą tego, co małżeństwo potrafi wyrządzić moim krewnym. Mam na myśli kobiety w mojej rodzinie, szczególnie te ze strony matki – moje dziedzictwo i moją spuściznę. To, co babka zrobiła ze swoim pięknym płaszczem (najładniejszą rzeczą, jaką

207

kiedykolwiek posiadała), robiły wszystkie kobiety tego pokolenia (i wcześniejszych) dla swoich rodzin i mężów, i dzieci. Cięły i rozdawały najładniejsze i najdumniejsze kawałki samych siebie. Przerabiały to, co było ich, tak żeby pasowało dla innych. Same się bez tych rzeczy obywały. Jadały kolacje na końcu, ale codziennie wstawały pierwsze, by zagrzać kuchnię i wypełnić kolejny dzień troską o wszystkich innych. To była jedyna rzecz, którą wiedziały, jak robić. To był przewodni czasownik i główna zasada, którą się w życiu kierowały: D a w a ć.

Ta historia o bordowym płaszczu z futrzanym kołnierzem zawsze powodowała, że chciało mi się płakać. I gdybym wam powiedziała, że nie ukształtowała ona na zawsze moich odczuć co do małżeństwa i że nie zasiała we mnie małego, cichego żalu o to, co instytucja małżeństwa może odebrać porządnym kobietom, skłamałabym.

Kłamałabym również – a przynajmniej ominęła istotną informację – gdybym nie wspomniała nieoczekiwanego zakończenia tej historii: Kilka miesięcy przed tym, jak Departament Bezpieczeństwa Wewnętrznego skazał Felipe i mnie na małżeństwo, pojechałam do Minnesoty, by odwiedzić babkę. Usiadłam przy niej. Pracowała nad fragmentem patchworkowej narzuty i opowiadała mi różne historie. A potem spytałam ją o coś, o co nigdy wcześniej nie pytałam:

– Jaki okres w twoim życiu był najszczęśliwszy?

W głębi serca byłam przekonana, że znam odpowiedź. Że były to wczesne lata trzydzieste, kiedy mieszkała u pani Parker, chodziła w dopasowanej żółtej sukni, fryzurze prosto z salonu i bordowym płaszczu. Bo taka musiała być odpowiedź, prawda? Z babkami jednak sprawa nie przedstawia się tak prosto. Nieważne jak wiele dały innym, wciąż uparcie trzymały się własnych opinii o swoim życiu. I oto, co babcia Maude mi powiedziała:

– Najszczęśliwszym okresem w moim życiu było tych pierwszych kilka lat małżeństwa z twoim dziadkiem, kiedy mieszkaliśmy razem na rodzinnej farmie Olsonów.

Pozwólcie, że przypomnę: Nie mieli nic. Maude była praktycznie służącą trzech dorosłych mężczyzn (do tego gburowatych szwedzkich farmerów, którzy sobie nawzajem działali na nerwy) i musiała pomieścić swoje dzieci i ich mokre pieluchy w jednym zimnym i kiepsko oświetlonym pokoju. Z każdą ciążą słabła i słabła. Za drzwiami szalał kryzys. Teść nie zgadzał się na założenie instalacji wodno-kanalizacyjnej w domu. I tak dalej, i tak dalej...

– Babciu – spytałam, ujmując jej zniekształconą artretyzmem dłoń – jak to mógł być najszczęśliwszy okres w twoim życiu?

– Naprawdę był – odparła. – Byłam szczęśliwa, bo miałam własną rodzinę. Miałam męża. Miałam dzieci. Wcześniej nie ośmieliłam się nawet o tym marzyć.

Mimo że te słowa mnie zdziwiły, wierzyłam jej. Ale to, że wierzyłam, nie oznaczało, że ją rozumiałam. Prawdę mówiąc, nie rozumiałam odpowiedzi babki aż do tego wieczoru, wiele miesięcy później, kiedy jadłam w Laosie kolację z Keo i Noi. Siedząc tam, na polepie, patrząc, jak Noi stara się znaleźć wygodniejszą pozycję, zaczęłam snuć różne myśli na temat jej życia. Współczułam Noi z powodu trudności, z jakimi musi się borykać, będąc tak młodą mężatką, i martwiłam się, jak będzie wychowywać dziecko w domu zajętym przez gromadę żab. Kiedy jednak Keo chwalił jej mądrość i kiedy zobaczyłam radość na twarzy tej młodziutkiej kobiety (tak przecież nieśmiałej, że przez cały wieczór rzadko podnosiła wzrok), nagle ujrzałam swoją babkę. Nagle p o z n a ł a m babkę, odbitą w Noi, taką, jakiej wcześniej nie znałam. Nareszcie wiedziałam, jak musiała wyglądać, kiedy była młodą żoną i matką: dumną, pełną życia, docenianą. Dlaczego Maude była taka szczęśliwa w 1936 roku? Była szczęśliwa z tego samego powodu, z jakiego Noi była szczęśliwa w roku 2006... ponieważ wiedziała, że jest niezbędna w życiu kogoś drugiego. Była szczęśliwa, bo miała partnera i dlatego, że coś wspólnie budowali, a ona głęboko wierzyła w to, co budowali, i zdumiewało ją, że bierze udział w takim przedsięwzięciu.

Nie będę obrażać swojej babki ani Noi, sugerując, że powinny mierzyć wyżej (w coś, co być może bliższe byłoby moim aspiracjom i ideałom). Na pewno też nie uznam, że pragnienie, by znaleźć się w centrum życia męża, było lub jest świadectwem patologii u tych kobiet. Przyznam, że zarówno Noi, jak i moja babka wiedzą, na czym polega ich własne szczęście, i chylę czoło przed ich doświadczeniem w tym względzie. Wydaje się, że otrzymały dokładnie to, czego zawsze chciały.

Zatem to już wiemy.

Czy aby na pewno?

By jeszcze bardziej sprawę zagmatwać, muszę przekazać to, co babka powiedziała mi pod koniec rozmowy tamtego dnia w Minnesocie. Wiedziała, że się niedawno zakochałam w mężczyźnie o imieniu Felipe i że sprawy między nami przybrały poważny obrót. Maude nie jest kobietą wścibską (w przeciwieństwie do jej wnuczki), ale ponieważ rozmawiałyśmy szczerze i otwarcie, poczuła się uprawniona do spytania mnie bezpośrednio:

– Jakie masz plany w związku z tym mężczyzną?

Powiedziałam, że nie jestem pewna, i wiem jedynie,

że chcę z nim być, bo jest dobry i kochający, i ofiarny, i ponieważ czuję się przy nim szczęśliwa.

– Ale czy zamierzasz...? – Nie dokończyła.

Ja też nie skończyłam za nią tego zdania. Wiedziałam, o co chciała zapytać, ale w tamtym momencie swojego życia wciąż nie miałam zamiaru wychodzić powtórnie za mąż, więc zmilczałam, w nadziei, że do tego nie wrócimy.

Po chwili babka spróbowała raz jeszcze:

– Czy wy dwoje planujecie mieć...?

Znowu nie odpowiedziałam. Nie chciałam być ani niegrzeczna, ani szczególnie powściągliwa. Po prostu wiedziałam, że nie zamierzam mieć dzieci, a naprawdę nie chciałam jej rozczarować.

Moja blisko stuletnia babka wstrząsnęła mną wówczas. Uniosła dłonie i oświadczyła:

– Och, mogę przecież zapytać cię wprost! Teraz, kiedy spotkałaś takiego sympatycznego mężczyznę, nie zamierzasz chyba za niego wychodzić, mieć dzieci i skończyć z pisaniem książek, prawda?

Jak mam to wszystko rozumieć?

Jakie mam wyciągnąć wnioski, kiedy babka mówi, że najszczęśliwszą decyzją jej życia było zrezygnowanie ze wszystkiego dla męża i dzieci, i zaraz potem dodaje, że nie chce, bym dokonała takiego samego wyboru. Nie jestem pewna, jak pogodzić jedno z drugim, chyba muszę uwierzyć, że każde z tych stwierdzeń jest na swój sposób prawdziwe, choć zdają się wzajemnie wykluczać. Wierzę, że kobieta, która żyje tak długo jak moja babka, może sobie pozwolić na pewne sprzeczności i tajemnice. Jak większość z nas, ta kobieta mieści w sobie wiele osób. Poza tym, kiedy myślimy o kobietach i o małżeństwie, trudno o proste wnioski, a na zagadki natykamy się co krok.

Aby wyciągnąć jakiekolwiek wnioski z rozważań na temat kobiet i małżeństwa, musimy zacząć od zwykłego, przykrego faktu, że kobiety nie czerpią takich korzyści z małżeństwa jak mężczyźni. Nie wymyśliłam sobie tego i niechętnie to mówię, ale taka jest smutna prawda, poparta licznymi badaniami. Za to małżeństwo jako instytucja zawsze było dobrodziejstwem dla mężczyzn. Jak wskazują słupki wykresów aktuarialnych, jeśli jesteś mężczyzną i chcesz żyć długo, szczęśliwie i w dobrobycie, powinieneś się ożenić. Mężczyźni żonaci radzą sobie w życiu nieporównywalnie lepiej niż samotni. Żyją dłużej, są zamożniejsi, robią większą karierę, rzadko umierają gwałtowną śmiercią, co więcej, mężczyźni żonaci uważają się za szczęśliwszych i rzadziej niż samotni wpadają w alkoholizm, poddają się depresji i uzależniają od narkotyków.

„Trudno byłoby wymyślić układ bardziej niesprzyjający ludzkiemu szczęściu niż małżeństwo", pisał Percy Bysshe Shelley w 1813 roku i wcale nie miał racji, przynajmniej jeśli chodzi o szczęście m ę s k i e j części ludzkości. Statystycznie rzecz ujmując, wydaje się, że nie ma takiej rzeczy, której mężczyzna nie zyskiwałby dzięki małżeństwu.

Niestety, nie dotyczy to drugiej strony. Współczesnym mężatkom nie powodzi się lepiej niż ich samotnym odpowiedniczkom. Mężatki w Stanach Zjednoczonych nie żyją dłużej od kobiet samotnych, nie gromadzą tyle dóbr co kobiety niezamężne (sam fakt zmiany stanu cywilnego kosztuje je przeciętnie siedem procent dochodów), mężatki nie robią takiej kariery zawodowej jak kobiety samotne, są zdecydowanie mniej zdrowe i częściej zapadają na depresję niż kobiety niezamężne, obciążone są też większym ryzykiem gwałtownej śmierci... na ogół z rąk męża, co prowadzi do ponurego wniosku, że najbardziej niebezpieczną osobą w życiu przeciętnej kobiety jest jej małżonek.

Wszystko to zadziwieni socjologowie nazywają nierównością korzyści wynoszonych z małżeństwa... dość zgrabne określenie na dziwacznie smętny wniosek, że generalnie kobiety tracą na przysięgach małżeńskich, podczas gdy mężczyźni wiele zyskują.

Zanim jednak rzucimy się pod biurka i zapłaczemy – na co sama mam ochotę w związku z tym wnioskiem – muszę zapewnić wszystkich, że sytuacja się poprawia. Wraz z upływem lat i powiększającą się liczbą kobiet niezależnych nierówność korzyści wynoszonych z małżeństwa zmniejsza się, a wiele wskazuje na to, że pewne czynniki jeszcze bardziej ją obniżą. Im lepiej wykształcona jest mężatka, im lepiej zarabia, im później wychodzi za mąż, im mniej rodzi dzieci i im więcej pomocy w pracach domowych uzyskuje od męża, tym lepsza będzie jakość jej życia w małżeństwie. Jeśli kiedyś w historii Zachodu mógł istnieć dobry moment, żeby kobieta wychodziła za mąż, to są nim zapewne obecne czasy. Jeśli udzielasz swojej córce rad dotyczących przyszłości i chcesz, żeby kiedyś była szczęśliwa, to powinnaś ją zachęcać, by jak najdłużej się uczyła, by zwlekała z zamążpójściem, zarabiała na własne utrzymanie, planowała nie za dużo dzieci i znalazła sobie mężczyznę, który nie ma nic przeciwko umyciu wanny. Wtedy twoja córka ma szansę na życie prawie tak samo zdrowe, dostatnie i szczęśliwe jak życie jej przyszłego męża.

P r a w i e.

Tylko prawie, bo mimo że ten rozziew się zmienia, to nierówność korzyści wynoszonych z małżeństwa obowiązuje nadal. Skoro już wiadomo, że małżeństwo to w zasadzie dla kobiet układ niekorzystny, jest prawdziwą zagadką, dlaczego tak wiele z nich dąży do niego za wszelką cenę. Można by odpowiedzieć, że kobiety po prostu nie czytały statystyk, ale nie sądzę, by odpowiedź była taka prosta. Istnieje coś, co dotyczy kobiet i małżeństwa... coś głębszego, bardziej emocjonalnego, coś, czego zwykła kampania publiczna (NIE WYCHODŹ ZA MĄŻ PRZED TRZYDZIESTKĄ I DOPÓKI NIE UZYSKASZ NIEZALEŻNOŚCI FINANSOWEJ!!!) najprawdopodobniej ani nie zmieni, ani nie ukształtuje.

Zaintrygowana tym paradoksem, zwróciłam się do kilku moich znajomych w Stanach – takich, o których wiedziałam, że bardzo chciały wyjść za mąż. Ich ogromne pragnienie małżeństwa było czymś, czego osobiście nie doświadczyłam, i dlatego nie rozumiałam, a teraz chciałam spojrzeć na tę sprawę ich oczyma.

– O co tu chodzi? – zapytałam.

Otrzymałam kilka przemyślanych odpowiedzi i kilka zabawnych. Jedna z kobiet przedstawiła mi długi wywód na temat swojego pragnienia znalezienia mężczyzny, który mógłby się stać, jak to elegancko ujęła, „współświadkiem, za jakim zawsze tęskniłam”. Inna odpowiedziała, że potrzebuje rodziny „choćby po to tylko, by mieć dzieci. Chcę wreszcie użyć tych swoich ogromnych piersi do tego, do czego zostały stworzone”. A przecież w dzisiejszych czasach kobiety mogą budować związki partnerskie i mieć dzieci poza małżeństwem, skąd więc ta szczególna tęsknota do zalegalizowanego związku?

Kiedy ponownie postawiłam to pytanie, inna z moich niezamężnych przyjaciółek odpowiedziała: „Dla mnie chęć wyjścia za mąż wyraża pragnienie, by czuć się tą w y b r a n ą”. Dalej pisała o tym, że choć sama idea budowania wspólnego życia z inną osobą jest nęcąca, to tak naprawdę jej serce wypełnione jest pragnieniem przeżycia ceremonii ślubnej, publicznej uroczystości, „która jednoznacznie udowodni wszystkim, szczególnie zaś mnie samej, że jestem osobą na tyle cenną, by ktoś mógł mnie sobie wybrać na zawsze".

Cóż, mogłabym przyjąć, że kobieta przeszła pranie mózgu zafundowane przez amerykańskie środki masowego przekazu, które bezlitośnie sprzedają tę fantazję o wiecznej kobiecej doskonałości (piękna panna młoda w białej sukni, w aureoli z kwiatów i koronek, otoczona przez troskliwe druhny), odrzucam jednak takie wyjaśnienie. Jest ona bowiem inteligentną, oczytaną, rozsądną i zdrową na umyśle osobą; nie wierzę, by to filmy rysunkowe Disneya czy popołudniowe opery mydlane nauczyły ją pragnąć tego, czego pragnie. Uważam, że to są jej własne wewnętrzne pragnienia.

Uważam też, że nie wolno jej ganić ani nawet osądzać. Jest kobietą o wielkim sercu. Świat często nie dostrzegał w niej tej ogromnej zdolności do kochania i nie odwzajemniał jej uczuć. Nic więc dziwnego, że zmaga się z niespełnionymi emocjonalnymi pragnieniami i wątpi we własną wartość. Jakie lepsze potwierdzenie swojej wyjątkowości mogłaby znaleźć niż uroczysta ceremonia w pięknym kościele, gdzie wszyscy obecni widzieliby w niej księżniczkę, dziewicę, anioła, bezcenny skarb? Kto miałby ją winić za to, że chce – c h o ć   r a z – zakosztować tego uczucia?

Mam nadzieję, że będzie jej to dane... oczywiście z właściwą osobą. Na szczęście moja przyjaciółka jest wystarczająco zrównoważona psychicznie i nie zaciągnęła przed ołtarz pierwszego lepszego, całkiem nieodpowiedniego faceta tylko po to, by ten urzeczywistnił jej ślubne fantazje. Na pewno jednak są też kobiety, które dokonują takiej wymiany... oddają swoją przyszłą pomyślność (plus siedem procent dochodu, i nie zapomnijmy, kilka lat z przewidywanej długości życia) za jedno popołudnie niezbicie jawnego dowodu swojej wartości. Muszę w tym miejscu powtórzyć: Nie będę wyśmiewać tej potrzeby. Jako osoba, która zawsze pragnęła, by uważano ją za największy skarb, i która w związku z tym robiła różne niemądre rzeczy, r o z u m i e m   t o. Ale wiem też, że szczególnie my, kobiety, musimy bardzo się starać, by ostro i wyraźnie oddzielić nasze fantazje od rzeczywistości, i że czasami osiągnięcie stanu trzeźwej oceny zabiera wiele lat wysiłku.

Myślę o swojej kolejnej przyjaciółce, Christine, która uzmysłowiła sobie – w przeddzień czterdziestych urodzin – że bez końca odkładała prawdziwe dorosłe życie, czekając na jego zatwierdzenie w postaci dnia ślubu. Ona też nigdy nie poczuła się   w y b r a n a,   bo przecież nigdy nie przeszła przez kościół w białej sukni z welonem. Zatem przez jakieś dwa dziesięciolecia wykonywała te wszystkie czynności – pracowała, ćwiczyła, jadła, spała – wciąż w głębi serca czekając. Kiedy jednak przyszła czterdziestka i nie pojawił się żaden mężczyzna, by ją ukoronować jako swoją księżniczkę, uświadomiła sobie, że całe to czekanie było niedorzecznością. Nie, było czymś więcej niż niedorzeczność: było niewolą. A ona stała się zakładniczką idei, którą nazwała później tyranią panny młodej, więc postanowiła uwolnić się od tej klątwy.

A oto, co zrobiła: W swoje czterdzieste urodziny Christine wybrała się o świcie nad Pacyfik. Dzień był zimny i pochmurny. Nic romantycznego. Przywiozła ze sobą małą drewnianą łódkę, którą własnoręcznie zbudowała. Wypełniła ją płatkami róży i ryżem... ślubnymi symbolami.

Weszła po pas do zimnej wody i podpaliła łódkę. Potem ją puściła... w akcie osobistego wybawienia uwalniając wraz z nią swoje najbardziej uporczywe fantazje na temat małżeństwa. Powiedziała mi później, że kiedy ocean na zawsze zabrał tyranię panny młodej (wciąż gorejącą), poczuła niezwykłą moc, jakby dosłownie sama siebie przeniosła przez jakiś próg. W końcu poślubiła własne życie, i to ani odrobinę za wcześnie.

Można więc zrobić i tak.

Jednak muszę szczerze przyznać, że w mojej rodzinie nikt nigdy nie dokonał tak odważnego i świadomego aktu wyboru, który mógłby stanowić dla mnie przykład. Kiedy dorastałam, nie widziałam niczego, co choć trochę przypominałoby łódkę Christine. Nigdy nie widziałam żadnej kobiety z brawurą poślubiającej własne życie. Wszystkie kobiety, które miały na mnie największy wpływ (matka, babki, ciotki), były mężatkami w najbardziej tradycyjnym sensie tego słowa i wszystkie one, muszę to przyznać, wiele oddały przy tej małżeńskiej wymianie. Żaden socjolog nie musi mi mówić, co oznacza nierówność korzyści wynoszonych z małżeństwa; od dziecka miałam okazję być tego świadkiem.

Co więcej, nie muszę daleko szukać wyjaśnienia, dlaczego ta nierówność w ogóle istnieje. Przynajmniej w mojej rodzinie zawsze wynikała ona z większej gotowości kobiet do poświęcania się dla tych, których kochają. Jak napisała psycholog Carol Gilligan: „Poczucie prawości u kobiet jest splecione z kultem troski o innych, tak więc jeśli myślą o sobie samych jako kobietach, to zawsze widzą siebie w bliskich relacjach rodzinnych". Ten niepohamowany, wrodzony instynkt powodował często, że kobiety w mojej rodzinie dokonywały niekorzystnych dla siebie wyborów.

Poświęcały zdrowie i czas, rezygnowały z zainteresowań na rzecz tego, co uznały za ważniejsze... prawdopodobnie po to, by konsekwentnie umacniać w sobie poczucie, że są kimś wyjątkowym, wybranym i naprawdę bliskim. Podejrzewam, że podobnie może być w wielu innych rodzinach. Jestem oczywiście świadoma wyjątków i odstępstw od normy. Sama widziałam rodziny, w których mężowie dają z siebie więcej niż żony albo więcej czasu poświęcają na zajmowanie się domem i dziećmi niż one, albo też wykazują większą troskliwość niż żony... ale potrafię je zliczyć na palcach jednej ręki. (Którą to rękę przy okazji podnoszę, by pozdrowić tych mężczyzn oraz wyrazić uznanie i szacunek.) Dane z ostatniego spisu ludności przeprowadzonego w Stanach Zjednoczonych pokazują jednak rzeczywistość: W 2000 roku było w Ameryce około 5,3 miliona niepracujących zawodowo matek i tylko 140 tysięcy zajmujących się domem ojców, co stanowi zaledwie 2,6 procent wszystkich rodziców. Badanie to przeprowadzono dziesięć lat temu, miejmy zatem nadzieję, że proporcje te stopniowo ulegają zmianie, choć podejrzewam, że dzieje się to nie dość szybko. Ta rzadka istota – ojciec, który matkuje – nigdy jeszcze nie pojawiła się w historii mojej rodziny.

Nie bardzo rozumiem, dlaczego kobiety, z którymi jestem spokrewniona, dają z siebie tak wiele, by opiekować się innymi, ani dlaczego ja sama odziedziczyłam taką dużą dawkę tego samego... impulsu, by ciągle naprawiać i troszczyć się, by tkać tę skomplikowaną sieć opieki nad innymi, czasami nawet ze szkodą dla siebie. Czy to jest zachowanie wyuczone? Odziedziczone? Oczekiwane? Zdeterminowane biologicznie? Obiegowe sądy podają tylko dwa wyjaśnienia tej kobiecej skłonności do poświęceń i żadna z nich mnie

nie zadowala. Według jednej wersji kobiety są genetycznie uwarunkowane, by być opiekunkami, według drugiej, stały się ofiarami niesprawiedliwego świata patriarchalnego, w którym w m ó w i o n o im, że są genetycznie uwarunkowane, by być opiekunkami. Te dwa sprzeczne poglądy oznaczają, że kobiecą bezinteresowność albo się gloryfikuje, albo uważa za patologię. Robimy z kobiet, które się poświęcają dla innych, chodzące ideały albo niedorajdy, są dla nas albo święte, albo głupie. Nie wystarczy mi żadne z tych wyjaśnień, ponieważ w żadnym z tych opisów nie znajduję twarzy swoich krewnych. Jestem przekonana, że historia kobiet jest pełna bardziej zróżnicowanych odcieni.

Zastanówcie się nad przypadkiem mojej matki. I uwierzcie mi... ja to robię codziennie, od kiedy wiem, że ponownie wyjdę za mąż, bo teraz uważam, że powinnam przynajmniej spróbować zrozumieć małżeństwo matki. Psychologowie sugerują w takich dociekaniach cofnięcie się o co najmniej trzy pokolenia, aby tam poszukać jakichś danych na temat emocjonalnej spuścizny własnej rodziny. To prawie tak, jakbyśmy oglądali ją w trzech wymiarach, przy czym każdy wymiar rozwija wątek jednego pokolenia.

Podczas gdy babka była typową żoną farmera z czasów Wielkiego Kryzysu, matka należała do pokolenia kobiet, które ja nazywam „feministycznie kiełkującym". Mama urodziła się odrobinę za wcześnie, by stać się częścią ruchu wyzwolenia kobiet z lat siedemdziesiątych. Wychowano ją w przekonaniu, że dama powinna wyjść za mąż i rodzić dzieci z tego samego dokładnie powodu, dla którego jej torebka i pantofle zawsze powinny do siebie pasować: bo tak się robi. Ona przecież doszła do pełnoletności w latach pięćdziesiątych, w epoce, kiedy popularny doradca rodzinny doktor Paul Landes głosił, że każdy dorosły amerykański obywatel powinien wstąpić w związek małżeński, „z wyjątkiem chorych, ułomnych, zdeformowanych, niezrównoważonych i upośledzonych umysłowo".

Starając się cofnąć do tamtych czasów, żeby lepiej zrozumieć oczekiwania wobec małżeństwa, z jakimi wzrastała moja matka, zamówiłam przez internet stary propagandowy film o małżeństwie z 1950 roku, zatytułowany *Marriage for Moderns* („Małżeństwo dla współczesnych"). Film został wyprodukowany przez McGraw-Hill i opierał się na wiedzy i badaniach niejakiego profesora doktora Henry'ego A. Bowmana, dyrektora Katedry Życia Rodzinnego, na Wydziale Edukacji Małżeńskiej, w Stephens College w stanie Missouri. Kiedy trafiłam na tę staroć, byłam pewna, że zobaczę aktorki i aktorów w wymyślnych koafiurach, perłach i krawatach, otoczonych wianuszkiem prześlicznych dzieci i wygłaszających afektowane banały powojennego czasu na temat rodziny i ogniska domowego.

Film mnie jednak zaskoczył. Historia zaczyna się od zwyczajnie wyglądającej pary młodych ludzi. Są skromnie ubrani, siedzą na parkowej ławce pogrążeni w poważnej, spokojnej rozmowie. Jednocześnie słyszymy wiarygodnie brzmiący głos mężczyzny, mówiącego o tym, jak „w dzisiejszej Ameryce" trudno może być młodym ludziom decydować się na małżeństwo, ponieważ życie stało się ciężkie. W naszych miastach straszą „zaniedbane pod względem społecznym dzielnice zwane slumsami", wyjaśnia narrator, a my wszyscy żyjemy w „epoce niepewności, niepokojów i chaosu, w stałym zagrożeniu wojną". Gospodarka jest w kłopotach, „a rosnące koszty utrzymania idą w parze z malejącymi zarobkami". (W tym momencie widzimy młodego przygnębionego człowieka przechodzącego obok wiszącej na budynku tablicy z napisem MIEJSC

PRACY BRAK, NIE PRZYJMUJEMY ZGŁOSZEŃ.) Tymczasem „na każde cztery małżeństwa jedno kończy się rozwodem". Nic więc dziwnego, że trudno jest parom zdecydować się na ślub. „To nie tchórzostwo każe się ludziom zastanawiać – wyjaśnia narrator – ale naga rzeczywistość". Nie wierzyłam własnym uszom. Nie spodziewałam się znaleźć tutaj „brutalnej rzeczywistości". Czyż tamto dziesięciolecie nie było naszym złotym wiekiem... naszym rozkosznym matrymonialnym rajem, czasem, w którym rodzina, praca i małżeństwo były uświęconymi ideałami? Film natomiast sugeruje, że przynajmniej dla niektórych par problemy związane z małżeństwem nie były w roku 1950 mniejsze niż kiedykolwiek indziej.

Film zwraca szczególną uwagę na Phyllis i Chada, niedawno poślubioną parę, starającą się związać koniec z końcem. Kiedy pierwszy raz widzimy Phyllis, stoi w kuchni i zmywa naczynia. Natomiast od narratora dowiadujemy się, że zaledwie kilka lat wcześniej ta sama młoda kobieta „barwiła preparaty na szkiełkach pod mikroskopem w uniwersyteckim laboratorium patologii, zarabiając na siebie, żyjąc własnym życiem". Phyllis była czynna zawodowo, słyszymy, miała tytuł naukowy i uwielbiała swoją pracę. („Samotne kobiety nie okrywają się towarzyską hańbą jak wtedy, kiedy nasi rodzice nazywali je starymi pannami".) Kamera pokazuje, jak Phyllis robi zakupy spożywcze, a narrator wyjaśnia: „Phyllis nie wyszła za mąż z p r z y-m u s u. Miała wybór. Ludzie współcześni, tacy jak ona, uważają małżeństwo za stan dobrowolny. Wolność wyboru to współczesny przywilej i współczesna odpowiedzialność". Phyllis, słyszymy, wyszła za mąż z własnej i nieprzymuszonej woli, ponieważ uznała, że potrzebuje rodziny i dzieci

221

bardziej niż kariery zawodowej. Do niej należała decyzja i jej się trzyma, choć wiele musiała poświęcić.

Wkrótce jednak widzimy oznaki napięcia.

Phyllis i Chad najwyraźniej poznali się kiedyś na uniwersyteckich zajęciach z matematyki, „z której ona miała lepsze stopnie. Teraz jednak on jest inżynierem, a ona gospodynią domową". Pewnego popołudnia Phyllis obowiązkowo prasuje mężowskie koszule. Nagle jednak uwagę naszej bohaterki przyciąga projekt, jaki jej mąż przygotowuje na konkurs architektoniczny. Wyjmuje swój suwak logarytmiczny i zaczyna sprawdzać jego obliczenia, wiedząc, że on na to liczy. („Oboje wiedzą, że jest lepsza z matematyki od niego".) Traci poczucie czasu. Tak bardzo zagłębia się w obliczenia, że nie kończy prasowania, a potem nagle uświadamia sobie, że nie zdąży na wizytę w przychodni, gdzie miała rozmawiać o swojej (pierwszej) ciąży. Zupełnie zapomniała o dziecku w brzuchu, bo była tak bardzo pochłonięta obliczeniami.

Wielkie nieba, cóż to za gospodyni domowa z lat pięćdziesiątych? – pomyślałam.

„Typowa", mówi narrator, jakby usłyszał moje pytanie. „Współczesna".

Historia toczy się dalej. Wieczorem ciężarna Phyllis, matematyczna czarodziejka, oraz jej uroczy małżonek Chad siedzą w maleńkim mieszkaniu i palą papierosy. (Ach, ten świeży nikotynowy smak ciąż z lat pięćdziesiątych!) Pracują wspólnie nad planami nowego budynku projektowanego przez Chada. Dzwoni telefon. To przyjaciel Chada, który ma ochotę iść do kina. Chad spogląda na Phyllis, czekając na jej przyzwolenie. Jednak Phyllis jest przeciwna. Ostateczny termin oddania prac konkursowych mija w następnym tygodniu i plany muszą być skończone.

Oboje tak ciężko nad nimi pracowali! Ale Chadowi bardzo zależy na zobaczeniu tego filmu! Phyllis nie ustępuje; cała ich przyszłość zależy od tego projektu! Chad ma zawiedzioną minę, prawie jak dziecko. Jednak w końcu rezygnuje, trochę się bocząc, i daje się Phyllis zaciągnąć z powrotem do stołu kreślarskiego.

Nasz wszechwiedzący narrator analizuje tę scenę i wyraża swoją aprobatę. Phyllis nie jest jędzą, wyjaśnia. Ma wszelkie prawo wymagać, by Chad został w domu i dokończył projekt, który może mieć ogromne znaczenie dla ich przyszłości.

„Zrezygnowała dla niego z kariery – oznajmia dobitnym tonem narrator – i chce, żeby ta ofiara nie poszła na marne".

Oglądając ten film, doznawałam dziwnej mieszaniny uczuć. Byłam zażenowana, bo nigdy nawet mi nie przyszło do głowy, że amerykańskie pary z lat pięćdziesiątych mogły prowadzić tego typu rozmowy. Dlaczego bezkrytycznie przyjmowałam konwencjonalną kulturową nostalgię za tamtym okresem, tymi niby „prostszymi czasami"? Czy jakieś czasy są w ogóle proste dla tych, którzy w nich żyją? Jednocześnie poruszyło mnie to, że twórcy filmu w jednoznaczny sposób pokazali, po czyjej są stronie, starając się przekazać młodym amerykańskim żonkosiom istotne przesłanie: „Twoja piękna, inteligentna małżonka, koleś, zrezygnowała dla ciebie z wszystkiego, więc, do cholery, uszanuj jej poświęcenie, przyłóż się do pracy, żeby zapewnić jej dobrobyt i bezpieczeństwo".

Poruszające było również to, że ta pełna zrozumienia reakcja na poświęcenie kobiety wyszła od mężczyzny, i to w dodatku od osoby tak wiarygodnej jak profesor doktor Henry A. Bowman, dyrektor Katedry Życia Rodzinnego, na Wydziale Edukacji Małżeńskiej, w Stephens College w stanie Missouri.

Nie potrafiłam powstrzymać się od wyobrażenia sobie, jak wyglądało życie Phyllis i Chada po kilkunastu latach... kiedy osiągnęli dobrobyt, a dzieci podrosły. Całe życie Phyllis upływa w domu, a Chad zaczyna się zastanawiać, dlaczego przez te wszystkie lata rezygnował z tylu przyjemności, by być oddanym żywicielem rodziny, a w nagrodę ma sfrustrowaną żonę, zbuntowane nastoletnie dzieci, sflaczałe ciało i nudną pracę. Czy nie takie pytania wybuchały jak Ameryka długa i szeroka pod koniec lat siedemdziesiątych, rozbijając wiele małżeństw? Czy profesor Bowman – albo ktokolwiek inny – mógł przewidzieć tę nadchodzącą kulturową burzę?

Och, życzę wam pomyślności, Chadzie i Phyllis!

Życzę pomyślności wszystkim!

Życzę pomyślności moim rodzicom!

Moja matka określiłaby siebie samą jako pannę młodą z lat pięćdziesiątych (choć wyszła za mąż w 1966 roku, jej zapatrywania na temat małżeństwa pochodziły z czasów Mamie Eisenhower). Bieg zdarzeń spowodował jednak, że stała się żoną z lat siedemdziesiątych. Była wtedy mężatką zaledwie od pięciu lat i jej córki dopiero co wyrosły z pieluch, kiedy w Amerykę uderzyła wielka fala feministycznych niepokojów i wstrząsnęła wszystkimi dotychczasowymi przekonaniami na temat małżeństwa i poświęcenia.

Zważcie proszę, feminizm nie pojawił się z dnia na dzień, jakby się czasami mogło wydawać. Nie było tak, że kobiety w świecie zachodnim po prostu obudziły się pewnego ranka podczas rządów Nixona, doszły do wniosku, że mają już dość, i wyszły na ulice. Idee feministyczne krążyły

224

po Europie i Ameryce Północnej przez całe dziesięciolecia, jeszcze zanim urodziła się moja matka, ale – jak na ironię – to nadzwyczaj dobra koniunktura gospodarcza lat pięćdziesiątych wywołała wrzenie, które określiło charakter lat siedemdziesiątych. Kiedy podstawowe potrzeby ich rodzin zostały w ogromnym stopniu zaspokojone, kobiety mogły wreszcie zwrócić uwagę na takie subtelniejsze sprawy, jak społeczna niesprawiedliwość, i zaspokoić własne potrzeby emocjonalne. Co więcej, w Ameryce pojawiła się nagle liczna klasa średnia (moja matka również do niej weszła, bo choć pochodziła z ubogiej rodziny, to wykształciła się na pielęgniarkę i miała za męża inżyniera chemika). Jej członkowie korzystali z ułatwiających życie wynalazków, takich jak pralki i lodówki, kupowali gotowe produkty żywnościowe, gotową odzież i mieli w domach bieżącą gorącą wodę (udogodnienia, o jakich moja babcia Maude w latach trzydziestych mogła jedynie marzyć), i to wszystko pierwszy raz w historii dało kobietom wolny czas... a przynajmniej trochę wolnego czasu.

Co więcej, dzięki środkom masowego przekazu nie trzeba było już mieszkać w wielkim mieście, by usłyszeć o nowych rewolucyjnych koncepcjach; gazety, telewizja i radio przynosiły nowomodne społeczne idee wprost do kuchni w Iowa. Ogromna liczba zwykłych kobiet miała teraz czas (a także zdrowie, stałą możliwość komunikowania się z innymi i umiejętność czytania i pisania), by zacząć zadawać pytania w stylu: Chwileczkę... czego ja tak naprawdę chcę od życia? Czego chcę dla moich córek? Dlaczego codziennie wieczorem stawiam posiłek przed tym mężczyzną? A jeśli sama też chcę pracować poza domem? Czy wolno mi zdobyć wykształcenie, nawet jeśli mój mąż go nie ma? A tak przy okazji, dlaczego nie mogę założyć własnego konta w banku? I czy rzeczywiście muszę urodzić jeszcze więcej dzieci?

To ostatnie pytanie było najważniejsze i miało największą moc przekształcającą. Choć w Ameryce od lat dwudziestych dostępne były ograniczone formy kontroli urodzeń (przynajmniej dla tych kobiet, które miały pieniądze i nie były katoliczkami), to dopiero w drugiej połowie dwudziestego wieku wraz z wynalezieniem i rozpowszechnieniem pigułki antykoncepcyjnej mogła nastąpić zmiana społecznego dyskursu na temat posiadania dzieci i małżeństwa. Jak napisała historyk, Stephanie Coontz: „Dopóki kobiety nie miały dostępu do bezpiecznego i skutecznego środka antykoncepcyjnego, który pozwalał im decydować, kiedy rodzić dzieci i ile ich mieć, ich wpływ na własne życie i małżeństwo był bardzo ograniczony".

Moja babka urodziła siedmioro dzieci, natomiast moja matka tylko dwoje. Ta ogromna zmiana dokonała się w ciągu zaledwie jednego pokolenia. Mama miała także odkurzacz i łazienkę, co ułatwiło jej zajmowanie się domem. Zostawało jej więc trochę czasu, by mogła poświęcić nieco uwagi innym sprawom, a w latach siedemdziesiątych pojawiło się już parę spraw do przemyślenia. Moja matka nigdy nie uważała się za feministkę... chcę, by było to jasne. Nie była jednak głucha na głosy tej nowej rewolucji. Będąc spostrzegawczym „środkowym" dzieckiem z dużej rodziny, nauczyła się pilnie słuchać... i możecie mi wierzyć, słuchała szczególnie uważnie wszystkiego, co mówiono o prawach kobiet, i mnóstwo z tego, co słyszała, brzmiało dla niej sensownie. Pierwszy raz dyskutowano otwarcie o sprawach, które już od dawna w skrytości ducha przemyśliwała.

Najważniejsze były kwestie dotyczące ciała i seksualności kobiety oraz narosłej wokół nich hipokryzji. Mieszkając w małej farmerskiej społeczności w Minnesocie, matka była świadkiem szczególnie nieprzyjemnego dramatu, którego kolejne odsłony rozgrywały się każdego roku to w jednym domu, to w drugim, kiedy któraś z dziewczyn stwierdzała, że jest w ciąży i „musi wyjść za mąż". Tak naprawdę do większości małżeństw dochodziło właśnie w ten sposób. Jednak za każdym razem – każdym bez wyjątku – taka sytuacja była niezwykle kompromitująca dla najbliższych krewnych dziewczyny, a dla niej samej oznaczała publiczne potępienie. Za każdym razem cała społeczność zachowywała się, jakby taki gorszący przypadek zdarzył się po raz pierwszy, a nie powtarzał pięć razy na rok w różnych pod każdym względem rodzinach.

Młodemu mężczyźnie, który zapłodnił dziewczynę, oszczędzano jednak hańby. Na ogół uznawano go za niewinnego albo za nieszczęsną ofiarę uwiedzenia lub usidlenia. Jeśli ożenił się z dziewczyną, uważano ją za szczęściarę. Był to z jego strony niemalże akt dobroczynności. Jeśli jej nie poślubił, odsyłano ją gdzieś na czas ciąży, podczas gdy chłopak dalej chodził do szkoły albo pracował na farmie, jakby nigdy nic. W zbiorowym myśleniu społeczności ten chłopiec nawet nie był obecny w pokoju, w którym odbywał się akt seksualny. Jego rola w poczęciu była dziwnie, niemalże biblijnie niepokalana.

Moja matka obserwowała ten dramat przez wszystkie kształtujące jej osobowość lata i całkiem wcześnie doszła do dość wyrafinowanego wniosku: Jeśli mamy do czynienia ze społeczeństwem, w którym moralność seksualna kobiety znaczy w s z y s t k o, a moralność seksualna mężczyzny nie znaczy n i c, to jest to wypaczone, nieetyczne społeczeństwo. Nigdy wcześniej nie przypisywała swoim odczuciom takich konkretnych słów, ale kiedy na początku lat siedemdziesiątych kobiety zaczęły mówić głośno, usłyszała wreszcie, jak artykułują jej własne idee. Spośród wszystkich spraw z feministycznego programu – równość szans przy zatrudnieniu, równy dostęp do wykształcenia, równość wobec prawa, większa równoprawność współmałżonków – tak naprawdę do serca matki najbardziej trafiał problem sprawiedliwości społecznej w sprawach dotyczących seksu.

Zachęcona swoimi przekonaniami przyjęła pracę w instytucji o nazwie Świadome Rodzicielstwo, w Torrington w stanie Connecticut, kiedy byłyśmy jeszcze z siostrą całkiem małe. Posadę tę zawdzięczała zawodowi pielęgniarki, natomiast ważna dla zespołu stała się dzięki swoim umiejętnościom zarządzania. Wkrótce koordynowała pracę całego biura Świadomego Rodzicielstwa, które zaczęło działalność w zwykłym salonie, ale szybko rozwinęło się w prawdziwą przychodnię. To był ekscytujący czas. Wtedy jeszcze otwarte dyskusje o środkach antykoncepcyjnych albo – nie daj Boże – o aborcji uważano za niedopuszczalne. Kiedy mnie poczęto, prezerwatywy w Connecticut były wciąż nielegalne, a miejscowy biskup dopiero co stwierdził przed stanową izbą ustawodawczą, że jeśli zniesione zostaną ograniczenia w dostępie do środków antykoncepcyjnych, to w ciągu dwudziestu pięciu lat ze stanu pozostaną „dymiące zgliszcza".

Matka uwielbiała tę pracę. Znajdowała się na linii frontu rewolucji zdrowotnej, podczas której łamano wszystkie zasady, mówiąc otwarcie o ludzkiej seksualności, starając się otworzyć przychodnię Świadomego Rodzicielstwa w każdym hrabstwie stanu, zachęcając młode kobiety, by same dokonywały wyborów dotyczących ich własnego ciała, obalając mity i plotki na temat ciąży i chorób wenerycznych, zwalczając pruderyjne przepisy prawa i – przede wszystkim – oferując zmęczonym matkom (i prawdę mówiąc, zmęczonym ojcom) możliwość wyboru, jakiego wcześniej nie miały. Można by pomyśleć, że wykonując tę pracę, znalazła sposób, by zadośćuczynić wszystkim kuzynkom, ciotkom, przyjaciółkom i sąsiadkom, które w przeszłości cierpiały z braku wyboru. Moja matka przez całe życie ciężko pracowała, jednak ta praca – ta konkretna praca – wyrażała głębię jej istoty i była jej wielką radością. Po czym, w 1976 roku, ją rzuciła.

Decyzję matki przypieczętował ten tydzień, kiedy miała wziąć udział w ważnej konferencji w Hartford, a moja siostra i ja zachorowałyśmy na ospę wietrzną. Jedna z nas miała dziesięć, druga siedem lat i oczywiście musiałyśmy zostać w domu. Matce bardzo zależało na tej konferencji i poprosiła ojca, żeby wziął dwa dni wolnego i został z nami. Powiedział nie.

Słuchajcie, nie zamierzam tutaj ganić swojego ojca. Kocham go całym sercem i na jego obronę muszę stwierdzić: *Wyrazy ubolewania złożono.* Natomiast tak jak moja matka była panną młodą lat pięćdziesiątych, tak ojciec był panem młodym lat pięćdziesiątych. Nigdy nie chciał ani nigdy się nie spodziewał, że jego żona będzie pracować poza domem. Nie prosił, by ruch feministek pojawił się na jego wachcie, niespecjalnie go interesowały problemy zdrowotne związane z życiem seksualnym kobiet. Jeśli już o tym mowa, nie ekscytował się pracą mojej matki. To, co ona postrzegała jako karierę zawodową, on widział jako hobby. Nie miał nic przeciwko jej hobby... byle tylko w żaden sposób nie przeszkadzało ono jego stylowi życia. Mogła więc mieć tę swoją posadę, jeśli zajmowała się wszystkim w domu. A było tam wiele do zrobienia, bo moi rodzice prowadzili też niewielką farmę. Jednak jakimś cudem do tego przypadku z ospą wietrzną matka radziła sobie ze wszystkim. Pracowała na pełen etat, uprawiała ogród, sprzątała dom, gotowała, zajmowała się dziećmi, doiła kozy i zawsze była na miejscu, kiedy ojciec wracał do domu o siedemnastej trzydzieści. Kiedy jednak przyszła ta ospa wietrzna i ojciec nie chciał zrezygnować z dwóch dni własnego życia, by zająć się dziećmi, nagle okazało się, że to dla niej za dużo.

W tamtym tygodniu matka dokonała wyboru. Zrezygnowała z pracy i postanowiła zostać w domu z moją siostrą i ze mną. Nie, żeby już nigdy nie pracowała poza domem (zawsze miała taką czy inną pracę na godziny przez te lata, kiedy dorastałyśmy), ale jej zawodowa kariera definitywnie się skończyła. Jak wyjaśniła mi później, doszła do wniosku, że musi wybrać między rodziną a powołaniem, bo nie jest w stanie wymyślić, jak pogodzić jedno z drugim bez wsparcia i zachęty ze strony męża. Zrezygnowała więc z pracy.

Nie trzeba chyba dodawać, że był to niewątpliwy zgrzyt w jej małżeństwie. W przypadku innej kobiety ten incydent mógłby oznaczać koniec związku. Dużo kobiet z kręgu mojej matki rozwodziło się w tamtych latach, i to z podobnych powodów. Jednak moja matka nie zwykła podejmować decyzji pochopnie. Bacznie i spokojnie obserwowała pracujące matki, które dostawały rozwód, i próbowała sprawdzić, czy ich życie się polepszyło. Mówiąc szczerze, nie widziała znaczącej poprawy. Kobiety te były zmęczone i rozgoryczone w małżeństwie i takie pozostały po rozwodzie. Matka miała wrażenie, że tylko zamieniły dawne kłopoty na nowe... włącznie z nowymi przyjaciółmi i nowymi mężami, którzy niekoniecznie okazywali się lepsi. Poza tym moja matka była (i jest) do szpiku kości konserwatywna. Wierzyła w świętość małżeństwa. Co więcej, kochała mojego ojca, choć była na niego zła i chociaż ją bardzo zawiódł.

Podjęła więc decyzję, uszanowała małżeńską przysięgę i bardzo prosto rzecz ujęła: „Wybrałam rodzinę".

Czy będzie to zbyt oczywiste, jeśli powiem, że przed tego rodzaju wyborem stanęło wiele, bardzo wiele kobiet? Z jakiegoś powodu przychodzi mi na myśl żona Johnny'ego Casha: „Mogłam nagrać więcej płyt – powiedziała June w późniejszych latach – ale chciałam żyć w małżeństwie". Jest mnóstwo takich historii. Nazywam to syndromem cmentarnym Nowej Anglii. Odwiedźcie jakikolwiek cmentarz w Nowej Anglii, taki z dwustu- albo trzystuletnią historią – a znajdziecie tam skupiska nagrobków rodzinnych – często w długim, równym rzędzie pochowane jest jedno niemowlę obok drugiego. Dzieci umierały każdej zimy, przez całe lata. Umierało ich mnóstwo. I matki robiły to, co musiały: Grzebały utracone dzieci, opłakiwały stratę i żyły dalej, starając się przetrwać kolejną zimę.

Oczywiście współczesne kobiety nie muszą borykać się z tak bolesnymi stratami... przynajmniej nie tak często jak kobiety w dawnych pokoleniach. To prawdziwe błogosławieństwo. Nie dajmy się jednak zwieść i nie zakładajmy, że życie kobiet jest teraz łatwe ani że już nie przynosi im bólu i straty. Uważam, że wiele kobiet, w tym moja matka, nosi w sobie sekret cmentarza w Nowej Anglii. Spokojnie grzebią marzenia, z których zrezygnowały dla swoich rodzin. Na przykład nigdy nienagrane płyty June Carter Cash spoczywają na tym cichym cmentarzu utraconych marzeń obok skromnej, ale zdecydowanie zasługującej na uwagę kariery zawodowej mojej matki.

I tak oto kobiety przystosowują się do swojej nowej rzeczywistości. Opłakują po swojemu stratę – często skrycie –

i żyją dalej. Przynajmniej kobiety z mojej rodziny są bardzo dobre w przełykaniu rozczarowań i podążaniu dalej. Mają, jak mi się zawsze wydawało, jakąś zadziwiającą zdolność przechodzenia z jednego stanu skupienia w drugi, kiedy trzeba, opływają potrzeby partnerów albo dzieci, kiedy indziej przyjmują cechy ciała stałego. Dopasowują się, przystosowują, prześlizgują, akceptują. Ich plastyczność jest zadziwiająca. Dorastałam, obserwując matkę, która każdego dnia stawała się tym, czego ten dzień od niej wymagał. Wytwarzała skrzela, kiedy ich potrzebowała, wypuszczała skrzydła, kiedy skrzela stawały się zbyteczne, potrafiła być szybka jak strzała albo niewiarygodnie cierpliwa, jeśli tego wymagały okoliczności.

Mój ojciec nie był ani trochę plastyczny. Był mężczyzną, inżynierem, niewzruszonym i stałym. Nie zmieniał się. Był t a t ą. Skałą w strumieniu. Wszystkie krążyłyśmy wokół niego, ale najbardziej moja matka. Ona była tą nieustannie opływającą go falą. Dzięki tej niezwykłej umiejętności dostosowania stworzyła dla nas najlepszy z możliwych światów. Podjęła decyzję o odejściu z pracy i pozostaniu w domu, ponieważ wierzyła, że rodzina zyska najbardziej na takim wyborze, i muszę uczciwie przyznać: tak rzeczywiście było. Kiedy mama odeszła z pracy, życie nas wszystkich (z wyjątkiem jej życia) stało się o wiele przyjemniejsze. Tata miał znowu żonę na pełen etat, a Catherine i ja pełnoetatową mamę. Moja siostra i ja, powiem szczerze, nie przepadałyśmy za tym okresem, kiedy mama pracowała dla Świadomego Rodzicielstwa. W naszym rodzinnym miasteczku nie było wtedy żadnej zorganizowanej formy opieki nad dziećmi, więc po szkole musiałyśmy często przesiadywać w domach różnych sąsiadów. Miałyśmy frajdę z oglądania u nich telewizji (moi rodzice nie uznawali tego wynalazku), ale i tak nie lubiłyśmy naprędce kleconej opieki. Muszę przyznać, że byłyśmy zachwycone, kiedy matka porzuciła swoje marzenia i nic już jej od nas nie odrywało. Uważam jednak, że najbardziej skorzystałyśmy na tym, że matka nie odeszła od ojca. Rozwód jest dla dzieci przeżyciem okropnym i często pozostawia trwałe blizny na psychice. Oszczędzono nam tego. Miałyśmy w domu troskliwą mamę, która każdego dnia, kiedy wracałyśmy ze szkoły, czekała na nas w drzwiach, koordynowała nasze codzienne życie i stawiała na stole obiad, gdy tata wracał z pracy. Nie musiałam tak jak tyle moich przyjaciółek z rozbitych rodzin poznawać nowej laleczki ojca; Boże Narodzenie zawsze było w tym samym miejscu; poczucie trwałości rodziny pozwalało mi się skupiać na odrabianiu lekcji, a nie na rodzinnych kłopotach... i czułam się z tym znakomicie.

Chcę jednak w tym miejscu podkreślić, utrwalić to na zawsze w druku, choćby tylko po to, by uhonorować moją matkę: ogromna większość dobrodziejstw, jakich doznałam w dzieciństwie, wzięła się z popiołów jej osobistego poświęcenia. Podczas gdy nasza rodzina jako całość ogromnie skorzystała na tym, że matka zrezygnowała z kariery zawodowej, to jej własne życie już tak bardzo na tym nie skorzystało. W końcu i tak robiła to, co zawsze robiły jej antenatki: Szyła zimowe palta dla swoich dzieci z resztek materii pozostałej po tych własnych głębokich pragnieniach.

A tak przy okazji, o to mam właśnie pretensje do społecznych konserwatystów, powtarzających w kółko, że najlepsza dla dziecka rodzina to taka, w której ojciec wychodzi do pracy, a matka zostaje w kuchni. Czy jeśli ja – jako beneficjentka takiego właśnie wzorca – przyznam, że moje życie rzeczywiście wzbogaciło się dzięki dokładnie takiej rodzinnej strukturze, to konserwatyści będą gotowi (choć raz!) przyznać, że tego rodzaju rozwiązanie zawsze w sposób nieproporcjonalny obciąża kobiety? Wymaga ono od matek bezinteresowności równoznacznej z całkowitym usunięciem się w cień, by mogły stworzyć wzorowe środowisko dla swoich rodzin. I czy ci sami społeczni konserwatyści zechcieliby może – zamiast wychwalać matki jako te „święte" i „szlachetne" – dołączyć któregoś dnia do szerszej debaty nad tym, jak moglibyśmy popracować wspólnie jako społeczeństwo nad zbudowaniem świata, w którym rosną zdrowe dzieci wychowujące się w zdrowych i dobrze prosperujących rodzinach, a dla osiągnięcia tego celu kobiety nie muszą ogałacać samych siebie z własnych pragnień?

Wybaczcie tę tyradę.

To jest dla mnie naprawdę wielka, ogromnie ważna sprawa.

Może właśnie dlatego, że widziałam, jaki jest koszt macierzyństwa w życiu kobiet, które kocham i podziwiam, zbliżam się do czterdziestki i nie odczuwam najmniejszego pragnienia posiadania dziecka.

Oczywiście jest to raczej dość istotna kwestia do przedyskutowania w przeddzień ślubu, więc muszę się nią w tym miejscu zająć... choćby tylko dlatego, że plany matrymonialne oraz posiadanie dziecka w naszej kulturze i w naszych umysłach nierozerwalnie się ze sobą łączą. Wszyscy znamy tę rymowankę, prawda? „Najpierw miłość, potem śluby, wreszcie w wózeczku dzieciaczek luby?" Nawet samo słowo „matrymonialny" pochodzi od łacińskiego słowa „matka". Nie mówimy o planach „patrymonialnych", bo słowo „matrymonialne" niesie w sobie nieodłączną ideę macierzyństwa, jakby to same dzieci tworzyły małżeństwo: Tak się składa, że rzeczywiście często właśnie dzieci tworzą małżeństwo. Wiele par w dziejach ludzkości zawarło związek małżeński z powodu nieplanowanej ciąży, inni z kolei czekali ze ślubem na ciążę, by mieć pewność, że bezpłodność nie okaże się w przyszłości problemem. Jak inaczej można się było dowiedzieć, czy potencjalna panna młoda albo pan młody mogą mieć potomstwo, jeśli się tego nie sprawdziło? Historyk Nancy Cott odkryła, że często działo się tak wśród pierwszych amerykańskich kolonistów; wiele ich małych społeczności uważało ciążę za akceptowany sygnał, że przyszedł czas, by para młodych zawiązała węzeł małżeński.

Wraz z nadejściem ery nowoczesności i łatwego dostępu do środków kontroli urodzin problem prokreacji stał się bardziej zniuansowany i zawiły. Teraz nie mamy już do czynienia ze stwierdzeniem „dzieci równa się małżeństwo" i nawet już niekoniecznie z „małżeństwo równa się dzieci"; w dzisiejszych czasach rzecz sprowadza się do trzech podstawowych kwestii: kiedy, jak i czy. Jeśli przypadkiem ty i twój współmałżonek różnicie się w poglądach na tę sprawę, życie małżeńskie może się stać niezwykle skomplikowane, ponieważ często uczucia w tej materii nie podlegają negocjacjom.

Wiem o tym z bolesnego osobistego doświadczenia, ponieważ moje pierwsze małżeństwo rozpadło się – w znacznej mierze – z powodu podejścia do kwestii dzieci. Dla mojego ówczesnego męża było oczywiste, że pewnego dnia będziemy mieć dzieci. Miał wszelkie prawa do takiego założenia, zresztą ja sama myślałam podobnie, choć już nie byłam tak do końca pewna, k i e d y będę chciała je mieć. W dzień ślubu perspektywa ewentualnej ciąży i rodzicielstwa wydawała mi się wygodnie odległa; było to wydarzenie, do którego miało dojść kiedyś „w przyszłości", „w stosownym momencie" i „kiedy będziemy oboje gotowi". Przyszłość czasami nadchodzi jednak szybciej, niż się spodziewamy, i ten odpowiedni moment niekoniecznie zapowiada się wystarczająco wyraźnie. Problemy, jakie zaistniały w moim małżeństwie, wkrótce kazały mi zwątpić, czy ten mężczyzna i ja będziemy kiedykolwiek tak naprawdę gotowi, by poradzić sobie z wyzwaniem, jakim jest wychowywanie dzieci.

Co więcej, podczas gdy jakaś mglista koncepcja macierzyństwa wydawała mi się zawsze czymś naturalnym, to rzeczywistość – w miarę upływu czasu – napawała mnie jedynie przerażeniem i smutkiem. W końcu odkryłam, że nic we mnie nie woła o dziecko. W moim łonie zabrakło tego słynnego tykającego zegara. W przeciwieństwie do wielu moich znajomych, nie spoglądałam tęsknie na każde niemowlę, którc się pojawiło w zasięgu mojego wzroku. (Za to patrzyłam tęsknie na każdy napotkany antykwariat z dobrymi książkami.) Każdego ranka poddawałam się sama różnym testom, żeby poszukać w sobie pragnienia zajścia w ciążę, i nigdy go nie znajdowałam. Nie było żadnego imperatywu, a ja uważam, że posiadanie dzieci musi wynikać z silnego pragnienia, a nawet poczucia przeznaczenia, ponieważ jest to takie ogromne przedsięwzięcie. Obserwowałam to pragnienie u innych ludzi, wiem, jak ono wygląda. Sama jednak nigdy go nie doświadczyłam.

Co więcej, wraz z upływem czasu odkryłam, jak bardzo uwielbiam pracę pisarki i że nie chcę zrezygnować nawet z jednej godziny obcowania z nią. Podobnie jak Jinny z powieści *Fale* Virginii Woolf, czułam czasami, że rodzą się we mnie „tysiące możliwości", a ja chciałam je wszystkie wyłapać i wszystkim pozwolić się uwidocznić. Kilkadziesiąt lat temu powieściopisarka Katherine Mansfield napisała w jednym ze swoich młodzieńczych pamiętników: „Chcę p r a c o w a ć!"... to z pasją podkreślone pragnienie wciąż sięga z dalekiej przeszłości wprost do mego serca.

Ja też chciałam p r a c o w a ć. Nieprzerwanie. Radośnie. A jak to robić, mając dziecko? Coraz bardziej przejęta tą kwestią i świadoma rosnącej niecierpliwości męża, spędziłam dwa szalone lata, nagabując napotkane kobiety – mężatki, osoby samotne, bezdzietne, artystki, przykładne matki – o ich wybory oraz o konsekwencje tych wyborów. Miałam nadzieję że ich odpowiedzi pomogą mi rozwiązać ten dylemat, ale zetknęłam się z taką różnorodnością doświadczeń, że ostatecznie byłam jeszcze bardziej zdezorientowana.

Spotkałam na przykład kobietę (artystkę pracującą w domu), która powiedziała: „Ja też miałam wątpliwości, ale w chwili, w której urodziło mi się dziecko, wszystko inne w życiu przestało się liczyć. Nic nie jest dla mnie ważniejsze niż mój syn".

Inna kobieta (którą uważam za jedną z najlepszych matek, jakie znam, i której dorosłe już dzieci są wspaniałymi i odnoszącymi sukcesy ludźmi) przyznała, ku mojemu najwyższemu zdumieniu: „Kiedy spoglądam na to wszystko z perspektywy czasu, nie jestem wcale przekonana, że moja decyzja o posiadaniu dzieci w jakimkolwiek stopniu zmieniła moje życie na lepsze. W sumie zbyt wiele poświęciłam i teraz tego żałuję. Co nie znaczy, że nie uwielbiam moich dzieci, ale przyznam się szczerze, czasami chciałabym odzyskać te wszystkie utracone lata".

Natomiast pewna modna, charyzmatyczna kobieta interesu z Zachodniego Wybrzeża powiedziała: „Zanim zdecydowałam się na dzieci, nie ostrzeżono mnie przed jednym: nikt nie wspomniał, że mam się przygotować na najszczęśliwsze lata życia. Nie byłam przygotowana na coś takiego. Radość spadła na mnie jak lawina".

Rozmawiałam też z pewną wycieńczoną samotną matką (utalentowaną powieściopisarką), która oświadczyła: „Posiadanie dziecka jest kwintesencją ambiwalentnych uczuć. Czasami jestem zdumiona, że coś może być jednocześnie tak okropne i dawać tyle satysfakcji".

Inna moja twórcza przyjaciółka powiedziała: „Owszem, tracisz wiele swobód. Jednak będąc matką, zyskujesz nowy rodzaj wolności... wolności, by móc kochać bezwarunkowo, całym sercem inną istotę ludzką. To też jest wolność warta doświadczenia".

Jeszcze inna przyjaciółka, która porzuciła karierę wydawcy, żeby zająć się trojgiem swoich dzieci, ostrzegła mnie: „Dobrze się nad tym zastanów, Liz. Trudno być mamą, nawet jeśli bardzo chce się nią być. Nawet nie myśl o dzieciach, jeśli nie jesteś absolutnie przekonana, że tego chcesz".

Natomiast pewna kobieta, której udało się kontynuować znakomitą karierę zawodową pomimo trójki dzieci i która czasami je zabiera ze sobą na zagraniczne wyjazdy służbowe, powiedziała: „Nie wahaj się. To nie takie trudne. Musisz tylko działać na przekór tym wszystkim, którzy ci będą wmawiać, czego nie wolno robić, kiedy się jest mamą".

Byłam głęboko poruszona, kiedy spotkałam znaną kobietę fotografika, obecnie po sześćdziesiątce, która krótko i prosto wypowiedziała się na temat dzieci: „Nigdy ich nie miałam, moja droga. I nigdy nie odczuwałam ich braku".

Czy widzicie tu jakiś wzór, jakąś prawidłowość? Ja nie widziałam.

Bo niczego takiego nie było. Spotkałam po prostu ileś bystrych kobiet, które starały się wszystko sobie jakoś poukładać, po swojemu, kierując się własnym instynktem. Żadna z nich nie mogła zdecydować za mnie, czy powinnam być matką. Wybór należał wyłącznie do mnie. A stawka była wysoka. Stwierdzenie, że nie chcę mieć dzieci, oznaczało koniec małżeństwa. Były też inne powody, dla których opuściłam męża (istniały pewne zupełnie niedorzeczne aspekty naszego związku), jednak przeważyła kwestia dzieci. W takiej sprawie nie da się pójść na ugodę. On się więc wściekał; ja płakałam; rozwiedliśmy się. Ale to już inna książka.

Nie powinno chyba nikogo dziwić, że z bagażem takich doświadczeń i po kilku latach spędzonych samotnie poznałam Felipe i zakochałam się w nim... starszym ode mnie mężczyźnie z dwojgiem wspaniałych, dorosłych dzieci, który nie był w najmniejszym stopniu zainteresowany powtórzeniem doświadczenia ojcostwa. Nie było też przypadkiem, że Felipe zakochał się we mnie... bezdzietnej kobiecie, nie pierwszej młodości, która, jak się okazało, przepadała za jego dziećmi, ale sama nie miała najmniejszej ochoty zostać matką.

Kamień, który spadł nam z serca, kiedy odkryliśmy, że żadne z nas nie ma zamiaru zmuszać tego drugiego do rodzicielstwa, ulga, jaką dzięki temu odczuliśmy, nadal osładza nam życie. Wciąż się nie mogę do tego przyzwyczaić. Z jakiegoś powodu nigdy się nie spodziewałam, że mogę mieć na zawsze towarzysza, który nie będzie ode mnie oczekiwał, że urodzę mu dzieci. Oto, jak głęboko zapadła w moją świadomość tamta mantra: „Najpierw

239

miłość, potem śluby, wreszcie w wózeczku dzieciaczek luby"; naprawdę nie dotarło do mnie, że można się wymigać od dziecięcego wózka i nikt – przynajmniej w naszym kraju – cię za to nie aresztuje. Dodatkową premią jest to, że spotkawszy Felipe, odziedziczyłam też dwoje dorosłych pasierbów. Dzieciom Felipe przyda się moja miłość i wsparcie, ale nie potrzebują mojego matkowania; mieli je w znakomitym wydaniu, zanim ja pojawiłam się na scenie. A już najlepsze jest to, że wprowadzając dzieci Felipe do mojej wielopokoleniowej rodziny, dokonałam sztuczki: dostarczyłam swoim rodzicom dodatkowych wnucząt, sama nie niańcząc dzieci. Nawet teraz ta sytuacja mnie zadziwia.

Wolność od macierzyństwa pozwoliła mi także stać się tym, kim chyba miałam być: nie tylko pisarką, nie tylko podróżniczką, ale również – w całkiem fajny sposób – ciotką. Bezdzietną ciotką, żeby być precyzyjną... co umieszcza mnie w wyjątkowo dobrym towarzystwie, bo oto, jaki zaskakujący fakt odkryłam przy okazji swoich badań nad małżeństwem: Jeśli przyjrzymy się ludzkim populacjom w ich przeróżnych odmianach, w każdej kulturze i na każdym kontynencie (nawet tym najbardziej entuzjastycznie się rozmnażającym jak dziewiętnastowieczni Irlandczycy czy współcześni amisze), stwierdzimy, że w każdej z nich jest przynajmniej dziesięć procent kobiet, które nie mają dzieci. Ten odsetek nigdy nie jest niższy, w żadnej populacji. W istocie odsetek bezdzietnych kobiet w wielu społeczeństwach jest o wiele w y ż s z y niż dziesięć procent... i nie chodzi tylko o współczesny rozwinięty świat zachodni, gdzie kobiet bezdzietnych jest około 50 procent. Na przykład w Ameryce lat dwudziestych 23 procent dorosłych kobiet nie miało dzieci. (Czy nie jest to szokująco wysoki odsetek jak na tak konserwatywną epokę, przed pojawieniem się zalegalizowanej kontroli urodzin? A przecież tak było.) Zatem ten odsetek może być całkiem wysoki. Natomiast nigdy nie schodzi poniżej dziesięciu procent.

Jakże często te z nas, które z wyboru pozostają bezdzietne, uważa się za niekobiece, nienaturalne i egoistyczne, podczas gdy historia uczy nas, że zawsze istniały takie kobiety. Wiele z nich rozmyślnie rezygnowało z macierzyństwa, albo całkowicie unikając seksu, albo starannie stosując się do tego, co wiktoriańskie damy nazywały „sztuką przezorności". (Kobiety zawsze mają swoje tajemnice i ukryte zdolności.) Inne oczywiście były bezdzietne wbrew własnej woli... z powodu niepłodności, choroby, staropanieństwa lub też niedoboru mężczyzn spowodowanego wojennymi stratami. Niezależnie jednak od powodów bezdzietność na szeroką skalę nie jest sprawą tak nową, jak nam się wydaje.

Liczba kobiet w historii, które nie zostały matkami, jest tak wysoka (tak k o n s e k w e n t n i e wysoka), jakby częściowo kobieca bezdzietność miała być swego rodzaju ewolucyjnym przystosowaniem rasy ludzkiej. Może jest to nie tylko całkowicie słuszne, ale wręcz konieczne, by nie wszystkie kobiety miały dzieci. Może jako gatunek p o t r z e b u j e m y wielu odpowiedzialnych, umiejących współczuć, bezdzietnych kobiet, które wspomagają na różne sposoby społeczeństwo jako takie. Rodzenie i wychowywanie dzieci kosztuje tyle energii, że kobiety, które zostają matkami, są często przytłoczone albo wręcz dobite tym pochłaniającym wszystkie siły zadaniem. Może właśnie dlatego potrzebna jest nam pewna zapasowa liczba kobiet, które stoją z boku i dysponują nieuszczuplonymi zapasami energii, gotowe udzielić wsparcia swojemu plemieniu. Kobiety bezdzietne zawsze odgrywały szczególną rolę, ponieważ to one często podejmują się zadania opieki nad tymi, za których nie są biologicznie odpowiedzialne... i żadna inna grupa nie robi tego w tak szerokim zakresie. To właśnie bezdzietne kobiety zawsze prowadziły sierocińce, szkoły i szpitale. One były akuszerkami i zakonnicami i one zajmowały się działalnością charytatywną. Leczyły chorych i uczyły rękodzielnictwa, często niezastąpione w bojach życiowych, a także na polach prawdziwych krwawych bitew. (Trudno nie pamiętać o Florence Nightingale.)

Obawiam się, że tym bezdzietnym kobietom – nazwijmy je „brygadą cioteczek" – historia nigdy nie oddała sprawiedliwości. Nazywano je egoistycznymi, oziębłymi, żałosnymi osobami. Oto jedna ze szczególnie bezsensownych, powszechnie panujących opinii, z którą muszę się tutaj rozprawić: podobno kobiety, które nie mają dzieci, jeśli nawet w młodości prowadzą wyzwolone, szczęśliwe i bogate życie, ostatecznie i tak pożałują swojego wyboru, kiedy bowiem dożyją sędziwego wieku, będą przygnębione i zgorzkniałe i umrą w osamotnieniu. Pewnie słyszeliście to już nieraz. Więc żeby rzecz jednoznacznie wyjaśnić: Nie ma absolutnie żadnych danych statystycznych, które by tę opinię potwierdzały. Najnowsze badania przeprowadzone w amerykańskich domach opieki, porównujące poziom zadowolenia starszych bezdzietnych kobiet z poziomem zadowolenia kobiet posiadających dzieci, nie wykazują różnicy między tymi grupami. Badacze dowiedzieli się, że starsze kobiety czują się nieszczęśliwe z dwóch powodów: biedy i kiepskiego zdrowia. A zatem niezależnie od tego, czy masz dzieci czy nie, recepta wydaje się prosta: Oszczędzaj pieniądze, używaj nitki dentystycznej, zapinaj pas w samochodzie i zachowuj sprawność fizyczną... a gwarantuję ci, że pewnego dnia będziesz szczęśliwą staruszką. Drobna rada od cioteczki Liz.

Pamięć o bezdzietnych ciotkach rzadko przechodzi z pokolenia na pokolenie. Ich życie jest równie ulotne jak żywot motyli. Kobiety te mają jednak ogromnie dużo energii, a kiedy zajdzie potrzeba, wykazują się prawdziwym bohaterstwem. Nawet w niedawnej historii mojej rodziny istniały przypadki, kiedy to wspaniałe ciocie rzucały się na ratunek krewnym w sytuacjach kryzysowych. Często zdobyły wykształcenie i zgromadziły duże środki materialne właśnie dlatego, że nie miały dzieci. Oprócz pieniędzy miały dobre serca i gotowe były płacić za niezbędne operacje, ratować upadające rodzinne gospodarstwo albo wziąć do siebie dziecko, kiedy jego matka poważnie zachorowała. Jedna z moich znajomych nazywa gatunek ciotek, które przychodzą z pomocą cudzym dzieciom, zarodzicami – „zastępczymi rodzicami"; świat jest ich pełen.

Wiem, że nawet we własnym otoczeniu bywam czasami dość ważna jako członkini brygady cioteczek. Moim zadaniem nie jest wyłącznie psucie i rozpieszczanie siostrzenicy i siostrzeńca (choć robię to z dużym zapałem). Mam być dla świata ciocią wędrowną – ciocią ambasadorem – która jest pod ręką w razie potrzeby, również dla rodzin innych ludzi. Są tacy, którym byłam w stanie pomóc, czasami utrzymując ich latami, ponieważ nie muszę, tak jak musiałaby matka, poświęcać całej swojej energii i wszystkich posiadanych środków pełnoetatowemu zajęciu wychowywania dziecka. Istnieje cały zbiór rachunków za skautowskie mundurki, aparaty ortodontyczne i za czesne w college'u, których nigdy nie będę musiała zapłacić, dzięki czemu mogę uwolnić środki do wykorzystania przez innych bliskich mi ludzi. W ten sposób ja też wspieram życie. Jest wiele, bardzo wiele sposobów propagowania życia. I wierzcie mi, każdy z nich jest istotny.

Jane Austen napisała kiedyś do swojej krewnej, której właśnie urodził się pierwszy siostrzeniec: „Zawsze twierdziłam, że ciotki są ważne. Teraz, kiedy ty zostałaś ciotką, stałaś się osobą znaczącą". Jane wiedziała, o czym mówi. Sama była bezdzietną cioteczką, kochaną przez niezliczone rzesze bratanic i bratanków, którzy mieli w niej cudowną powiernicę i nigdy nie zapomnieli jej „perlistego śmiechu".

A skoro już mowa o pisarzach: Przyznaję, że można mnie tu posądzić o stronniczość, ale nie mogę się powstrzymać, aby nie wspomnieć, że Lew Tołstoj i Truman Capote, i wszystkie trzy siostry Brontë zostali wychowani przez swoje bezdzietne ciotki po tym, jak matki ich odumarły albo porzuciły. Tołstoj utrzymywał, że jego ciotka, Toinette, wywarła na niego największy wpływ, ponieważ to ona nauczyła go „czerpać duchową radość z miłości". Historyk Edward Gibbon, wcześnie osierocony, został wychowany przez swoją ukochaną bezdzietną ciotkę Kitty. Johna Lennona wychowała ciotka Mimi, która przekonywała chłopca, że jest mu pisane zostać ważnym artystą. Annabel, oddana ciotka Scotta Fitzgeralda, opłaciła mu naukę w college'u. Pierwszy dom Franka Lloyda Wrighta został zamówiony przez jego ciotki Jane i Nell... dwie urocze stare panny, które prowadziły w Spring Green w stanie Wisconsin szkołę z internatem. Coco Chanel, która po śmierci matki wychowywała się w sierocińcu, młodziutka ciotka Adrienne zatrudniła w swojej pracowni krawieckiej... wszyscy się zgodzimy, że było to niezwykle ważne doświadczenie dla tej akurat dziewczyny. Na Virginię Woolf wielki wpływ miała jej ciotka Caroline, kwakierka i stara panna, która poświęciła życie dobroczynności, słyszała głosy, rozmawiała z duchami i jak lata później wspominała Woolf, robiła wrażenie „współczesnej prorokini".

Pamiętacie ów ważny moment w historii literatury, kiedy Marcel Proust odgryza kawałek słynnej magdalenki i ogarnia go tak wielka nostalgia, że nie ma wyboru – musi zasiąść do pisania cyklu powieściowego *W poszukiwaniu straconego czasu*? To całe tsunami wymownej tęsknoty zostało wywołane konkretnym wspomnieniem ukochanej ciotki Prousta, Leonie, która każdej niedzieli po kościele dzieliła się z małym chłopcem magdalenkami.

Zastanawialiście się kiedyś nad tym, jak naprawdę wyglądał Piotruś Pan? Jego twórca, J.M. Barrie, odpowiedział nam na to pytanie już w roku 1911. Według niego wizerunek, istotę i cudownego ducha radości Piotrusia Pana można znaleźć na całym świecie, mgliście odbite „w twarzach wielu kobiet, które nie mają dzieci".

Oto brygada cioteczek.

Moja decyzja – decyzja, by dołączyć raczej do brygady cioteczek niż do korpusu mateczek – rzeczywiście odróżnia mnie bardzo od własnej matki i dlatego nurtowała mnie potrzeba zrozumienia tej rozbieżności. Pewnego wieczoru podczas moich wędrówek z Felipe zadzwoniłam z Laosu do mamy, by wyjaśnić kilka ostatnich kwestii dotyczących jej życia i jej wyborów oraz ich związku z moim życiem i moimi wyborami.

Rozmawiałyśmy ponad godzinę. Mama była spokojna i skupiona, jak zawsze. Nie zdziwiła się kierunkiem, w jakim szły moje pytania: prawdę mówiąc, reagowała tak, jakby ich oczekiwała. Być może przez całe lata.

Najpierw jednak oświadczyła:

– Nie żałuję niczego, co zrobiłam dla dzieci.

– Nie żałujesz, że rzuciłaś pracę, którą uwielbiałaś? – zapytałam.

– Nie godzę się żyć z poczuciem żalu – odparła (co niezupełnie było odpowiedzią na moje pytanie, ale uznałam to za dobry początek). – W latach, które spędziłam w domu z wami, dziewczynkami, działo się tyle dobrego. Znam was tak, jak wasz ojciec nigdy nie miał okazji was poznać. Widziałam, jak rosłyście. To niezwykłe móc obserwować, jak dzieci stają się dorosłe. Za nic nie dałabym sobie tego odebrać.

Matka przypomniała mi też, że została na zawsze u boku tego samego mężczyzny, bo tak się złożyło, że bardzo kocha mojego ojca... co jest przekonującym i zrozumiałym dla mnie argumentem. Dobrze wiem, że moi rodzice rozumieją się nie tylko tak jak przyjaciele, ale łączy ich również aktywność fizyczna. Wszystko, co związane z wysiłkiem fizycznym – piesze wędrówki, wyprawy rowerowe, uprawianie ogrodu – robią razem. Pamiętam, jak pewnej zimowej nocy zadzwoniłam z college'u do domu i usłyszałam w słuchawce ich zdyszane głosy. „Co wy tam wyprawialiście?", zapytałam, a mama, zanosząc się śmiechem, oświadczyła: „Jeździliśmy na sankach!" Okazało się, że pożyczyli sobie tobogan od dziesięcioletniego syna sąsiadów i o północy zjeżdżali z pokrytego lodem wzgórza za domem... matka leżała ojcu na plecach i krzyczała z radości, podczas gdy on sterował pędzącymi w świetle księżyca sankami. Kto w średnim wieku odważa się na coś takiego?

Między rodzicami zawsze istniała seksualna chemia, od dnia, w którym się poznali. „Wyglądał jak Paul Newman", wspominała ich pierwsze spotkanie matka, a kiedy moja siostra spytała ojca o jego ulubione wspomnienie związane z mamą, nie wahał się: „Zawsze podobały mi się rozkoszne kształty waszej matki". Wciąż mu się podobają. Zawsze próbuje ją pochwycić, kiedy przechodzi obok niego w kuchni, patrzy na nią, podziwia nogi, pragnie jej. Ona ogania się od niego z udawanym oburzeniem: „John! Przestań!", ale widać, że bardzo lubi jego atencję. Dorastałam, obserwując tę grę, i uważam, że to rzadki dar, wiedzieć, że rodzice są stworzeni dla siebie pod względem fizycznym. Zatem jedna, duża część małżeństwa rodziców, jak przypominała mi matka, zawsze tkwiła gdzieś poza tym, co racjonalne, ukryta głęboko w samej seksualności. A ten stopień zażyłości umyka wszelkiemu wyjaśnieniu, nie podlega dyskusji.

Jest też przyjaźń. Rodzice są małżeństwem już od ponad czterdziestu lat. Ogólnie rzecz biorąc, wypracowali sobie istniejący układ. Żyją w dość gładki, rutynowy sposób, wyszlifowany strumieniem czasu. Codziennie krążą wokół siebie zgodnie z tym samym podstawowym porządkiem: kawa, pies, śniadanie, gazeta, ogródek, rachunki, zajęcia domowe, radio, lunch, zakupy, pies, kolacja, lektura, pies, łóżko... i to samo od nowa.

Poeta Jack Gilbert (niespokrewniony ze mną, co z żalem stwierdzam) napisał, że małżeństwo jest tym, co zdarza się „pomiędzy momentami godnymi zapamiętania". Powiedział, że często wspominamy małżeństwo po latach, może po śmierci współmałżonka, i jedyne, co jesteśmy sobie w stanie przypomnieć, to „wakacje i sytuacje kryzysowe", chwile najlepsze i najgorsze. Reszta rozmywa się w jednakową codzienność. Tymczasem to właśnie mglista codzienność, przekonuje poeta, składa się na małżeństwo. Małżeństwo j e s t tymi dwoma tysiącami niczym niewyróżniających się rozmów, prowadzonych przy dwóch tysiącach niczym niewyróżniających się śniadań, podczas których zażyłość obraca się niczym powolne koło. Jak zmierzyć wartość bycia dla kogoś tak bliskim... tak całkowicie znanym i tak nieprzerwanie obecnym, że stajemy się niemal niewidoczni i niezbędni jak powietrze?

Mama była uprzejma przypomnieć mi też tamtego wieczoru, kiedy zadzwoniłam z Laosu, że daleko jej do świętej i że mój tata też musiał zrezygnować z części siebie, by móc pozostać jej mężem. Jak wielkodusznie przyznała, nie jest najłatwiejszą żoną. Ojciec musiał przyzwyczaić się do tego, że jego superzorganizowana żona na każdym kroku nim kieruje. Pod tym względem byli kompletnie niedopasowani. Ojciec przyjmuje życie takim, jakie ono jest; matka życiem zarządza. Przykład: Pewnego dnia ojciec pracował w garażu i przypadkiem wypłoszył małego ptaszka z gniazda na belce pod pułapem. Zdezorientowany i przestraszony ptaszek wylądował mu na rondzie kapelusza. Nie chcąc go jeszcze bardziej niepokoić, ojciec siedział przez godzinę na podłodze garażu, dopóki ptak nie zdecydował się odlecieć. To cały ojciec. Coś takiego nigdy nie przydarzyłoby się matce. Jest zbyt zajęta, by jakieś oszołomione ptaszki mogły przycupnąć na jej głowie. Jest przecież tyle do zrobienia. Mama nie spodziewa się żadnego ptaka.

Choć prawdą jest, że w tym związku matka poświęciła więcej osobistych ambicji niż ojciec, to przecież ona wymaga od małżeństwa o wiele więcej niż on. On akceptuje ją w znacznie większym stopniu niż ona jego. („Ona jest najlepszą Carole, jaką może być", powtarza często ojciec, natomiast z opinii matki często można odnieść wrażenie, że jej mąż mógłby być – a nawet powinien – znacznie lepszym człowiekiem.) Dyryguje nim na każdym kroku. Jej metody kontroli są subtelne i pełne wdzięku, tak że nie zawsze jest się świadomym tego, co ona robi, ale możecie mi wierzyć: To mama zawsze steruje tą łodzią.

Przyszło jej to w sposób naturalny. Wszystkie kobiety z jej rodziny tak postępują. Przejmują kontrolę nad każdym aspektem mężowskiego życia, po czym, co mój ojciec uwielbia podkreślać, s t a n o w c z o o d m a w i a j ą r o z s t a - n i a s i ę z t y m ś w i a t e m. Żaden z mężczyzn nie przeżywa żony z rodu Olsonów. To prosty fakt biologiczny. Nie przesadzam; nie zdarzyło się to nigdy, nieważne jak daleko sięgniemy pamięcią wstecz. I żaden mężczyzna nie potrafi wymknąć się spod kontroli żony z rodu Olsonów. („Ostrzegam cię – powiedział mój tata do Felipe na początku naszego związku – jeśli zamierzasz mieć jako takie życie z Liz, musisz już teraz wyznaczyć pewną przestrzeń dla siebie, a potem jej nieustannie bronić".) Ojciec niby to zażartował kiedyś, że matka zarządza mniej więcej 95 procentami jego życia. A najdziwniejsze jest to, mówił, że ona bardziej się denerwuje tymi pięcioma procentami jego życia, których on nie chce oddać, niż on tymi dziewięćdziesięcioma pięcioma, nad którymi ona sprawuje absolutną kontrolę.

Robert Frost napisał, że „mężczyzna musi częściowo przestać być mężczyzną", by wstąpić w związek małżeński... i jeśli chodzi o moją rodzinę, to byłabym nieuczciwa, gdybym próbowała temu zaprzeczyć. Na wielu stronach opisywałam małżeństwo jako stosowane wobec kobiet narzędzie represji, ale musimy pamiętać, że małżeństwo jest też często narzędziem represji stosowanym wobec mężczyzn. Małżeństwo jest jarzmem cywilizacji, zakładanym mężczyźnie, aby połączyć go z pewnym zbiorem zobowiązań i w ten sposób okiełznać jego energię. Tradycyjne społeczności zawsze wiedziały, że nie ma nic bardziej bezużytecznego niż cała banda samotnych, bezdzietnych, młodych mężczyzn (nie licząc oczywiście ich ogromnej użyteczności w roli mięsa armatniego). Młodzi samotni mężczyźni mają na całym świecie opinię tych, którzy marnują pieniądze na dziwki, pijaństwo, hazard i obijanie się: Niczego nie wnoszą. Takie bestie trzeba opanować, zmusić do odpowiedzialności... tak mniej więcej zawsze twierdzono. Trzeba tych młodych ludzi przekonać, żeby odłożyli dziecięce zabawki i wdziali płaszcz dorosłości, niech budują domy i rozwijają interesy, i niech troszczą się o swoje najbliższe otoczenie. Jak świat światem, w przeróżnych kulturach funkcjonuje ten sam truizm, nie ma lepszego narzędzia do wykuwania odpowiedzialności w młodym człowieku niż porządna, solidna małżonka.

Na pewno tak było w przypadku moich rodziców. „Siłą mnie uformowała", podsumował tata ich miłosną historię. Na ogół mu to nie przeszkadza, chociaż czasami – powiedzmy, w samym środku rodzinnego zgromadzenia, w towarzystwie swojej silnej żony i równie silnych córek – ojciec przypomina zaintrygowanego starego cyrkowego niedźwiedzia, który nie bardzo rozumie, jak mógł się dać tak bardzo oswoić ani co robi tak wysoko na tym dziwnym jednokołowym rowerku. W takich chwilach przypomina mi Greka Zorbę, który zapytany, czy był kiedyś żonaty, odparł: „Czyż nie jestem mężczyzną? Oczywiście, że byłem żonaty. Żona, dom, dzieci, cała ta katastrofa!" (Ten melodramatyczny egzystencjalny niepokój wyrażony przez Zorbę przypomina mi o tym dziwnym fakcie, że w Greckim Kościele Prawosławnym małżeństwo jest uważane nie tyle za sakrament, ile za ś w i ę t e   m ę c z e ń s t w o... ma to zapewne oznaczać, że udane wieloletnie partnerstwo między ludźmi wymaga od nich pewnego rodzaju śmierci własnego „ja".)

Moi rodzice z pewnością odczuwali we własnym małżeństwie to ograniczenie, tę częściową śmierć własnego „ja". Wiem, że tak było. Nie jestem natomiast przekonana, że mieli coś przeciwko temu wchodzeniu sobie nawzajem w drogę. Kiedyś spytałam ojca, jakim stworzeniem chciałby być w następnym wcieleniu, i bez chwili wahania odparł, że koniem.

– Jakim koniem? – spytałam, wyobrażając sobie galopującego przez otwartą równinę ogiera.

– Miłym koniem – powiedział.

Od razu dopasowałam sobie w głowie stosowny obrazek. Teraz był to przyjazny ogier galopujący po prerii.

– Jakim miłym koniem? – sondowałam dalej.

– Wałachem – oświadczył.

Koniem w y k a s t r o w a n y m! Tego się nie spodziewałam. Obraz w mojej głowie uległ całkowitej zmianie i widziałam ojca jako łagodnego konia pociągowego, potulnie ciągnącego wóz powożony przez moją matkę.

– Dlaczego wałachem? – spytałam.

– Odkryłem, że tak jest łatwiej – odparł. – Możesz mi wierzyć.

I rzeczywiście tak było dla niego łatwiej. W zamian za niemal kastrujące ograniczenia, jakie małżeństwo narzuciło na jego osobiste swobody, ojciec uzyskał stabilizację, dobrobyt, zachętę do wysiłku, czyste i pocerowane koszule, które jak za dotknięciem czarodziejskiej różdżki pojawiają się w szufladach jego komody, solidny posiłek po dniu uczciwej pracy. W zamian pracował dla mojej matki, był wierny i poddaje się jej woli przez 95 procent czasu... odpychając ją tylko wtedy, kiedy jest zbyt bliska całkowitej dominacji nad światem. Najwyraźniej oboje akceptują warunki tego kontraktu, ponieważ – jak przypomniała mi matka, kiedy zadzwoniłam do niej z Laosu – ich małżeństwo trwa i wchodzi już w piąte dziesięciolecie.

Oczywiście warunki, na jakich istniało małżeństwo

rodziców, prawdopodobnie nie są dla mnie. Podczas gdy babka była tradycyjną gospodynią domową i żoną farmera, a matka osobą dojrzałą do feminizmu, ja miałam w głowie zupełnie nowe idee małżeństwa i rodziny. Związkowi, jaki zamierzam zbudować z Felipe, dałyśmy z siostrą nazwę małżeństwo bez żony... co ma oznaczać, że w naszym domu nikt nie będzie odgrywał (czy odgrywał w y ł ą c z n i e) tradycyjnej roli żony. Te różne niewdzięczne prace, które zawsze spadały na barki kobiet, rozłożą się bardziej równo. A ponieważ nie będzie dzieci, przypuszczam, że można by nasz związek nazwać również małżeństwem bez matki... co byłoby modelem, jakiego nie znała ani moja babka, ani matka. Dzięki temu odpowiedzialność za utrzymanie rodziny nie spadnie całkowicie na barki Felipe, tak jak spadła na barki ojca i dziadka; jest całkiem prawdopodobne, że to ja zapewnię główną część dochodów naszego stadła. Możliwe, że pod tym względem będziemy też czymś w rodzaju małżeństwa bez męża. Małżeństwo bez żony, dzieci, męża... niewiele było takich związków w historii, więc nie mamy skąd wziąć wzoru postępowania. Będziemy musieli na żywo, w działaniu tworzyć z Felipe zasady i wytyczać granice naszej wspólnej historii.

Może nie ma w tym nic niezwykłego. Bo może to wszyscy muszą na żywo, w działaniu tworzyć zasady i wytyczać granice swojej historii.

W każdym razie kiedy tamtego wieczoru spytałam matkę, czy przez te wszystkie lata była w małżeństwie szczęśliwa, zapewniła mnie, że przez większość czasu było jej z ojcem naprawdę bardzo dobrze. Kiedy spytałam, jaki był najszczęśliwszy okres jej życia, odparła:

– Obecny. Kiedy żyję sobie z twoim ojcem w zdrowiu, finansowej stabilizacji, wolna. Ojciec i ja spędzamy dni, robiąc swoje, ale każdego wieczoru spotykamy się przy kolacji. I po tych wszystkich wspólnych latach wciąż przesiadujemy godzinami, rozmawiając i śmiejąc się. To naprawdę przemiłe.

– To cudowne! – rzuciłam.

Nastąpiła chwila milczenia.

– Czy mogę powiedzieć coś i mieć nadzieję, że się nie obrazisz? – spytała.

– Jasne.

– Jeśli mam być całkiem szczera, muszę powiedzieć, że najlepszy okres mojego życia zaczął się w chwili, w której dorosłyście i wyszłyście z domu.

Zaczęłam się śmiać (*Ojej... dzięki, mamo!*), ale ona mówiła pospiesznie, nie czekając, aż zamilknę.

– Mówię poważnie, Liz. Musisz zrozumieć coś, co mnie dotyczy: Przez całe życie zajmowałam się dziećmi. Dorastałam w licznej rodzinie i zawsze musiałam opiekować się Rodem, Terrym i Luaną, kiedy byli mali. Ile to razy, będąc dziesięcioletnią dziewczynką, wstawałam w środku nocy, żeby zrobić porządek, bo któreś z nich zmoczyło się w łóżku? Tak było przez całe moje dzieciństwo. Nigdy nie miałam czasu dla siebie. Potem, kiedy byłam nastolatką, zajmowałam się dziećmi starszego brata, nieustannie musiałam kombinować, jak odrabiać lekcje i jednocześnie opiekować się maluchami. Potem miałam własną rodzinę i musiałam poświęcić jej czas i energię. Kiedy poszłyście z siostrą do college'u, był to pierwszy moment w moim świadomym życiu, gdy nie byłam odpowiedzialna za żadne dziecko. Ależ mi się to podobało! Nie masz nawet pojęcia, jak mi się to podoba. Mieć twojego ojca dla siebie, mieć swój czas dla siebie... co za niesamowita odmiana. Nigdy nie byłam szczęśliwsza.

253

No to w porządku. Więc się z tym wszystkim pogodziła.
Świetnie, pomyślałam z ulgą.

Nastąpiła kolejna chwila ciszy.

A potem matka niespodziewanie dodała tonem, jakiego wcześniej u niej nie słyszałam:

– Jednak muszę koniecznie powiedzieć ci coś jeszcze. Są takie chwile, kiedy nawet nie pozwalam sobie myśleć o pierwszych latach małżeństwa i o tym wszystkim, z czego musiałam zrezygnować. Bo jeśli zacznę o tym myśleć, to Bóg mi świadkiem, czuję taką wściekłość, że mam mgłę przed oczami.

– O!

Dlatego też, ostateczny, oczywisty wniosek brzmi...???

Powoli zaczynało do mnie docierać, że chyba nigdy nie miało być żadnego ostatecznego, oczywistego wniosku. Prawdopodobnie sama matka już dawno temu zrezygnowała z wyciągania ostatecznych, oczywistych wniosków na temat swojego życia, odrzuciwszy (jak w pewnym wieku musi to zrobić wiele z nas) wygodnie niewinną fantazję o naszym rzekomym prawie do posiadania jednoznacznych odczuć na temat własnego życia. A jeśli mnie były potrzebne jednoznaczne odczucia dotyczące życia mojej matki, żeby uciszyć własne niepokoje związane z małżeństwem, to obawiam się, że trafiłam pod niewłaściwy adres. Jedyne, co byłam w stanie stwierdzić, to że na tym kamienistym polu sprzeczności, jakim jest zażyłość, mamie udało się jakoś stworzyć sobie d o s t a t e c z n i e spokojne miejsce odpoczynku. Tam w d o s t a t e c z n i e satysfakcjonującej otoczce spokoju, zamieszkuje.

Oczywiście, pozostawiając mnie samej sobie, żebym wymyśliła, w jaki sposób mam kiedyś stworzyć dla siebie tak dobrze zadbane środowisko.

254

ROZDZIAŁ SZÓSTY

MAŁŻEŃSTWO A AUTONOMIA

Małżeństwo jest czymś pięknym, ale jest również polem nieustannej walki o duchową dominację.

Marge Simpson

Nastał październik 2006 roku. Podróżowaliśmy już od sześciu miesięcy i nasze morale osłabło. Kilka tygodni wcześniej, poznawszy wszystkie skarby Luang Prabang, opuściliśmy to laotańskie święte miasto i ruszyliśmy ponownie w drogę, na chybił trafił, jak poprzednio, byle zabić jakoś czas.

Mieliśmy nadzieję, że w październiku będziemy już w domu, ale nasza sprawa nie posunęła się ani trochę. Przyszłość Felipe zawisła w jakiejś bezdennej otchłani, z której, w co zupełnie irracjonalnie zaczęliśmy wierzyć, miał się już nigdy nie wydostać. Odcięty od swojego towaru w Ameryce, bez możliwości robienia jakichkolwiek planów i zarabiania, zdany na łaskę i niełaskę Departamentu Bezpieczeństwa Wewnętrznego (i moją), Felipe z każdym dniem czuł się coraz bardziej bezsilny. Nie była to dobra sytuacja. O mężczyznach bowiem wiedziałam już, że poczucie bezsilności niekoniecznie uwypukla ich najlepsze cechy. Felipe nie był wyjątkiem. Stawał się coraz bardziej roztrzęsiony, niecierpliwy, nadpobudliwy i złowróżbnie spięty.

Nawet w najlepszych okolicznościach Felipe ma paskudny zwyczaj opryskliwie odnosić się do ludzi, którzy według niego zachowują się niewłaściwie albo w jakiś sposób działają mu na nerwy. Zdarza się to rzadko, ale wolałabym, żeby nie zdarzało się w ogóle. W wielu miejscach na świecie byłam świadkiem, jak ten mężczyzna beszta – za każdym razem w innym języku – niekompetentnych stewardów i stewardesy, nieudolnych taksówkarzy, nieuczciwych handlarzy, sennych kelnerów i rodziców nieznośnych dzieci. Często towarzyszyło temu wymachiwanie rękoma i podniesiony głos.

Nie pochwalam tego.

Wychowana przez opanowaną matkę ze Środkowego Zachodu i małomównego ojca Jankesa, jestem genetycznie i kulturowo nieprzygotowana na ten zbliżony do klasycznej brazylijskiej wersji sposób rozwiązywania konfliktów stosowany przez Felipe. Ludzie z mojej rodziny nie odezwaliby się w taki sposób nawet do u l i c z-n e g o   z ł o d z i e j a. Co więcej, za każdym razem, kiedy widzę, jak Felipe publicznie traci panowanie nad sobą, staje to w sprzeczności z radośnie pielęgnowanym przeze mnie wizerunkiem łagodnego i czułego gościa, którego zechciałam pokochać, i właśnie to wkurza mnie najbardziej. Jeśli istnieje jedno upokorzenie, którego nigdy nie zniosę z godnością, to jest nim przyglądanie się, jak ludzie psują hołubiony przeze mnie wizerunek.

Co gorsza, moje pragnienie, by wszyscy ludzie na świecie byli sobie przyjaciółmi, w połączeniu z prawie chorobliwą empatią dla nieudaczników powoduje często, że bronię ofiar Felipe, co jedynie pogarsza sytuację. Podczas gdy on ma zero tolerancji dla idiotów i ludzi niekompetentnych, ja uważam, że za każdym niekompetentnym idiotą kryje się tak naprawdę przemiła osoba, która ma akurat zły dzień. Wszystko to może prowadzić do tarć i jeżeli zdarza się nam pokłócić, to właśnie o takie sprawy. On nigdy nie pozwala mi zapomnieć, jak to kiedyś w Indonezji zmusiłam go, by wrócił do sklepu z obuwiem i przeprosił młodą ekspedientkę, którą w mojej opinii potraktował niegrzecznie. I zrobił to! Pomaszerował do tego nędznego sklepiku i ku zdumieniu dziewczyny wyraził ubolewanie, że stracił panowanie nad sobą. Zrobił to jednak wyłącznie dlatego, że moja obrona sprzedawczyni wydała mu się czarująca. Ja sama natomiast nie widziałam nic czarującego w takiej sytuacji. I nigdy nie widzę.

Na szczęście w naszym normalnym życiu te wybuchy Felipe są dość sporadyczne. Jednak to, z czym mieliśmy wtedy do czynienia, nie było normalnym życiem. Sześć miesięcy uciążliwych podróży i pobytów w małych hotelach, i frustrujących biurokratycznych przeszkód, odbijało się na nim fatalnie i czułam, że jego niecierpliwość przybiera niemal epidemiczne rozmiary (choć czytelnicy powinni pewno przyjąć słowo „epidemiczne" z dużą rezerwą, zważywszy na to, że moje przesadne wyczulenie na najdrobniejszy nawet konflikt nie czyni ze mnie obiektywnego sędziego emocjonalnych tarć). Niemniej dowody wydawały się bezsporne: Już nie tylko podnosił głos na obcych, potrafił też warczeć na mnie. To było coś nowego, bo w przeszłości Felipe wydawał się kompletnie odporny na mnie... zupełnie jakbym jakimś cudem jedynie ja spośród wszystkich ludzi nie mogła wyprowadzić go z równowagi. Teraz poczułam, że ten słodki okres jego odporności minął. Złościło go, że zbyt długo przesiaduję przy komputerze w kawiarence internetowej, złościło, gdy go ciągnęłam w drodze miejsce dla turystów, by obejrzeć „pieprzone słonie", złościło, że znowu wpakowałam nas do jakiegoś nędznego nocnego pociągu, złościło, że wydaję

259

albo oszczędzam pieniądze, złościło, że wciąż chcę gdzieś chodzić, że usiłuję znaleźć zdrową żywność, kiedy to jest najwyraźniej zupełnie niemożliwe...

Felipe coraz głębiej popadał w ten okropny nastrój, przy którym najmniejsza przeszkoda, najdrobniejszy kłopot staje się niemal fizycznie nie do zniesienia. Było to dość niefortunne, ponieważ podróżowanie za małe pieniądze, w brudzie i niewygodzie, jak w naszym przypadku – jest jednym łańcuchem przeszkód i kłopotów, przerywanym od czasu do czasu oszałamiającym zachodem słońca, którym mój towarzysz najwyraźniej nie umiał się już cieszyć. Kiedy tak wlokłam coraz bardziej opierającego się Felipe od jednej ciekawostki Azji Południowo-Wschodniej do drugiej (egzotyczne targowiska! świątynie! wodospady!), stawał się coraz m n i e j odprężony, m n i e j zgodny, m n i e j pokrzepiony. Ja z kolei reagowałam na jego paskudny humor tak, jak matka nauczyła mnie reagować na paskudny humor mężczyzny: stawałam się coraz bardziej radosna, bardziej optymistyczna, bardziej nieznośnie gadatliwa. Chowałam własne frustracje i tęsknotę za domem pod maską niepohamowanego optymizmu, sunąc do przodu z pełnym wigoru, pogodnym nastawieniem, zupełnie jakbym była w stanie zmusić Felipe do przejścia w stan zadowolenia mocą swojej magnetycznej, niezmordowanej wesołości.

To zdumiewające, ale nie zadziałało.

Z czasem zaczęłam się na niego złościć... rozdrażniona jego zniecierpliwieniem, opryskliwością, ospałością. Co więcej, zaczęłam się złościć na siebie, bo gniewały mnie fałszywe nuty we własnym głosie, kiedy starałam się zainteresować Felipe czymś, do czego go przyciągnęłam. (*Och, popatrz, kochanie! Sprzedają szczury do jedzenia! Och, popatrz, kochanie! Słonica myje słoniątko! Och, popatrz, kochanie! Z tego hotelowego pokoju jest taki ciekawy widok na rzeźnię!*) Tymczasem Felipe idzie do łazienki i wraca wściekły na brud i smród tego miejsca – gdziekolwiek byśmy akurat byli – narzekając, że od zanieczyszczonego powietrza boli go gardło, a od ulicznego hałasu głowa.

Jego napięcie wywoływało napięcie u mnie, przez co stawałam się nieostrożna i w rezultacie w Hanoi stłukłam sobie palec u nogi, w Chiang Mai rozcięłam palec żyletką Felipe, kiedy sięgałam do kosmetyczki po pastę do zębów, a pewnej naprawdę okropnej nocy niechcący zakropliłam sobie oczy płynem do odstraszania owadów, bo nie przyjrzałam się uważnie małej podróżnej buteleczce. Z tego ostatniego wydarzenia najbardziej utkwiło mi w pamięci to, jak wyłam z bólu i złości na siebie, podczas gdy Felipe trzymał mi głowę nad umywalką i przepłukiwał oczy wodą z kolejnych butelek, ratując mnie, jak umiał, i jednocześnie wygłaszając wściekłe tyrady o głupocie, jaką jest to, że w ogóle znaleźliśmy się w tym zapomnianym od Boga kraju. Najlepszym świadectwem, jak ciężkie to były tygodnie, jest fakt, że nawet nie pamiętam, w jakim konkretnym, zapomnianym od Boga kraju wtedy byliśmy.

Całe to napięcie sięgnęło zenitu (czy raczej nadiru) tego dnia, w którym wyciągnęłam Felipe na dwunastogodzinną wycieczkę autobusem przez Laos, żeby obejrzeć, jak go przekonywałam, fascynujące stanowisko archeologiczne w środkowej części kraju. Dzieliliśmy autobus z niemałą liczbą zwierząt domowych, a siedzenia były twardsze niż ławki w salach spotkań kwakrów. Oczywiście nie było klimatyzacji, za to okna szczelnie zamknięte. Skłamałabym, mówiąc, że żar był nieznośny, bo go przecież znieśliśmy, powiem tylko, że było bardzo, bardzo gorąco. Nie potrafiłam wzbudzić zainteresowania Felipe stanowiskiem archeologicznym, do którego się zbliżaliśmy, ale także nie mogłam sprowokować go do wypowiedzi na temat warunków naszej podróży... a to już było warte odnotowania, zważywszy na to, że mieliśmy do czynienia z najbardziej niebezpiecznym transportem publicznym, z jakim kiedykolwiek się zetknęłam. Kierowca prowadził swój wiekowy pojazd jak wariat, kilkakrotnie o mało nie zrzucając nas do przepaści z całkiem imponującej wysokości. Felipe w ogóle na to nie reagował, tak jak nie reagował na groźbę kolizji, kiedy mijaliśmy się z nadjeżdżającymi z przeciwka samochodami. Po prostu odrętwiał. Zamknął ze znużeniem oczy i przestał się odzywać. Robił wrażenie człowieka gotowego na śmierć. A może po prostu jej pragnął.

Po kilku godzinach tej mrożącej krew w żyłach podróży nasz autobus, wyjechawszy zza zakrętu, znalazł się niespodziewanie na miejscu poważnego wypadku drogowego: Dwa autobusy, przypominające ten nasz, zderzyły się czołowo. Wyglądało na to, że nie ma rannych, ale z pojazdów został tylko stos skręconego dymiącego metalu. Kiedy przejeżdżaliśmy obok, chwyciłam Felipe za ramię.

– Popatrz, kochany! Dwa autobusy się zderzyły!

– Jakże, na Boga, mogło do czegoś takiego dojść? – zapytał z sarkazmem, nie otwierając oczu.

Nagle wpadłam w gniew.

– Czego ty chcesz?! – rzuciłam ostro.

Nie odpowiedział, co mnie jeszcze bardziej rozgniewało, więc brnęłam dalej:

– Ja po prostu próbuję zrobić jak najlepszy użytek z sytuacji, w jakiej się znaleźliśmy, nie widzisz tego? Jeśli masz lepsze pomysły albo lepsze plany... proszę, zaproponuj coś. I mam nadzieję, że wymyślisz coś, co cię zadowoli, bo już naprawdę dłużej nie zniosę tego twojego przygnębienia, naprawdę nie zniosę.

Otworzył szeroko oczy.

– Chcę tylko dzbanek do kawy – oświadczył z zaskakującą pasją.

– Co masz na myśli, mówiąc o dzbanku do kawy?

– Chcę być w d o m u, żyć z tobą bezpiecznie w jednym miejscu. Chcę zwyczajności. Chcę, żebyśmy mieli własny dzbanek do kawy. Chcę móc się budzić codziennie rano o tej samej porze i robić śniadanie dla nas obojga, w naszym domu, z naszym własnym dzbankiem do kawy.

W innej scenerii to wyznanie mogło wywołać moje współczucie, a może nawet wtedy powinno, ale ja jeszcze bardziej się rozzłościłam: *Dlaczego on się tak czepia tego, co niemożliwe?*

– Teraz nie możemy mieć nic z tych rzeczy – oznajmiłam.

– Na Boga, Liz... myślisz, że tego nie wiem?

– A ty myślisz, że ja tego wszystkiego nie chcę? – odpaliłam.

– Myślisz, że nie zdaję sobie sprawy – podniósł głos – że tego wszystkiego chcesz? Myślisz, że nie widziałem, jak czytasz w internecie ogłoszenia o nieruchomościach? Albo że nie wiem, jak tęsknisz za domem? Masz pojęcie, co czuję, kiedy nie mogę ci dać teraz domu, kiedy z mojego powodu musisz poniewierać się po hotelach na drugim końcu świata? Domyślasz się może, jakie to dla mnie upokarzające, że nie mogę ci teraz zaoferować lepszego życia? Masz pojęcie, jak cholernie bezsilny się czuję z tego powodu? J a k o   m ę ż c z y z n a?

Czasami zapominam.

Muszę to powiedzieć, bo sądzę, że w wypadku małżeństwa jest to ważne: Rzeczywiście czasami zapominam, jak wiele znaczy dla pewnych mężczyzn – dla pewnych ludzi – to, by zawsze mogli zapewnić ukochanym osobom byt i bezpieczeństwo. Zapominam, jak bardzo pomniejszeni mogą się czuć niektórzy mężczyźni, kiedy uważają, że odebrano im tę podstawową zdolność. Zapominam, jakie to dla nich istotne, co to oznacza.

Wciąż pamiętam ten udręczony wyraz twarzy jednego z moich przyjaciół, kiedy mi mówił kilka lat temu, że opuszcza go żona. Najwyraźniej miała pretensje o to, że czuje się nieznośnie samotna, że „jego przy niej nie ma"... ale on nie mógł zrozumieć, o co jej chodzi. Miał poczucie, że latami wypruwał sobie dla niej żyły. „No dobrze – przyznał – więc może nie było mnie przy niej w sensie emocjonalnym, ale na Boga, przecież dla niej tyrałem! Dla niej trzymałem te dwie posady! Czy to nie świadczy o tym, że ją kocham? Powinna była wiedzieć, że zrobiłbym w s z y s t k o, by o nią dbać i ją chronić! Gdyby uderzyła bomba atomowa, zarzuciłbym ją sobie na ramię i poniósł przez płonącą ziemię do bezpiecznego miejsca... i ona to wie! Jak mogła mi wyrzucać, że mnie przy niej nie było?"

Nie potrafiłam powiedzieć mojemu zdruzgotanemu przyjacielowi nieprzyjemnej prawdy, a mianowicie, że bomba atomowa uderza rzadko i że wystarczyło poświęcić żonie nieco więcej uwagi.

Podobnie było teraz z Felipe; chciałam od niego tylko tego, żeby się uspokoił, żeby był sympatyczniejszy, żeby okazał mnie i wszystkim wokół nieco więcej cierpliwości, nieco więcej wielkoduszności. Nie potrzebowałam, by dbał o moje materialne potrzeby ani żeby mnie chronił. Niepotrzebna mi była jego męska duma; niczemu tutaj nie służyła. Chciałam, by się odprężył, dostosowując do sytuacji. Tak, oczywiście, byłoby o wiele przyjemniej znaleźć się z powrotem w kraju, blisko rodziny, mieszkać w prawdziwym domu... a przecież to nasze wykorzenienie nie przeszkadzało mi aż tak bardzo jak jego humory.

Próbując rozładować napięcie, dotknęłam jego nogi i powiedziałam:

– Widzę, że jesteś naprawdę sfrustrowany.

Nauczyłam się tej sztuczki z książki *Dziesięć sposobów, które pomogą naprawić nasze małżeństwo* napisanej przez Johna M. Gottmana i Julie Schwartz-Gottman, parę (szczęśliwie sobie poślubionych) naukowców z Instytutu Badania nad Związkami Międzyludzkimi w Seattle, którzy ostatnio zwrócili na siebie uwagę twierdzeniem, że są w stanie przewidzieć z dziewięćdziesięcioprocentową trafnością, czy za pięć lat dana para będzie nadal małżeństwem, jedynie na podstawie odpisu nagrania piętnastominutowej typowej rozmowy pomiędzy mężem i żoną. (Wyobrażam sobie, jakimi przerażającymi gośćmi John M. Gottman i Julie Schwartz--Gottman są na każdym przyjęciu.) Niezależnie od tego, co naprawdę są w stanie przewidzieć, Gottmanowie podsuwają kilka praktycznych sposobów rozwiązania małżeńskich nieporozumień, starając się ratować stadła przed tym, co nazywają czterema jeźdźcami Apokalipsy: postawą obronną, blokowaniem, krytyką i pogardą. Sztuczkę, którą właśnie zastosowałam – potwierdzenie tego, co Felipe wyraził, by dać do zrozumienia, że słucham i że się przejmuję – Gottmanowie nazywają „zwracaniem się ku partnerowi". Ma ona rzekomo rozładowywać sytuację prowadzącą do kłótni.

Nie zawsze działa.

– Nie możesz wiedzieć, co czuję, Liz! – warknął Felipe. – Oni mnie a r e s z t o w a l i. Zakuli w kajdanki i prowadzili przez cały terminal, podczas gdy wszyscy się

265

na mnie gapili... wiedziałaś o tym? Zdjęli odciski palców. Odebrali portfel, zabrali nawet sygnet, który mi dałaś. Wszystko zabrali. Wsadzili do aresztu i wyrzucili z twojego kraju. Trzydzieści lat podróżowania i nikt nigdy nie zamknął przede mną żadnej granicy, a teraz nie mogę wjechać na teren Stanów Zjednoczonych... byłem w tylu cholernych miejscach, a wykopali mnie właśnie stąd! Kiedyś oświadczyłbym krótko: „Do diabła z tym" i ruszył dalej, ale teraz nie mogę, bo Ameryka jest tym miejscem, gdzie ty chcesz mieszkać, a ja przecież chcę być z tobą. Nie mam więc wyboru. Muszę znosić to całe gówno i muszę ujawniać całe swoje prywatne życie tym biurokratom i waszej policji, a to jest upokarzające. I nawet nam nie raczą powiedzieć, kiedy to się skończy, ponieważ nikogo nie obchodzimy. Jesteśmy po prostu numerkami na biurku urzędnika. Tymczasem mój interes upada, a ja bankrutuję. Jak mam nie być przygnębiony. A do tego ty jeszcze wleczesz mnie przez całą tę cholerną Azję Południowo-Wschodnią tymi cholernymi autobusami...

— Staram się, jak mogę, żebyś był zadowolony — rzuciłam ostro i czując się głęboko urażona, cofnęłam rękę. Gdyby w tym autobusie była linka, za którą można by pociągnąć i dać kierowcy sygnał, żeby się zatrzymał, to przysięgam, pociągnęłabym za nią. Wyskoczyłabym z tamtego autobusu, zostawiła w nim Felipe i ruszyła samotnie przez dżunglę.

Mój ukochany wciągnął gwałtownie powietrze, jakby zamierzał powiedzieć coś nieprzyjemnego i w ostatniej chwili się powstrzymał. Niemal czułam, jak napina mu się kark, moja frustracja też przybrała na sile. Trzeba przyznać, że otoczenie nam nie sprzyjało. Nieznośnie nagrzany autobus szarpał i hałasował, uderzał o nisko zwisające gałęzie, rozganiał na drodze przed nami świnie, kury i dzieci, wyrzucając z rury wydechowej obłok śmierdzących spalin, z każdym podskokiem wbijając moje kręgi szyjne jeden w drugi. A wciąż jeszcze mieliśmy przed sobą siedem godzin takiej jazdy.

Milczeliśmy długo. Najchętniej bym się rozpłakała, ale uznałam, że to może wszystko pogorszyć. Byłam na niego wściekła. Oczywiście współczułam mu też... ale przede wszystkim byłam wściekła. A o co? Może o niesportowe zachowanie? O słabość? O to, że się załamał wcześniej niż ja? Owszem, sytuacja była paskudna, ale przecież mogła być nieskończenie gorsza. Przynajmniej byliśmy r a z e m. Przynajmniej mogłam sobie pozwolić na to, by być z nim w czasie tego wygnania. Tysiące par w dokładnie tej samej sytuacji gotowe byłyby oddać wszystko za możliwość spędzenia razem choćby jednego wieczoru z takiego długiego okresu narzuconej separacji. My mieliśmy przynajmniej siebie. Mieliśmy też wykształcenie, które pomagało nam przebrnąć przez koszmarnie zagmatwane teksty papierów imigracyjnych, i mieliśmy dość pieniędzy, by zatrudnić dobrego prawnika, z którym mogliśmy przebrnąć przez resztę formalności. A gdyby doszło do najgorszego i Stany Zjednoczone na zawsze odepchnęły Felipe od swoich brzegów, to mieliśmy jeszcze inne możliwości. Na miłość boską, przecież zawsze moglibyśmy przeprowadzić się do Australii. Australia! Cudowny kraj! Kierują się tam rozsądkiem i żyją w dobrobycie jak w Kanadzie! Nie groziło nam przecież zesłanie do północnego Afganistanu! Kto inny w takiej sytuacji miał tyle rozwiązań?

I czemu to zawsze ja musiałam być tą osobą, która myśli w optymistycznych kategoriach, podczas gdy Felipe przez ostatnich kilka tygodni tylko się boczył z powodu okoliczności, które w większości znajdowały się poza naszą kontrolą. Czemu nigdy nie raczył choć odrobinę ustąpić wobec niesprzyjających okoliczności? Co by mu szkodziło okazać t r o s z k ę więcej entuzjazmu w związku z czekającym na nas stanowiskiem archeologicznym?

Mało brakowało, a bym mu to wszystko wygarnęła... jednak się powstrzymałam. Taki nadmiar emocji oznacza to, co John Gottman i Julie Schwartz-Gottman nazywają zalaniem... nadchodzi moment, w którym człowiek jest już tak zmęczony i sfrustrowany, że jego umysł zaczyna być zalewany (i zwodzony) przez gniew. Pewną oznaką nadchodzącego zalania jest sytuacja, kiedy podczas kłótni zaczynamy używać takich słów, jak „zawsze" i „nigdy". Gottmanowie nazywają to nadmiernym uogólnianiem („Z a w s z e mnie zawodzisz!" albo „N i g d y nie mogę na ciebie liczyć!"). Taki język niszczy szansę na normalną, sensowną rozmowę. Kiedy już nas „zalało", kiedy już przeszliśmy fazę uogólnienia, wybucha piekło. Najlepiej do tego nie dopuścić. Jak powiedziała mi kiedyś jedna z moich długoletnich przyjaciółek, szczęście małżeńskie można mierzyć liczbą blizn, jakie ma każde z partnerów od gryzienia się w język, gdy cisną im się na usta wywoływane gniewem słowa.

Zmilczałam więc, Felipe też się nie odzywał i tak to trwało, aż do momentu, w którym wreszcie sięgnął po moją dłoń i znużonym głosem oświadczył:

– Uważajmy teraz, dobrze?

Odetchnęłam, bo wiedziałam, co chce mi powiedzieć. To był nasz stary szyfr. Pierwszy raz pojawił się na początku naszego związku, w drodze z Tennessee do Arizony. Uczyłam wtedy sztuki pisania na University of Tennessee i mieszkaliśmy w tamtym dziwacznym hoteliku w Knoxville, a Felipe dowiedział się o jakimś interesującym pokazie klejnotów w Tucson. Bez zastanowienia ruszyliśmy w drogę, próbując pokonać tę długą trasę za jednym razem. Było bardzo zabawnie. Śpiewaliśmy, rozmawialiśmy i śmialiśmy się. Ale ile można śpiewać, rozmawiać i śmiać się, nadszedł więc taki moment – po około trzydziestu godzinach jazdy – kiedy poczuliśmy krańcowe wycieńczenie. Kończyło nam się paliwo, dosłownie i w przenośni. W okolicy nie było hoteli, a my byliśmy głodni i bardzo zmęczeni. Mieliśmy zdecydowanie różne zdanie na temat tego, gdzie i kiedy powinniśmy się zatrzymać. Wciąż rozmawialiśmy ze sobą uprzejmie, ale samochód wypełniła atmosfera lekkiego napięcia.

– Uważajmy teraz – powiedział wtedy ni stąd, ni zowąd Felipe.

– Na co? – spytałam.

– Po prostu uważajmy, co będziemy mówić przez następne kilka godzin – ciągnął. – Właśnie w takich chwilach, kiedy ludzie są zmęczeni, wybuchają kłótnie. Dobierajmy starannie słowa, dopóki nie znajdziemy jakiegoś miejsca na odpoczynek.

Jeszcze nic się nie wydarzyło, a Felipe wiedział, że są takie chwile, kiedy para musi stosować procedury zapobiegające konfliktom, gasząc kłótnię, jeszcze zanim wybuchła. Stało się to więc naszym powiedzonkiem, szyfrem, znakiem ostrzegawczym przed wyrwą lub spadającymi kamieniami. Było narzędziem, które wyciągaliśmy od czasu do czasu w chwilach szczególnego napięcia. Zawsze się sprawdzało. W przeszłości nie przechodziliśmy jednak nic tak stresującego, jak ten ciągnący się bez końca okres wygnania w Azji. A może to napięcie związane z podróżą świadczyło tylko o tym, że teraz bardziej niż kiedykolwiek potrzebna jest nam ostrzegawcza żółta chorągiewka.

Pamiętam historię, którą opowiedziała mi para przyjaciół, Julie i Dennis, o strasznej kłótni, jaka wybuchła między nimi na początku małżeństwa, podczas wyprawy do Afryki. Dziś nie pamiętają już nawet, od czego się zaczęło, ale oto, jak się skończyło: Pewnego popołudnia w Nairobi oboje tak się na siebie wściekli, że musieli iść po przeciwnych stronach ulicy, bo nie byli w stanie znieść fizycznej bliskości. Po dłuższej chwili tego niedorzecznego równoległego marszu, kiedy rozdzielały ich cztery pasy gęstego ulicznego ruchu, Dennis się w końcu zatrzymał. Rozłożył ramiona i przywoływał Julie. Wyglądało to na gest pojednawczy, przeszła więc przez jezdnię, mięknąc po drodze; spodziewała się jakichś przeprosin. Kiedy już była blisko, Dennis wychylił się ku niej i spokojnie oświadczył: „Wiesz co, Julie? Chrzań się".

W odpowiedzi natychmiast pospieszyła na lotnisko, gdzie próbowała sprzedać bilet męża zupełnie obcej osobie.

W końcu jakoś to rozwiązali, na szczęście. Teraz, po wielu latach, opowiadają tę historię na przyjęciach jako zabawną anegdotę, choć na pewno zawiera ona ostrzeżenie: Nie powinno się doprowadzać spraw do takiego punktu. Wobec czego ścisnęłam lekko dłoń Felipe i powiedziałam: *Quando casar passa*, co znaczy „Przejdzie po ślubie", czyli „Do wesela się zagoi". Tak mówiła matka do Felipe za każdym razem, kiedy jako dziecko przewracał się i zdzierał sobie skórę z kolan. To takie matczyne pocieszenie. Ostatnio często używaliśmy go z Felipe, bo bardzo pasowało do naszej sytuacji: Kiedy się pobierzemy, wiele z tych kłopotów minie.

Objął mnie ramieniem i przyciągnął do siebie. Wtuliłam się w niego i odprężyłam. Na tyle, na ile było to możliwe w tym podskakującym autobusie.

Ostatecznie był dobrym człowiekiem.

Był w z a s a d z i e dobrym człowiekiem.

Nie, był dobry. Jest dobry.

– Jak myślisz, co powinniśmy teraz robić? – zapytałam.

Przed tą rozmową instynktownie przeganiałam nas z miejsca na miejsce, w nadziei, że nowe widoki pozwolą nam zapomnieć o kłopotach prawnych. W każdym razie taka strategia zawsze mi pomagała. Niczym marudne dziecko, które potrafi zasnąć jedynie w jadącym samochodzie, odnajdywałam ulgę w tempie podróży. Zakładałam, że Felipe funkcjonuje na tej samej zasadzie, skoro ze wszystkich znanych mi osób on podróżował najwięcej. Okazało sie jednak, że nie czerpie najmniejszej przyjemności z tej włóczęgi.

Przede wszystkim – o czym często zapominam – on jest o siedemnaście lat starszy ode mnie. Trzeba mu więc wybaczyć, że nieco mniej niż mnie ekscytuje go perspektywa długiej wędrówki z plecakiem, w którym jest tylko jedna zmiana bielizny, i poniewierania się po tanich hotelikach. Najwyraźniej to go męczyło. Zresztą on już widział świat. Widział całe cholernie wielkie połacie i przemierzył Azję pociągami trzeciej klasy, kiedy ja byłam w drugiej klasie podstawówki. Dlaczego zmuszałam go do powtórki?

Poza tym ostatnie miesiące uzmysłowiły mi istniejące pomiędzy nami istotne niedopasowanie... takie, którego wcześniej nie zauważyłam. Oboje mnóstwo podróżujemy, tyle że robimy to zupełnie inaczej. Felipe jest, z czego zaczęłam zdawać sobie sprawę, zarówno najlepszym znanym mi podróżnikiem, jak i najgorszym. Nie cierpi dziwacznych łazienek, brudnych restauracji, niewygodnych pociągów i obcych łóżek... a wszystko to, z grubsza rzecz biorąc, składa się właśnie na podróżowanie. Jeśli ma wybór, zawsze będzie to rutynowy styl życia, znane i uspokajająco nużące codzienne czynności. Co mogłoby wam zasugerować, że w ogóle nie nadaje się na podróżnika. I tu się mylicie, Felipe bowiem posiada dar wędrowania, swoją supermoc, tajną broń, która daje mu przewagę nad innymi: Potrafi sobie stworzyć swojską strefę uspokajająco nużących codziennych czynności absolutnie w s z ę d z i e, jeśli tylko nikt nie będzie go stamtąd ruszał. W ciągu trzech dni wymości sobie każde miejsce na ziemi i wtedy już może pozostać tam na następne dziesięciolecie albo dłużej i będzie bardzo zadowolony.

Dlatego Felipe mógł zamieszkać w każdej części świata. Nie tylko pojechać tam, ale zapuścić korzenie. W minionych latach wtapiał się w przeróżne społeczności, poczynając od Ameryki Południowej, przez Europę i Bliski Wschód aż po rejon południowego Pacyfiku. Przybywa gdzieś jako ktoś zupełnie nowy, dochodzi do wniosku, że mu się tam podoba, wprowadza się, uczy języka i natychmiast staje się tubylcem. Na przykład w Knoxville niecały tydzień zajęło mu znalezienie sobie ulubionego baru śniadaniowego, ulubionego barmana i ulubionego miejsca na lunch. ("Skarbie! – powiedział pewnego dnia, okropnie podekscytowany po samotnym wypadzie do śródmieścia Knoxville – czy wiedziałaś, że mają tam wspaniałą i zupełnie niedrogą restaurację rybną, która nazywa się John Long Sliver?") Zostałby z radością w Knoxville na czas nieokreślony, gdybym tego chciała. Nie miał nic przeciwko gnieżdżeniu się w tym samym pokoju hotelowym przez wiele kolejnych lat... pod warunkiem że pozostalibyśmy w jednym miejscu.

Wszystko to przypomina mi pewną historię z jego dzieciństwa, którą mi kiedyś opowiedział. Jako mały chłopiec, przerażony jakimś sennym koszmarem albo wyimaginowanym potworem, zawsze biegł w środku nocy do łóżka swojej cudownej siostry Lily, która będąc o dziesięć lat starsza, stanowiła dla niego ucieleśnienie wszelkiej ludzkiej mądrości i dawała poczucie bezpieczeństwa. Szturchał ją w ramię i szeptał, *Me da um cantinho...* „Daj mi kącik". Rozespana, bez słowa protestu przesuwała się i zostawiała mu wygrzane miejsce obok siebie. Przez wszystkie te lata, kiedy znałam tego mężczyznę, nigdy nie słyszałam, by prosił o coś więcej.

Ja jednak jestem inna.

Felipe może wymościć sobie kącik gdziekolwiek na świecie i zadomowić się w nim, ale ja tak nie potrafię. Jestem mniej cierpliwa niż on. Moja niecierpliwość powoduje, że jestem lepszą podróżniczką, jeśli chodzi o wyprawy podejmowane z dnia na dzień. Jestem nieskończenie ciekawa i prawie nieskończenie cierpliwa w przypadku niefortunnych zdarzeń, niewygód i mniejszych kataklizmów. Mogę więc wybrać się w jakiekolwiek miejsce na naszej planecie... to żaden problem. Problem tkwi w tym, że nie mogłabym osiąść w żadnym z tych miejsc. Uświadomiłam to sobie zaledwie kilka tygodni wcześniej w Luang Prabang, kiedy Felipe obudził się pewnego pięknego poranka i powiedział:

– Skarbie, zostańmy tutaj.

– Jasne – odparłam. – Możemy zostać jeszcze kilka dni, jeśli tego chcesz.

– Nie, chodzi mi o to, żebyśmy tu zamieszkali na stałe. Zapomnijmy o mojej przeprowadzce do Ameryki. To wymaga zbyt dużo zachodu! Tu mamy cudowne miasto.

Podoba mi się jego atmosfera. Przypomina mi Brazylię sprzed trzydziestu lat. Nie będzie potrzeba zbyt wiele pieniędzy i wysiłku, by poprowadzić tutaj niewielki hotel albo sklep, wynająć mieszkanie, osiąść...

Czułam, że blednę.

Mówił poważnie. Zrobiłby to. Przeprowadziłby się do północnego Laosu na czas nieokreślony i zbudował tam sobie nowe życie. Ja tak nie umiem. To, co proponował Felipe, to podróż na poziomie, do jakiego nie sięgam... podróż, która już nie jest tak naprawdę podróżą, lecz raczej pragnieniem, by jakieś nieznane miejsce wchłonęło nas na czas nieokreślony. Nie dorastałam do tego. Moje podróżowanie, co wtedy pierwszy raz zrozumiałam, było o wiele bardziej dyletanckie, niż sądziłam. Mimo że uwielbiam smakować świat, kiedy mam się zadomowić – naprawdę osiąść na stałe – to chcę mieszkać u siebie, we własnym kraju, słuchać własnego języka, mieć blisko do rodziny i ludzi, którzy myślą tak samo i wierzą w to samo co ja. To już w zasadzie ogranicza mnie do tego niewielkiego skrawka planety Ziemia, na który składa się południowa część stanu Nowy Jork, wiejskie obszary środkowego New Jersey, północno-zachodnie Connecticut i nieduże fragmenty wschodniej Pensylwanii. Dość ograniczone środowisko dla ptaszka, któremu się wydaje, że jest wędrowny. Felipe – moja latająca ryba – nie ma podobnych ograniczeń. Zadowoli go kubełek wody gdziekolwiek na świecie.

Uświadomienie sobie tego wszystkiego pomogło mi ujrzeć w lepszej perspektywie draźliwość, jaką ostatnio wykazywał Felipe. Przecież przeżywał te wszystkie kłopoty – niepewność i upokorzenie amerykańskiej procedury imigracyjnej – wyłącznie ze względu na mnie, znosząc przy tym naruszające jego prywatność postępowanie prawne, podczas gdy mógłby urządzić sobic nowe i łatwiejsze życie w świeżo wynajętym mieszkanku w Luang Prabang. Co więcej, znosił niewygody ciągłego przenoszenia się z miejsca na miejsce – czego bardzo nie lubi – ponieważ czuł, że ja tego potrzebuję. Dlaczego go na to wszystko narażam? Dlaczego nie pozwolę mu odpocząć?

Zmieniłam więc plan.

– A gdybyśmy tak pojechali gdzieś na kilka miesięcy i zostali tam, dopóki nie wezwą cię z powrotem do Australii na rozmowę? – zasugerowałam. – Pojedźmy do Bangkoku.

– Nie – odparł. – Nie do Bangkoku. Zwariujemy, mieszkając w Bangkoku.

– Skądże – powiedziałam. – Nie zostaniemy w Bangkoku na stałe; po prostu zaczniemy tam, bo to jest węzeł komunikacyjny. Zatrzymajmy się tydzień czy dwa w przyzwoitym hotelu, odpocznijmy i poszukajmy jakiegoś taniego lotu na Bali. A kiedy już będziemy na Bali, na pewno uda się wynająć jakiś domek. Poczekamy tam, aż cała sprawa dobiegnie końca.

Po minie Felipe widziałam, że zaczyna mu się to podobać.

– Zrobiłabyś to? – zapytał.

Nagle przyszło mi do głowy coś jeszcze.

– Słuchaj… sprawdźmy, czy nie możemy odzyskać twojego dawnego domku na Bali! Może uda się go wynająć od nowego właściciela. Wtedy po prostu zaczekamy tam, aż dostaniesz wizę amerykańską. Co ty na to?

Przez dłuższą chwilę nie odpowiadał, ale kiedy już się odezwał – Bóg mi świadkiem – myślałam, że się rozpłacze z ulgi.

I tak zrobiliśmy. Polecieliśmy do Bangkoku. Znaleźliśmy hotel z basenem i dobrze zaopatrzonym barem. Zadzwoniliśmy do nowego właściciela dawnego domku Felipe. O dziwo, okazało się, że domek jest do wynajęcia za niewygórowane czterysta dolarów miesięcznie... całkiem dobra cena za dziwactwo, jakim było wynajmowanie własnego kiedyś domu. Zarezerwowaliśmy bilety na lot na Bali za tydzień. W jednej chwili Felipe znowu był człowiekiem zadowolonym. Zadowolonym, cierpliwym i dobrotliwym, za jakiego go zawsze uważałam.

Natomiast jeśli chodzi o mnie...

Coś mnie męczyło.

Coś mnie ciągnęło. Widziałam, jak Felipe się odpręża, siedząc przy ładnym basenie, z kryminałem w jednej ręce i piwem w drugiej, ale teraz z kolei ja byłam podminowana. Nie mam zwyczaju przesiadywać przy basenie z zimnym piwem i z kryminałem. Moje myśli wracały stale do Kambodży, która była tak k u s z ą c o b l i s k o, która była tuż za granicą z Tajlandią... Zawsze chciałam obejrzeć świątynię Angkor Wat, ale podczas wcześniejszych podróży jakoś nie udało mi się tam dotrzeć. Mieliśmy tydzień bezczynności przed sobą i trafiła mi się idealna okazja, żeby tam pojechać. Nie umiałam sobie jednak wyobrazić, że ciągnę teraz Felipe do Kambodży. Nawet nie sądziłam, by Felipe dał się zaciągnąć do samolotu, żeby potem w prażącym upale oglądać osypujące się ruiny.

A gdybym pojechała do Kambodży sama, na kilka dni? Gdybym zostawiła go tutaj, w Bangkoku, z zadowoleniem tkwiącego przy tym basenie? Przez ostatnie pięć miesięcy spędziliśmy ze sobą prawie każdą minutę, i to w stanowiących duże wyzwanie warunkach. To cud, że nasze

276

ostatnie starcie w autobusie było jedynym poważniejszym konfliktem. Czy nie skorzystamy oboje na krótkiej rozłące?

Wszystko to prawda, jednak delikatność naszej sytuacji powodowała, że miałam wątpliwości, czy mogę zostawić go samego. Nie był to odpowiedni czas na żadne ryzyko. Bo co będzie, jeśli coś mi się stanie w Kambodży? A jeśli coś się stanie jemu? Może się zdarzyć trzęsienie ziemi, tsunami, rozruchy, wypadek samolotu, ciężkie zatrucie pokarmowe, porwanie. Co, jeśli któregoś dnia podczas mojej nieobecności Felipe gdzieś pójdzie, wpadnie pod samochód, dozna poważnego urazu głowy i wyląduje w jakimś szpitalu, gdzie nikt nie będzie wiedział, kim jest, i już nigdy go nie odnajdę? W tej chwili nasze istnienie podlegało nieustannym zmianom i wszystko było takie kruche. Unosiliśmy się na powierzchni w łodzi ratunkowej, podskakując niepewnie na falach. Łącząca nas więź była na razie naszą jedyną siłą. Po co ryzykować rozstanie w takim momencie?

A może już czas, by zarzucić ten fanatyzm stanu niepewności. Nie mieliśmy powodu zakładać, że sprawy nie ułożą się po naszej myśli. Ten okres dziwnego wygnania przecież w końcu minie; Felipe na pewno otrzyma amerykańską wizę; na pewno się pobierzemy; na pewno znajdziemy dom dla siebie w Stanach Zjednoczonych; na pewno czeka nas wiele lat wspólnego życia. Skoro tak, powinnam teraz wyskoczyć na krótki wypad sama; choćby po to, by stworzyć precedens na przyszłość. Bo jest coś, co wiedziałam o sobie: Tak jak istnieją żony, które muszą od czasu do czasu wyrwać się od męża na weekend w spa z przyjaciółkami, tak ja zawsze będę żoną, która musi od czasu do czasu wyrwać się od męża na weekend w Kambodży.

Tylko na kilka dni!

A może jemu też przydałoby się wytchnienie ode mnie. Obserwując przez kilka ostatnich tygodni, jak coraz częściej działamy sobie na nerwy, a teraz czując tak silną potrzebę pewnego oddalenia od niego, zaczęłam myśleć o ogrodzie moich rodziców... który jest zapewne nie najgorszą metaforą tego, jak małżonkowie muszą się do siebie przystosować, a czasami po prostu schodzić sobie z drogi dla uniknięcia konfliktu.

Pierwotnie to matka była rodzinnym ogrodnikiem, jednak z biegiem lat ojciec zainteresował się uprawą roślin i wpychał się w sprawy, które były jej domeną. Ale tak jak Felipe i ja podróżujemy na różne sposoby, tak ojciec i matka w różny sposób zajmują się uprawami, co często prowadziło do nieporozumień. Po latach podzielili więc ogród, żeby zachowywać się wśród roślin kulturalnie i spokojnie. W rzeczywistości podzielili go w tak skomplikowany sposób, że w obecnym momencie jego historii trzeba by chyba sił pokojowych ONZ, by zorientować się w starannie rozdzielonych przez rodziców sferach warzywno-owocowych wpływów. Sałata, brokuły, zioła, buraki i maliny są na przykład domeną matki, ponieważ ojciec nie wymyślił jeszcze sposobu na przejęcie od niej kontroli nad tą uprawą. Jednak marchewki, pory i szparagi znajdują się w całości na terenie zarządzanym przez ojca. A co z borówkami? Tata odgania mamę od swojej grządki jak szkodnika. Nie wolno jej się nawet zbliżać do borówek: nie wolno przycinać, zbierać ani nawet podlewać. Ojciec rości sobie prawa do zagonu borówek i b r o n i go.

Kwestia upraw komplikuje się przy pomidorach i kukurydzy. Podobnie jak Zachodni Brzeg, jak Tajwan, jak Kaszmir, pomidory i kukurydza wciąż są terytorium spornym.

Matka sadzi pomidory, ale ojciec odpowiada za stawianie palików, z kolei matka pomidory zbiera. Nie pytajcie mnie dlaczego! Takie są po prostu zasady walki. (A przynajmniej takie były zeszłego lata. Sprawa pomidorów wciąż ewoluuje.) Z drugiej strony mamy kukurydzę. Ojciec ją sieje, a matka zbiera plony, po czym ojciec własnoręcznie produkuje ze ździebeł kompost.

I tak się trudzą, razem, ale osobno.

Ogród bez końca, amen.

Ów szczególny rozejm w ogrodzie rodziców przywodzi mi na myśl książkę, którą jedna z moich przyjaciółek, psycholog Deborah Luepnitz, opublikowała kilka lat temu pod tytułem *Schopenhauer's Porcupines* („Jeżozwierze Schopenhauera"). Najważniejszą metaforą w książce Deborah jest opowiastka przedfreudowskiego filozofa Arthura Schopenhauera na temat zasadniczego dylematu ludzkiej zażyłości we współczesnym świecie. Schopenhauer uważał, że ludzie w swoich związkach uczuciowych są niczym jeżozwierze w mroźną zimową noc. Chroniąc się przed zimnem, zwierzęta tulą się do siebie. Kiedy jednak znajdą się tak blisko siebie, by poczuć ciepło, boleśnie kłują się nawzajem kolcami. Odruchowo się więc odsuwają. Ale kiedy się odsuną, znowu marzną. Zimno popycha je ku sobie i ponownie nadziewają się nawzajem na kolce. Więc znów się wycofują. I znów zbliżają. Bez końca.

„I ten cykl się powtarza – pisała Deborah – podczas gdy one próbują znaleźć ów punkt między nadziewaniem a marznięciem".

Dzieląc między siebie kontrolę nad tak istotnymi sprawami, jak pieniądze i dzieci, ale również nad tak pozornie nieistotnymi, jak buraki i borówki, moi rodzice tworzą własną wersję tańca jeżozwierzy, ciągle najeżdżając na terytorium tego drugiego i wycofując się, nieustannie negocjując i wprowadzając nowe ustalenia. Po tych wszystkich latach ciągle szukają tego właściwego punktu między niezależnością i współpracą... delikatnie regulują równowagę. A to właśnie pozwala im uprawiać owo specyficzne poletko zażyłości. Zawierają wiele kompromisów, czasami marnują cenny czas i energię, które woleliby przeznaczyć na coś zupełnie innego, wykonywanego oddzielnie, choćby po to tylko, żeby ta druga osoba nie plątała się pod nogami. Będziemy musieli z Felipe postępować podobnie, kiedy zajmiemy się naszymi uprawami... i na pewno nauczymy się kroków naszego tańca jeżozwierzy wokół tematu podróży.

Kiedy postanowiłam wreszcie przedyskutować z Felipe mój pomysł krótkiego, samotnego wyskoku do Kambodży, byłam pełna obaw, które mnie samą zaskoczyły. Przez kilka dni nie wiedziałam, jak się do tego zabrać. Nie chciałam mieć poczucia, że proszę o pozwolenie, bo stawiałoby go to w roli pana albo rodzica... a to nie byłoby wobec mnie uczciwe. Nie potrafiłam też sobie wyobrazić, że usiądę naprzeciwko tego miłego, szanującego uczucia innych człowieka i bez ogródek oświadczę mu, że gdzieś się wybieram, czy mu się to podoba czy nie. To obsadziłoby mnie w roli świadomego tyrana, co z kolei nie byłoby uczciwe wobec niego.

Muszę przyznać, że wyszłam z wprawy, jeśli chodzi o załatwianie takich spraw. Przed spotkaniem Felipe byłam przez jakiś czas sama i przyzwyczaiłam się do układania sobie harmonogramu zajęć bez brania pod uwagę życzeń drugiej osoby. Co więcej, do niedawna narzucone nam ograniczenia w podróżowaniu (jak i to, że mieszkaliśmy na różnych kontynentach) powodowały, że mnóstwo czasu spędzaliśmy z dala od siebie. Małżeństwo to wszystko zmieni. Teraz będziemy ciągle razem i to przyniesie nowe uciążliwe ograniczenia, ponieważ z samej swojej natury małżeństwo jest czymś, co wiąże i poskramia. Małżeństwo ma energię bonsai: jest wciśniętym w doniczkę drzewkiem o skręconych korzeniach i przyciętych gałązkach. Zwróćcie uwagę, że bonsai mogą żyć przez stulecia, a ich piękno jest bezpośrednim rezultatem takiego dławienia, nikt jednak nie pomyliłby bonsai ze swobodnie rosnącym pnączem. Polski filozof i socjolog Zygmunt Bauman doskonale ujął ten problem. Uważa on bowiem, że współczesnym parom wciskano kit, wmawiając im, że mogą i powinny mieć jedno i drugie... że w naszym życiu wszyscy powinniśmy mieć po równo zażyłości i niezależności. Bauman sugeruje, że w naszej kulturze całkiem opacznie uwierzyliśmy, że jeśli tylko uda nam się właściwie poradzić sobie z własnym życiem emocjonalnym, to doświadczymy krzepiącej stałości małżeństwa, nigdy nie mając poczucia uwięzienia ani ograniczenia. Tutaj tym magicznym – wręcz fetyszyzowanym – słowem jest „równowaga" i niemal wszyscy, których znam, rozpaczliwie tej równowagi poszukują. Wszyscy staramy się, jak pisze Bauman, by nasze małżeństwa „dawały siłę, a nie osłabiały, rozwijały, a nie upośledzały, zaspokajały, a nie obarczały".

Może są to jednak nierealne aspiracje? Ponieważ miłość o g r a n i c z a niemal z samej definicji. Miłość zawęża. Ogromnemu uniesieniu, jakie odczuwamy, kiedy się zakochujemy, odpowiadają jedynie wielkie ograniczenia, jakie w sposób nieunikniony następują potem. Mój związek z Felipe opiera się na wielkiej wyrozumiałości, ale nie dajcie się zwieść: roszczę sobie nieograniczone prawa do tego mężczyzny i dlatego odgrodziłam go od reszty stada. Jego energia (seksualna, emocjonalna, twórcza) należy przede wszystkim do mnie, do nikogo więcej... już nawet nie całkiem do niego samego. Mnie jest winien informację, wyjaśnienia, wierność, stałość, a także różne szczegóły z bardziej przyziemnych aspektów życia. Nie chodzi o to, że założyłam mu obrożę z nadajnikiem, ale nie miejcie złudzeń... teraz on należy do mnie. A ja należę do niego, dokładnie w tym samym stopniu.

Co nie znaczy, że nie mogę pojechać do Kambodży sama. Znaczy natomiast, że przed wyjazdem muszę omówić swoje plany z Felipe... tak, jak zrobiłby to on w odwrotnej sytuacji. Jeśli będzie miał coś przeciwko mojej samotnej podróży, mogę go przekonywać, ale jestem co najmniej zobowiązana do wysłuchania jego zastrzeżeń. Jeśli będzie uparcie protestować, mogę z takim samym uporem obstawać przy swoim, ale muszę starannie wybierać pole bitwy... podobnie jak on. Jeśli zbyt często będzie sprzeciwiał się moim życzeniom, nasze małżeństwo nie potrwa długo. Jeśli nieustannie będę domagać się prawa wyrywania od niego, skutek będzie taki sam. Zatem ta operacja wzajemnego, cichego, niemal aksamitnego przymuszania jest czymś bardzo delikatnym. Z szacunku dla siebie musimy się nauczyć, jak z nadzwyczajną starannością wzajemnie uwalniać się i ograniczać, nie powinniśmy jednak nigdy – ani przez chwilę – udawać, że nie podlegamy żadnym ograniczeniom.

Po długich przemyśleniach pewnego ranka przy śniadaniu zdobyłam się na odwagę i poruszyłam wreszcie temat Kambodży. Dobierałam słowa z niedorzeczną wręcz ostrożnością, używając tak zawiłego języka, że przez jakiś czas biedak nie miał najmniejszego pojęcia, o czym mówię. Zaczęłam od bardzo długiego, oficjalnego wstępu, w którym próbowałam niezdarnie wyjaśnić, że chociaż go kocham i nie jestem pewna, czy powinnam opuszczać go w tak trudnym momencie naszego życia, to naprawdę chciałabym zobaczyć te kambodżańskie świątynie... i może, skoro starożytne ruiny tak go nużą, powinnam rozważyć, czy nie wybrać się tam sama?... a może wcale by nam nie zaszkodziło, gdybyśmy spędzili kilka dni z dala od siebie, zważywszy na to, jak stresujące stało się to całe podróżowanie?

Kilka chwil zabrało Felipe, zanim zorientował się, o czym mówię, ale kiedy wreszcie zrozumiał, odłożył grzankę i przyjrzał mi się ze szczerym zdumieniem.

– Mój Boże, skarbie! – powiedział. – O co ci chodzi? P o   p r o s t u   j e d ź!

Więc pojechałam.

I moja podroż do Kambodży okazała się...

Jak mam to wytłumaczyć?

Kambodża to nie jest dzień spędzony na plaży. Kambodża to nie jest dzień na plaży, nawet jeżeli przypadkiem byłaby to plaża kambodżańska. Kambodża jest sroga. Wszystko w tym kraju odczuwałam jako srogie. Srogi jest krajobraz, ujarzmiony ponad miarę. Sroga jest historia, ze świeżą pamięcią o ludobójstwie. Srogie są twarze dzieci. Psy są srogie. Bieda ma bardziej srogie oblicze niż tam, gdzie widziałam ją wcześniej. Przypominało to nędzę indyjskich wsi, tyle że bez werwy Indii. Przypominało nędzę brazylijskich miast, ale bez brazylijskiej błyskotliwości. Była to nędza zakurzona i znużona.

Z tego wszystkiego najbardziej srogi był mój przewodnik.

Kiedy już załatwiłam pokój w Siem Reap, wyruszyłam, by wynająć sobie przewodnika, który pokaże mi ruiny

Angkor, i znalazłam człowieka o imieniu Narith... po-
wściągliwego, mającego dużą wiedzę i wyjątkowo poważnego dżentelmena po czterdziestce, który bardzo uprzejmie
oprowadził mnie po wspaniałych starożytnych ruinach,
ale który, ujmując rzecz łagodnie, nie był zachwycony
moim towarzystwem. Nie zaprzyjaźniliśmy się, Narith
i ja, choć bardzo tego chciałam. Nie lubię sytuacji, kiedy
nie mogę się zaprzyjaźnić z nowo poznaną osobą, jednak
pomiędzy Narithem a mną miejsca na przyjaźń nie było.
Problem częściowo tkwił w jego nadzwyczaj onieśmiela-
jącym sposobie bycia. Każdy nosi w sobie jakieś uczucie
i u Naritha była nim spokojna dezaprobata, którą okazywał
przy każdej okazji. Tak bardzo wytrącało mnie to z równowagi, że po dwóch dniach prawie nie śmiałam otwierać
ust. Doprowadził do tego, że czułam się jak niemądre
dziecko, co nie było takie zaskakujące, zważywszy na to,
że poza oprowadzaniem wycieczek uczył w szkole. Mogę
się założyć, że jest tam niesamowicie skuteczny. Przyznał
się kiedyś, że czasami tęskni za dobrymi dawnymi czasami sprzed wojny, kiedy rodziny kambodżańskie żyły po
swojemu i kiedy dzieci regularnie dyscyplinowano biciem.

Jednak to nie wyłącznie surowość Naritha wykluczyła
jakieś cieplejsze relacje między nami; była w tym i moja
wina. Zupełnie nie potrafiłam wykombinować, jak mam
z nim rozmawiać. Byłam bez przerwy świadoma, że mam
do czynienia z kimś, kto dorastał w jednym z najbardziej
brutalnych okresów, jakie zna historia ludzkości. Każda
kambodżańska rodzina została w jakiś sposób dotknięta
ludobójstwem z lat siedemdziesiątych. Ci, których w Kambodży za czasów Pol Pota nie dotknęły tortury albo nie
spotkała śmierć, przymierali głodem i cierpieli. Można
zatem spokojnie założyć, że każdy Kambodżanin powy-

żej czterdziestki przeżył w dzieciństwie absolutne piekło. Z taką wiedzą trudno mi było prowadzić z Narithem lekką rozmowę. Nie potrafiłam znaleźć tematów, które nie byłyby obarczone potencjalnymi odniesieniami do nie tak znowu dawnej przeszłości. Doszłam do wniosku, że podróżowanie przez Kambodżę z Kambodżaninem jest niczym zwiedzanie domu, w którym niedawno doszło do wymordowania rodziny, a oprowadza nas jedyny jej członek, któremu udało się ujść z życiem. Desperacko staramy się w takiej sytuacji unikać pytań w rodzaju: „Więc... to jest ta sypialnia, w której pański brat zamordował pańskie siostry?", „A to jest garaż, w którym pański ojciec torturował pańskich kuzynów?" Zamiast tego człowiek idzie grzecznie za przewodnikiem, a kiedy ten mówi: „Tu jest szczególnie ładny zachowany fragment naszego domu", kiwa tylko głową i mamrocze: „Tak, ta pergola jest rzeczywiście urocza..."

I zastanawia się.

Tymczasem Narith i ja obchodziliśmy ruiny, unikając rozmowy na temat współczesnej historii, za to natykaliśmy się wszędzie na grupki dzieci, całe gangi żebrzących obdartusów. Niektóre nie miały nóg. Przysiadały na występie jakiejś starej budowli, wskazywały na swoje kikuty i wykrzykiwały: „Mina! Mina! Mina!" Kiedy przechodziliśmy obok, te sprawniejsze wlokły się za nami, próbując sprzedać mi pocztówki, bransolety, różne drobiazgi. Niektóre były nachalne, inne próbowały subtelniejszego podejścia. „Z jakiego amerykańskiego stanu pochodzisz? – zapytał mnie jeden z małych chłopców. – Jak ci powiem jego stolicę, dasz mi dolara!" Ten właśnie chłopiec szedł za mną przez większość dnia, rzucając nazwami amerykańskich stanów i ich stolic, tworząc z tego jakiś dziwny, piskliwie recytowany wiersz: „Illinois, pani! Springfield! Nowy Jork, pani! Albany!" Z upływem dnia był coraz bardziej zdenerwowany: „Kalifornia, pani! SACRAMENTO! Teksas, pani! AUSTIN!"

Przepełniona współczuciem dawałam tym dzieciom pieniądze, a Narith łajał mnie za tę jałmużnę. Trzeba je ignorować, pouczał. Tylko pogarszam sytuację, dając im pieniądze, ostrzegał. Zachęcam do żebrania, co tylko może doprowadzić do końca Kambodży. Zbyt wiele tych dzieci, żeby dało się im pomóc, a moje zachowanie jedynie przyciągnie kolejne. I rzeczywiście, zbierało się ich coraz więcej, kiedy widziały, że wyciągam banknoty albo monety, ale gdy już skończyła mi się kambodżańska waluta, one wciąż się wokół mnie kręciły. Czułam się podtruta słowem „NIE", które nieustannie wychodziło z moich ust: okropna mantra. Dzieci stawały się coraz bardziej nachalne, aż Narith doszedł do wniosku, że ma tego dość, i jednym ostrym warknięciem przegonił je w ruiny.

Pewnego popołudnia, kiedy wracaliśmy ze zwiedzania pozostałości jakiegoś trzynastowiecznego pałacu, chcąc zmienić temat i odciągnąć naszą uwagę od żebrzących dzieci, spytałam o pobliski las, zastanawiając się głośno nad jego historią.

– Kiedy Czerwoni Khmerzy zabili mojego ojca, żołnierze zabrali nasz dom jako trofeum – odpowiedział mi Narith zupełnie nie à propos.

Nie wiedziałam, jak zareagować na te słowa, więc szliśmy dalej w milczeniu.

– Matkę wysłali do lasu – dodał po jakimś czasie – ze wszystkimi dziećmi, żebyśmy tam spróbowali przeżyć.

Czekałam na resztę opowieści, ale nie było reszty opowieści... a przynajmniej niczego, czym chciałby się podzielić.

– Bardzo mi przykro – powiedziałam w końcu. – To musiało być straszne.

Spojrzał na mnie ponurym wzrokiem, w którym było... co? Litość? Pogarda? Trwało to tylko chwilę.

– Kontynuujmy zwiedzanie – powiedział, wskazując ręką cuchnące bagno po naszej lewej stronie. – Kiedyś to było jeziorko lustrzane, używane w dwunastym wieku przez króla Dżajawarmana VII do oglądania odbitego w jego tafli obrazu gwiazd...

Nazajutrz, chcąc coś ofiarować temu zdewastowanemu krajowi, spróbowałam oddać krew w miejscowym szpitalu. Wcześniej wszędzie widziałam ogłoszenia o braku krwi, ze skierowanym do turystów apelem o pomoc, ale nawet to przedsięwzięcie mi się nie powiodło. Pełniąca dyżur skrupulatna szwajcarska pielęgniarka zbadała mi krew i rzuciwszy okiem na niski poziom żelaza, natychmiast mnie zdyskwalifikowała. Nie zgodziła się na pobranie choćby ćwierci litra.

– Jest pani za słaba! – oświadczyła oskarżycielskim tonem. – Najwyraźniej nie dbała pani o siebie! Nie powinna pani wybierać się w podróż! Trzeba siedzieć w domu i odpoczywać!

Tamtego wieczoru – mojego ostatniego wieczoru w Kambodży – spacerowałam ulicami Siem Reap, starając się wtopić w to miejsce. Nie czułam się jednak bezpiecznie sama w tym mieście. Zazwyczaj, kiedy samotnie przemierzam nowe okolice, spływa na mnie szczególne uczucie spokoju i harmonii (prawdę mówiąc, po to właśnie się do Kambodży wybrałam), ale na tej wycieczce nie udało mi się go odnaleźć. Czułam się raczej jak intruz, źródło irytacji, idiotka, która może nawet stanowić cel ataku. Czułam się żałosna i anemiczna. Kiedy po kolacji wracałam do

hotelu, otoczyła mnie grupka żebrzących dzieci. Jeden chłopiec nie miał stopy, ale kuśtykając dzielnie, wystawił swoją kulę tak, żebym się o nią potknęła. Zatoczyłam się, zamachałam ramionami jak klaun, ale nie przewróciłam.
– Pieniądze – oświadczył chłopiec bezbarwnym głosem. – Pieniądze.

Usiłowałam go wyminąć. Ponownie zwinnie wysunął kulę, tak że musiałam przed nią uskoczyć, co wydawało mi się okropne i szalone. Dzieci wybuchnęły śmiechem i w rezultacie dołączyły do nich kolejne: teraz miały przedstawienie. Przyspieszyłam kroku, kierując się wprost do hotelu. Dzieci było coraz więcej. Niektóre ze śmiechem zagradzały mi drogę, a jedna dziewczynka uwiesiła się mojego rękawa i wołała: „Jeść! Jeść! Jeść!" Do hotelu dotarłam biegiem. To było haniebne.

Jeśli mogłam sobie pogratulować, że podczas tego chaosu ostatnich miesięcy udało mi się zachować jako taki spokój umysłu, to musiałam przyznać, że został on zburzony w Kambodży, i to w jednej chwili. Całe moje opanowanie doświadczonego podróżnika wyparowało – najwyraźniej razem z moją cierpliwością i fundamentalnym ludzkim współczuciem – gdy wzburzona umykałam w popłochu przed małymi głodnymi, żebrzącymi o jedzenie dziećmi. Kiedy dotarłam do hotelu, wpadłam do swojego pokoju, zamknęłam drzwi na klucz, wcisnęłam twarz w ręcznik i długo jeszcze trzęsłam się jak nędzny gówniany tchórz.

Tak wyglądała moja wielka wyprawa do Kambodży.

Jeden oczywisty sposób odczytania tej historii to taki, że być może w ogóle nie powinnam była tam jechać... a przynajmniej nie wtedy. Niepotrzebnie się na to naparłam, było to wręcz niefrasobliwe, ponieważ odczuwałam już zmęczenie podróżami i oboje z Felipe poddani byliśmy ciężkiej próbie tymczasowości i niepewnego jutra. Może nie była to najlepsza pora okazywania swojej niezależności czy budowania podwalin pod przyszłą swobodę, sprawdzania granic naszej zażyłości. Może powinnam była zostać z Felipe w Bangkoku, przy basenie, popijając piwo i odpoczywając w oczekiwaniu kolejnego wspólnego posunięcia. Tyle że ja nie lubię piwa i nie potrafiłabym się odprężyć. Gdybym wzięła na wodze swoje porywy i tamtego tygodnia trzymała się Bangkoku, pijąc piwo i przyglądając się, jak działamy sobie wzajemnie na nerwy, może ukryłabym coś głęboko w sobie, coś, co w końcu zaczęłoby cuchnąć niczym jezioro króla Dżajawarmana, i w końcu zatrułoby nasz związek. Pojechałam do Kambodży, bo musiałam. Mogło to być przykre doświadczenie i nieudana wyprawa, ale to nie znaczy, że nie powinnam była pojechać. Czasami życie jest przykre i nieudane. Staramy się, jak umiemy. Nie zawsze wiemy, jakie powinno być to właściwe posunięcie.

Wiem tylko, że następnego dnia po moim spotkaniu z żebrzącymi dziećmi wróciłam do Bangkoku i zastałam spokojnego, odprężonego Felipe, któremu najwyraźniej dobrze zrobiła moja chwilowa nieobecność. Spędził ten czas beze mnie, dla zabawy ucząc się, jak robić zwierzęta z balonów. Dlatego od razu wręczył mi żyrafę, jamnika i grzechotnika. Był nadzwyczaj z siebie dumny. Ja z kolei czułam się niepewnie i wcale nie byłam dumna ze swojego zachowania w Kambodży. Czułam za to wielką radość, że widzę tego człowieka. I byłam mu niezmiernie wdzięczna za zachęcanie mnie do robienia rzeczy, które nie są całkiem bezpieczne, których nie da się do końca wyjaśnić i które nie zawsze przynoszą rezultat, o jakim mogłabym marzyć. Nie potrafię nawet wyrazić, jak jestem mu za to wdzięczna... bo prawdę mówiąc, na pewno znowu zrobię coś takiego.

Chwaliłam więc Felipe za jego cudowną balonową menażerię, a on słuchał uważnie moich smutnych opowieści o Kambodży i kiedy poczuliśmy się zmęczeni, poszliśmy do łóżka i skleciliśmy sobie własną łódź ratunkową i dalej pociągnęliśmy naszą historię.

ROZDZIAŁ SIÓDMY

MAŁŻEŃSTWO A DZIAŁALNOŚĆ WYWROTOWA

Ze wszystkich działań, jakie człowiek podejmuje w życiu,
jego małżeństwo najmniej dotyczy innych ludzi;
ale spośród wszystkich działań, jakie w życiu podejmujemy,
do tego właśnie najbardziej wtrącają się inni.

John Selden, 1689

Pod koniec października 2006 roku wróciliśmy na Bali i zamieszkaliśmy w położonym pośród pól ryżowych dawnym domku Felipe. Planowaliśmy tam spokojnie i pokornie przeczekać resztę imigracyjnej procedury, unikając stresujących i konfliktowych sytuacji. Przyjemnie było osiąść na czas jakiś w bardziej znajomym otoczeniu, skończyć z tym nieustannym przemieszczaniem się z miejsca na miejsce. Była to ta sama chatka, w której niemal trzy lata wcześniej zakochaliśmy się w sobie i z której zaledwie przed rokiem Felipe zrezygnował, żeby przenieść się ze mną „na stałe" do Filadelfii. Była najbliższa prawdziwemu domowi, jaki mogliśmy sobie w tym momencie wymarzyć, i znalezienie się w niej z powrotem sprawiło nam prawdziwą radość.

Widziałam, jak Felipe taje wewnętrznie pod wpływem ulgi, obchodząc znajome kąty, dotykając różnych przedmiotów i wąchając je z niemal psią przyjemnością. Nic się tu nie zmieniło od naszego wyjazdu. Na górze, na tarasie, stała ratanowa kanapa, na której Felipe, jak lubi mówić, mnie u w i ó d ł. Było to samo wygodne łóżko, na którym pierwszy raz się kochaliśmy. W maleńkiej kuchni zobaczyłam talerze i garnki, które kupiłam Felipe wkrótce

po tym, jak się poznaliśmy, bo przygnębiało mnie jej sta-
rokawalerskie wyposażenie. W kąciku stało biurko, przy
którym pracowałam nad swoją ostatnią książką. Radża,
stary pomarańczowo umaszczony przyjazny pies sąsiadów
(którego Felipe zawsze nazywał „Roger"), jak dawnej kuś-
tykał zadowolony i powarkiwał na własny cień. Na polu
ryżowym dreptały, pokwakując do siebie, kaczki.

Był nawet dzbanek do kawy.

Jak za dotknięciem czarodziejskiej różdżki Felipe znowu
był sobą: życzliwy, troskliwy, miły. Miał swój mały kącik
i zwykłe domowe zajęcia. Ja miałam swoje książki. Mieliśmy znajome wspólne łóżko. Odprężyliśmy się na tyle, na ile
było to możliwe w oczekiwaniu na decyzję Departamentu
Bezpieczeństwa Wewnętrznego, która miała przesądzić
o naszym losie. Następne dwa miesiące spędziliśmy jakby
w narkotycznym zawieszeniu... przypominającym me-
dytacje żab naszego znajomego Keo. Ja czytałam, Felipe
kucharzył, czasami szliśmy na leniwy spacer wokół wioski
i odwiedzaliśmy starych przyjaciół. Z tego krótkiego czasu
na Bali najlepiej jednak pamiętam noce.

A oto coś, czego byście w ogóle się po Bali nie spodziewali: To miejsce jest cholernie g ł o ś n e. Mieszkałam
kiedyś na Manhattanie przy Czternastej Ulicy i było tam
dużo ciszej niż w tej balijskiej wiosce. Na Bali bywały
noce, kiedy oboje budziliśmy się jednocześnie, wyrwani
ze snu przez ujadające psy albo awanturujące się koguty
czy też rozentuzjazmowany tłum uczestniczący w jakiejś
uroczystej procesji. Zdarzało się, że wyrywała nas ze snu
dynamiczna pogoda. Zawsze sypialiśmy przy otwartych
oknach, a czasami w nocy porywy wiatru były tak gwał-
towne, że budziliśmy się całkiem zaplątani w moskitierę.

Wysupływaliśmy się wzajemnie z tej sieci, po czym leżeliśmy w ciemności nagrzanego pokoju, rozmawiając.

Jeden z moich ulubionych fragmentów literatury pochodzi z *Niewidzialnych miast* Italo Calvino. Autor opisuje nieistniejące miasto o nazwie Eufemia, w którym podczas każdego letniego i zimowego przesilenia i każdej równonocy wiosennej i jesiennej zbierają się kupcy wszystkich nacji w celu wymiany towarów. Nie spotykają się jednak po to, by sprzedawać i kupować przyprawy lub klejnoty, zwierzęta hodowlane lub tkaniny. Przybywają, by dokonywać wymiany opowieści... by prowadzić handel wymienny swoimi przeżyciami. Funkcjonuje to tak, pisał Calvino, że zbierają się nocą przy ogniskach i każdy z nich rzuca jakieś hasło, na przykład „siostra", „wilk", „zakopany skarb". Potem pozostali mężczyźni kolejno opowiadają swoje historie o siostrach, wilkach lub ukrytych skarbach. A w następnych miesiącach, długo po opuszczeniu Eufemii, kupcy przemierzają na wielbłądach samotnie pustynię albo żeglują do dalekich Chin, walczą z nudą, grzebiąc w swoich wspomnieniach. I wtedy każdy z nich odkrywa, że jego wspomnienia rzeczywiście zostały przehandlowane... że, jak napisał Calvino, „jego siostra została wymieniona na siostrę kogoś innego, jego wilk na innego wilka".

Oto, co na dłuższą metę robi z nami zażyłość. Oto, czego może dokonać długoletnie małżeństwo: Powoduje, że przejmujemy opowieści i się nimi wymieniamy. W ten sposób stajemy się nawzajem swoimi przybudówkami, treliażami, po których może piąć się biografia tej drugiej osoby. Prywatne wspomnienia Felipe stają się cząstką mojej pamięci; moje życie wplecione jest w materię jego życia. Myśląc o tamtym fikcyjnym mieście, jego targach wspomnień i o tych drobniutkich szwach narracyjnych, dzięki którym tworzy się ludzka zażyłość, czasami – o trzeciej nad ranem, podczas bezsennej nocy na Bali – podsuwałam Felipe jakieś słowo, żeby przywołał swoje wspomnienia z nim związane. Na dany przeze mnie znak, czyli zaproponowane słowo, kładł się obok mnie w ciemności i opowiadał niepowiązane ze sobą historie o siostrach, ukrytych skarbach czy wilkach, a także... o plażach, ptakach, stopach, książętach, konkursach...

Pamiętam taką jedną parną noc, kiedy obudził mnie przejeżdżający nieopodal motocykl bez tłumika i wyczułam, że Felipe też nie śpi. Znowu wybrałam jedno przypadkowe słowo.

– Opowiedz mi, proszę, jakąś historię o rybie.

Felipe długo się zastanawiał.

Potem w tym wypełnionym światłem księżyca pokoju powoli zaczął snuć opowieść o wyprawach z ojcem na ryby, kiedy był małym chłopcem w Brazylii. Wyruszali nad jakąś dziką rzekę, tylko ten malec i mężczyzna, i przez kilka dni biwakowali, chodząc cały czas boso i rozebrani do pasa, żywiąc się tym, co złapali. Felipe nie był ani taki bystry jak jego starszy brat Gildo (wszyscy byli co do tego zgodni), ani tak uroczy jak jego starsza siostra Lily (co do tego też wszyscy byli zgodni), ale miał opinię najlepszego pomocnika i dlatego jako jedyny towarzyszył ojcu w wyprawach wędkarskich, choć był wtedy jeszcze bardzo mały.

Jego podstawowym zadaniem podczas tych ekspedycji było pomaganie ojcu przy stawianiu sieci w poprzek rzeki. Wszystko polegało na właściwej strategii. Tata nie odzywał się do niego w ciągu dnia (zbyt był skupiony na łowieniu ryb), ale wieczorem przy ognisku przedstawiał – jak mężczyzna mężczyźnie – swój plan na następny dzień. Pytał wtedy sześcioletniego syna: „Widziałeś to drzewo o jakąś milę stąd w górę rzeki, takie w połowie zanurzone? Co byś powiedział, żebyśmy tam poszli i sprawdzili to miejsce?" A Felipe kucał przy ognisku, poważny i czujny, słuchał jak mężczyzna, skupiał uwagę na tym pomyśle, kiwał z aprobatą głową. Ojciec Felipe nie miał zbyt wielkich ambicji, nie był myślicielem ani szczególnie pracowitym człowiekiem. Prawdę mówiąc, nie był ani trochę pracowity. Był za to nieustraszonym pływakiem. Potrafił wziąć nóż myśliwski w zęby i przepłynąć szeroką rzekę, żeby sprawdzić sieci i pułapki, podczas gdy synek czekał na brzegu. Felipe był jednocześnie przerażony i zachwycony, kiedy ojciec rozbierał się do szortów, zaciskał w zębach nóż, skakał do wody, a potem walczył z szybkim nurtem. Chłopiec dobrze wiedział, że jeśli ojca zniesie, to on zostanie zupełnie sam na kompletnym odludziu.

Jednak ojca prąd nigdy nie porwał. Był na to zbyt silny. Nocą, w naszej gorącej sypialni na Bali, pod wydymającymi się wilgotnymi moskitierami, Felipe pokazywał mi, jakim to silnym pływakiem był jego tata. Naśladował jego piękny styl, leżąc na plecach w łóżku i machając ledwie widocznymi w ciemnościach ramionami. Mimo upływu dziesiątków lat wciąż pamiętał dźwięk, jaki wywoływały przecinające ciemne wody ramiona jego ojca: *Szu-sza, szu-sza, szu-sza...*

I teraz tamto wspomnienie – tamten dźwięk – przepływało też przeze mnie. Zdawało mi się, że to pamiętam, mimo że nigdy nie spotkałam ojca Felipe, który umarł wiele lat temu. Prawdę mówiąc, na całym świecie są prawdopodobnie ze cztery osoby, które pamiętają jeszcze ojca Felipe, i tylko jedna z nich, aż do tej chwili, pamiętała dokładnie, jak to wyglądało i brzmiało, kiedy przepływał przez szerokie brazylijskie rzeki prawie pięćdziesiąt lat temu. Teraz natomiast miałam uczucie, że w jakiś dziwny i osobisty sposób ja też to pamiętam.

To właśnie jest zażyłość: dokonywana w mroku wymiana opowieści.

Taki właśnie akt spokojnej nocnej rozmowy stanowi dla mnie ilustrację alchemii bliskości. Bo kiedy Felipe opisywał styl pływacki ojca, ja wzięłam ten wodny obrazek i wszyłam go starannie w materię własnego życia i teraz już zawsze będę go mieć przy sobie. Do końca życia i nawet jeżeli Felipe już nie będzie, jego wspomnienie z dzieciństwa, jego ojciec, tamta rzeka, jego Brazylia... wszystko to przetrwa we mnie.

Po kilku tygodniach naszego pobytu na Bali nastąpił przełom w sprawie Felipe.

Z tego, co powiedział nasz prawnik w Filadelfii, wynikało, że FBI sprawdziło moją przeszłość i nie doszukało się żadnych przestępstw. Nie stanowiłam zagrożenia i obcokrajowiec mógł ryzykować ślub ze mną, co oznaczało, że Departament Bezpieczeństwa Wewnętrznego wreszcie rozpocznie załatwianie wniosku imigracyjnego Felipe. Jeśli wszystko pójdzie dobrze – jeśli przyznają mu ten złoty bilet w postaci wizy dla narzeczonego – w ciągu trzech miesięcy pozwolą mu wrócić do Stanów Zjednoczonych. Widać więc już było koniec tego wszystkiego. Nasz ślub niemal stawał się faktem. Dokumenty imigracyjne – przy założeniu, że Felipe je dostanie – pozwolą mu wjechać do Ameryki jedynie na trzydzieści dni, po to by w tym czasie poślubił tę, a nie inną konkretną obywatelkę, Elizabeth Gilbert, albo zostanie deportowany na stałe. Rząd co prawda nie wydawał razem z tymi papierami strzelby, ale miało to trochę taki wydźwięk.

Kiedy wieść o tym dotarła do członków naszych rodzin i przyjaciół rozsianych po świecie, zaczęliśmy dostawać od ludzi pytania, jakiego rodzaju ślubną ceremonię planujemy. Kiedy odbędzie się ślub? Gdzie? Kogo zaprosimy? Wykręcałam się od odpowiedzi. Szczerze przyznaję, że nic nie planowałam, ponieważ sam pomysł publicznej ceremonii wydał mi się zatrważający.

W swoich badaniach natrafiłam na list, jaki 26 kwietnia 1901 roku Antoni Czechow napisał do swojej narzeczonej, Olgi Knipper. List ten idealnie wyrażał wszystkie moje obawy. „Jeśli dasz mi słowo, że nikt w Moskwie nie dowie się o naszym ślubie, zanim będzie po wszystkim, jestem gotów poślubić Cię w dzień mojego przyjazdu – pisał Czechow. – Z jakiejś przyczyny okropnie się lękam ceremonii ślubnej i wszystkich gratulacji, i trzymania w dłoni tego kieliszka szampana, z niewyraźnym uśmiechem na twarzy. Wolałbym, żebyśmy z kościoła mogli pojechać wprost do Zwenigorodu. A jeszcze lepiej weźmy ślub w Zwenigorodzie. Pomyśl, pomyśl, kochanie! Mówią, że jesteś mądra". Tak! Pomyśl!

Ja też chciałam uniknąć tego całego zamieszania i pojechać prosto do Zwenigorodu... a przecież w życiu n i e s ł y s z a ł a m o żadnym Zwenigorodzie! Po prostu chciałam wziąć ślub dyskretnie i prywatnie, nawet nikomu o tym nie mówiąc. Czyż nie było sędziów i burmistrzów, którzy mogli bezboleśnie nam go udzielić? Kiedy zwierzyłam się z tych myśli w e-mailu do mojej siostry Catherine, odpowiedziała mi: „Piszesz o małżeństwie, jakby to była kolonoskopia". I rzeczywiście przyznaję, że po miesiącach skrupulatnego dochodzenia prowadzonego przez Departament Bezpieczeństwa Wewnętrznego o zbliżającym się ślubie zaczynałam myśleć dokładnie jak o zbliżającym się terminie kolonoskopii.

299

W każdym razie okazało się, że jest w naszym życiu kilka osób, na czele z moją siostrą, które uważają, że wydarzenie to należy uczcić stosowną ceremonią. Catherine przysyłała mi z Filadelfii delikatne e-maile na temat możliwości urządzenia przyjęcia weselnego w jej domu. Obiecywała, że nie byłoby to nic nadzwyczajnego, ale... Na samą myśl o tym wilgotniały mi dłonie. Protestowałam, mówiłam, że to naprawdę niepotrzebne, że Felipe i ja nie jesteśmy na to gotowi. Następnym razem Catherine napisała: „A co byście powiedzieli, gdybym urządziła sobie duże przyjęcie urodzinowe, a wy z Felipe byście po prostu się na nim pojawili? Czy mogłabym wtedy wznieść toast za wasze szczęście?"

Nie wyraziłam zainteresowania.

Spróbowała inaczej: „A gdybym tak przypadkiem urządziła wielkie przyjęcie, kiedy wy dwoje akurat bylibyście w moim domu, ale nie musielibyście nawet schodzić na dół? Moglibyście zostać na górze, zamknąć drzwi na klucz i zgasić światło. A ja, wznosząc toast, skierowałabym tylko od niechcenia kieliszek szampana w stronę drzwi na piętrze? Czy nawet to jest zbyt p r z e r a ż a j ą c e?"

Dziwnie, bezsprzecznie, przewrotnie: t a k.

Kiedy próbowałam przeanalizować swój opór wobec uroczystej ceremonii ślubnej, musiałam przyznać, że częścią problemu jest najzwyklejsze w świecie zażenowanie. To takie bardzo niezręczne stać przed rodziną i przyjaciółmi (z których wielu było gośćmi na moim pierwszym ślubie) i ponownie składać przysięgę na całe życie. Przecież oni wszyscy już widzieli ten film? Po czymś takim nasza wiarygodność zaczyna powoli tracić blask. Felipe też złożył kiedyś przysięgę i rozszedł się z żoną po siedemnastu latach. Ależ z nas para! Parafrazując Oscara Wilde'a: Jeden rozwód można uznać za pech, dwa sugerują nonszalancję.

Nie mogłam zapomnieć, co panna Manners, autorka porad z savoir vivre'u ma do powiedzenia na ten właśnie temat. Wyrażając przekonanie, że ludzie mają prawo brać ślub tyle razy, ile im się podoba, dodaje, że każdemu z nas przysługuje w życiu jedna podniosła ceremonia ślubna wśród fanfar. (Wiem, że może wydawać się to niezbyt protestanckie i represyjne, ale co ciekawe, Hmongowie uważają podobnie. Kiedy spytałam tamtą staruszkę w Wietnamie o tradycje związane z powtórnym małżeństwem, odpowiedziała: „Drugi ślub jest dokładnie taki sam jak pierwszy... tyle że nie bije się tyle świń".)

Poza tym każdy kolejny ślub tej samej osoby stawia w niezręcznej sytuacji członków rodziny i przyjaciół, którzy nie wiedzą, czy mają ponownie obsypywać powtórne panny młode prezentami i uprzejmościami. Odpowiedź najwyraźniej brzmi nie. Jak rzeczowo wyjaśniła to pewnej czytelniczce panna Manners, najlepszym sposobem jest powstrzymanie się od dawania prezentów i udziału w uroczystości i zamiast tego napisanie seryjnej pannie młodej liściku wyrażającego radość z jej szczęścia i zawierającego życzenia wszelkiej pomyślności. Należy tylko się pilnować, by nie użyć zwrotu „tym razem".

Mój Boże, jak bardzo przerażają mnie te dwa małe oskarżycielskie słówka „tym razem". A przecież to prawda. Pamięć o p o p r z e d n i m razie wydawała mi się zbyt świeża, zbyt bolesna. Poza tym nie podoba mi się to, że goście panny młodej na jej drugim ślubie zapewne będą równie często myśleć o jej pierwszym mężu jak o tym nowym i że ona sama też tego dnia przypomni sobie byłego męża. Przekonałam się, że poprzedni współmałżonkowie nigdy tak naprawdę nie odchodzą, nawet jeśli nie ma się już z nimi żadnego kontaktu. Są upiorami mieszkającymi w zakątkach naszych nowych miłosnych historii, nigdy tak do końca nie znikają z widoku, materializują się w naszym umyśle, kiedy tylko przyjdzie im ochota, rzucają nieprzyjemne komentarze albo boleśnie celne uwagi krytyczne. „Znam cię lepiej niż ty sama", lubią nam przypominać duchy naszych byłych, a często, niestety, dobrze znają nasze najmniej chwalebne cechy.

„W łóżku rozwiedzionego mężczyzny, który żeni się z rozwiedzioną kobietą, są cztery umysły", mówi dokument talmudyczny z czwartego wieku... i rzeczywiście, nasi byli współmałżonkowie często straszą w naszych łóżkach. Mnie na przykład były mąż śni się o wiele częściej, niż mogłabym się tego spodziewać. Zazwyczaj sny te są niepokojące i dezorientujące. Sporadycznie bywają ciepłe i pojednawcze. Nie ma to jednak żadnego znaczenia: nie potrafię ich ani kontrolować, ani przerwać. Mój były mąż pojawia się w mojej podświadomości, kiedy mu się spodoba, wchodzi do niej bez pukania. Ciągle ma klucze do tego domu. Felipe śni się była żona. Nawet mnie się śni jego żona. Czasami, o dziwo, śnię o nowej żonie mojego pierwszego męża, której na oczy nie widziałam, nawet na fotografii... a przecież ona się zjawia w moim śnie i rozmawiamy sobie. (Można powiedzieć, że prowadzimy rozmowy na szczycie.) I nie zdziwiłabym się wcale, gdyby gdzieś tam druga żona mojego byłego męża czasem śniła o mnie, próbując w swojej podświadomości odkryć te dziwaczne łączące nas supły i szwy.

Moja przyjaciółka Ann – rozwiedziona przed dwudziestu laty, a obecnie szczęśliwa małżonka cudownego starszego od niej mężczyzny – zapewnia mnie, że z czasem to wszystko minie. Przysięga, że te duchy odchodzą, że przyjdzie taka chwila, kiedy już więcej nie pomyślę o swoim byłym mężu. No nie wiem. Trudno mi to sobie wyobrazić. Owszem, potrafię sobie wyobrazić, że to trochę zelżeje, ale nie że odejdzie całkowicie, głównie dlatego, że tamto małżeństwo skończyło się takim strasznym bałaganem, pozostawiając tyle nierozwiązanych spraw. Nigdy nie uzgodniliśmy, co poszło nie tak w naszym związku. Ta absolutna niemożność porozumienia się była wstrząsająca. Tak całkowicie odmienne spojrzenie jest zapewne dowodem na to, że w ogóle nie powinniśmy byli wiązać się ze sobą. Byliśmy jedynymi naocznymi świadkami śmierci naszego małżeństwa i rozeszliśmy się, obstając przy diametralnie odmiennych diagnozach.

Stąd, być może, biorą się te niejasne, nękające mnie sny. Prowadzimy teraz osobne życie, mój były mąż i ja, a mimo to on wciąż odwiedza moje sny jak jakaś awatara, sonduje, rozprawia i analizuje z tysiąca różnych punktów widzenia niekończące się akta niedokończonej sprawy. To sytuacja niezręczna. Niesamowita. Sytuacja jest upiorna, a ja nie chciałam prowokować tego upiora wielką głośną ceremonią ani żadną uroczystością.

Być może innym powodem, który powstrzymywał Felipe i mnie od składania uroczystych oficjalnych przysiąg, było to, że oboje mieliśmy poczucie, że złożyliśmy je sobie już wcześniej. Już to zrobiliśmy podczas całkowicie prywatnej uroczystości. Było to w Knoxville, w kwietniu 2005 roku... wtedy, kiedy Felipe przyjechał i zamieszkał u mnie w tym starym podupadłym hotelu przy placu. Pewnego dnia wyszliśmy do miasta i kupiliśmy dwie proste złote obrączki. Potem wypisaliśmy przyrzeczenia i odczytaliśmy je sobie nawzajem na głos. Włożyliśmy jedno drugiemu obrączkę na palec, przypieczętowaliśmy nasze zobowiązanie pocałunkiem i łzami, i było po wszystkim. Oboje czuliśmy, że to wystarczy. Pod każdym istotnym względem mieliśmy poczucie, że jesteśmy małżeństwem. Nikt tego nie widział oprócz nas dwojga (i – miejmy nadzieję – Boga). I oczywiście dla nikogo te nasze przysięgi nie miały żadnej wartości (z wyjątkiem nas samych – i znowu, miejmy nadzieję – Boga). Możecie sobie wyobrazić, jak zareagowaliby funkcjonariusze Departamentu Bezpieczeństwa Wewnętrznego na lotnisku Dallas/Fort Worth, gdybym próbowała ich przekonać, że ta intymna ceremonia w pokoju hotelowym w Knoxville wystarczyła, byśmy z Felipe mogli uznawać się za prawdziwe małżeństwo.

Muszę przyznać, że nawet tych ludzi, którzy nas kochali, niezwykle irytowało, że Felipe i ja nosimy ślubne obrączki, mimo że oficjalnie nie jesteśmy małżeństwem. Powszechnie uważano, że nasze zachowanie jest w najlepszym razie dezorientujące, w najgorszym żałosne. „Nie", oświadczył mi w e-mailu z Karoliny Północnej mój bliski znajomy, Brian, kiedy mu powiedziałam, że złożyliśmy sobie z Felipe przysięgę małżeńską. „Nie, tego się nie robi w ten sposób! – przekonywał. – To nie wystarczy! M u- s i c i e wziąć jakiś prawdziwy ślub!"

Spierałam się z Brianem na ten temat tygodniami i byłam zdumiona jego stanowczością w tej sprawie. Myślałam, że kto jak kto, ale on zrozumie, dlaczego Felipe i ja nie powinniśmy pobierać się publicznie i oficjalnie po to tylko, żeby zadowolić tradycyjne upodobania innych. Brian jest jednym z najszczęśliwszych mężów, jakich znam (jego miłość do Lindy czyni z niego uosobienie tego cudownego słowa, jakim jest pantoflarz, on po prostu wielbi swoją żonę), ale jest też zapewne największym nonkonformistą spośród moich przyjaciół. Nie ma ochoty naginać się do żadnych społecznie akceptowanych norm. Jest poganinem z doktoratem, który mieszka pośród lasów w drewnianej chacie z wychodkiem; to nie jest żadna panna Manners. Ale to właśnie Brian okazał się bezkompromisowy z tym swoim przekonaniem, że przysięgi złożone prywatnie, tylko w obliczu Boga, nie liczą się jako małżeństwo. *„MAŁŻEŃSTWO TO NIE MODLITWA!* – grzmiał (wersaliki i kursywa pochodzą od niego). – Dlatego m u- s i c i e to zrobić w obecności innych, nawet ciotki, która pachnie jak piasek w kuwecie. To paradoks, ale przecież małżeństwo godzi ze sobą wiele paradoksów: wolność ze zobowiązaniem, siłę z podporządkowaniem, mądrość z kompletną matołkowatością itd. A ty na dodatek nie chwytasz tego, co najważniejsze... nie chodzi o to, by «zadowolić» innych. To wy macie wyegzekwować od gości na waszym ślubie, by dotrzymali s w o j e j części umowy. Bo oni muszą p o m ó c wam w waszym małżeństwie; muszą wesprzeć ciebie albo Felipe, jeśli któreś z was się zachwieje".

Jedyną osobą, która wydawała się bardziej niż Brian zirytowana naszą prywatną ceremonią, była moja siedmioletnia siostrzenica, Mimi. Przede wszystkim czuła się oszukana tym, że pozbawiłam ją prawdziwego ślubu, bo przynajmniej raz w życiu chciała być dziewczynką sypiącą płatki kwiatów w orszaku weselnym, a nikt wcześniej nie dał jej takiej szansy. Tymczasem jej najlepsza przyjaciółka i rywalka, Moriya, już d w u k r o t n i e sypała płatki... a przecież rozumiecie, że lata biegną i Mimi nie będzie wiecznie małą dziewczynką.

Co więcej, można by powiedzieć, że nasze zachowanie w Tennessee obraziło moją siostrzenicę również na poziomie semantycznym. Dano jej bowiem do zrozumienia, że teraz, po tamtych naszych prywatnych przysięgach w Knoxville, może nazywać Felipe wujkiem... jednak uznała to za mało stosowne. Tak jak jej starszy brat Nick. Nie znaczyło to, że dzieci mojej siostry nie lubią Felipe. Tyle że wujek, o czym poinformował mnie surowo dziesięcioletni Nick, jest albo bratem ojca lub matki, albo jest mężczyzną, który zawarł l e g a l n y związek małżeński z ciotką. Dlatego Felipe nie był oficjalnie wujem Nicka i Mimi, bo nie był oficjalnie moim mężem i nic nie mogłam z tym zrobić. Dzieci w tym wieku są bardzo skrupulatne w przestrzeganiu konwenansów. Do diabła, są niczym ankieterzy uczestniczący w spisie ludności. Żeby ukarać mnie za obywatelskie nieposłuszeństwo, Mimi zaczęła nazywać Felipe „wujkiem", za każdym razem wykonując gest oznaczający cudzysłów. Czasami mówiła nawet o nim jako o moim „mężu"... znowu z odpowiednim gestem i lekceważącym tonem.

Pewnego wieczoru 2005 roku, kiedy jedliśmy z Felipe kolację w domu Catherine, spytałam Mimi, co należałoby zrobić, by uznała nasze zobowiązania z Felipe za ważne. Była nieustępliwa w swojej pewności.

– Musicie mieć p r a w d z i w y ślub – oświadczyła.

– Ale kiedy ślub jest prawdziwy? – spytałam.

– Musi być tam jakaś o s o b a. – Teraz była już zdesperowana. – Nie można sobie składać obietnic, jak nikt tego nie widzi. Musi być o s o b a, która patrzy, jak składacie sobie obietnice.

Co ciekawe, Mimi przedstawiała tu mocny intelektualny i historyczny argument. Jak wyjaśniał filozof David Hume, we wszystkich społeczeństwach świadkowie są konieczni, kiedy dochodzi do składania ważnych przyrzeczeń. Powodem jest zwykły fakt, że nigdy nie wiadomo, czy ktoś szczerze składa obietnicę. Mówiący może posiadać, jak nazywa to Hume, sekretnie ukierunkowane myśli, ukryte za szlachetnymi i górnolotnymi słowami. Natomiast obecność świadka przekreśla ukryte intencje. Nie jest już ważne, czy rzeczywiście m i a ł e ś   n a   m y ś l i to, co mówiłeś; ważne jest tylko, że   p o w i e d z i a ł e ś   to, co powiedziałeś, i że ktoś trzeci był świadkiem twoich słów. Zatem to świadek jest tą żywą pieczęcią uwierzytelniającą obietnicę. Nawet w początkach średniowiecza w Europie, przed czasem oficjalnych ślubów kościelnych czy urzędowych, wystarczyło złożenie obietnicy w obecności jednego świadka, by uprawomocnić małżeństwo. Nawet wtedy nie można było tego zrobić całkowicie na własną rękę. Nawet wtedy ktoś musiał się przyglądać.

– Czy wystarczyłoby ci – spytałam Mimi – gdybyśmy z Felipe złożyli sobie przysięgi ślubne tutaj, w tej kuchni, w twojej obecności?

– Taa, ale kto byłby tą   o s o b ą?   – zapytała.

– Może ty? – zaproponowałam. – Wtedy będziemy pewni, że wszystko odbyło się, jak należy.

Pomysł okazał się świetny. Dopilnowanie, żeby wszystko odbyło się, jak należy, było specjalnością Mimi. Ta dziewczynka idealnie nadawała się na tę   o s o b ę.   Mogę z dumą oświadczyć, że się doskonale sprawdziła. Od razu, w kuchni, podczas gdy jej matka przygotowywała kolację, Mimi poprosiła nas uprzejmie, byśmy z Felipe wstali i ustawili się przodem do niej. Poprosiła też o nasze obrączki „ślubne" (znów w cudzysłowie), które już od miesięcy nosiliśmy na palcach. Obiecała, że będą u niej bezpieczne i że nam je odda.

Potem zaimprowizowała ślubny rytuał, złożony, jak sądzę, z fragmentów różnych filmów, jakie obejrzała w ciągu siedmiu lat swojego życia.

– Czy przyrzekacie cały czas się kochać? – spytała.

Przyrzekliśmy.

– Czy przyrzekacie kochać się w zdrowiu i w niezdrowiu?

Przyrzekliśmy.

– Czy przyrzekacie kochać się w szaleństwie i nieszaleństwie?

Przyrzekliśmy.

– Czy przyrzekacie kochać się w bogactwie i w mniejszym bogactwie? – (Najwyraźniej Mimi nie życzyła nam zwykłego ubóstwa; stąd mniejsze bogactwo musiało wystarczyć.)

Przyrzekliśmy.

Przez chwilę staliśmy wszyscy w milczeniu. Było oczywiste, że Mimi wolałaby pozostać trochę dłużej w ważnej roli t e j o s o b y, ale nie potrafiła wymyślić nic więcej, co wymagałoby naszych przyrzeczeń. Oddała nam więc obrączki i poinstruowała, byśmy wsunęli je sobie nawzajem na palce.

– Teraz możesz pocałować pannę młodą – oświadczyła.

Felipe mnie pocałował. Catherine zgotowała nam skromną owację i podjęła przerwaną czynność mieszania sosu małżowego. W ten sposób w kuchni mojej siostry zakończyła się druga, niewiążąca prawnie ceremonia wzajemnych zobowiązań Liz i Felipe. Tym razem w obecności świadka.

Uściskałam Mimi.

– Zadowolona? – spytałam.

Skinęła głową.

Ale najwyraźniej – miała to wypisane na twarzy – wcale nie była zadowolona.

Co takiego jest w publicznej ceremonii ślubnej, że tyle dla wszystkich znaczy? I dlaczego ja tak uparcie – niemal buntowniczo – jej się opierałam? Moja niechęć była absurdalna, ponieważ jestem osobą, która wprost uwielbia obrzędy i ceremonie. Posłuchajcie, odrobiłam lekcje z Josepha Campbella, przeczytałam *Złotą gałąź* Frazera i wiem, o co w tym wszystkim chodzi. Doskonale rozumiem, że ceremonia jest gatunkowi ludzkiemu niezbędna: Jest to krąg, w którym zamykamy ważne wydarzenia, by oddzielić doniosłość od codzienności. Obrzęd jest czymś w rodzaju magicznego pasa bezpieczeństwa, który pozwala nam przechodzić z jednego etapu życia do następnego, zabezpiecza przed potknięciem, upadkiem lub zgubieniem się w tej drodze. Ceremonie i obrzędy przeprowadzają nas ostrożnie przez punkt centralny naszych najgłębszych lęków związanych ze zmianą, tak jak chłopiec stajenny może przeprowadzić konia z przepaską na oczach przez sam środek pożaru, szepcząc: „Nie główkuj, kolego, dobrze? Po prostu stawiaj jedno kopyto przed drugim, a wylądujesz bezpiecznie po drugiej stronie".

Rozumiem nawet, dlaczego ludzie uważają, że to ważne, by być wzajemnie świadkami swoich rytualnych ceremonii. Mój ojciec – osoba nieszczególnie przestrzegająca konwenansów – zawsze stanowczo nalegał, byśmy uczestniczyli w czuwaniu przy zwłokach i chodzili na pogrzeby, kiedy ktoś zmarł w naszym rodzinnym miasteczku. Rzecz nie tylko w tym, wyjaśniał, by uczcić zmarłych i pocieszać żywych. Szło się na te ceremonie, żeby być w i d z i a n y m, w szczególności przez żonę zmarłego. Należało się upewnić, że zauważyła twoją obecność na pogrzebie małżonka. Nie chodziło o to, by zyskać w ten sposób jakieś towarzyskie punkty lub opinię osoby sympatycznej, ale o to, że kiedy potem wpadniesz na tę wdowę w supermarkecie, oszczędzasz jej okropnej niepewności, czy już wiesz o jej stracie. Ponieważ widziała cię na pogrzebie męża, wie, że w i e s z. Dlatego nie będzie ci opowiadać o swoim nieszczęściu i oszczędzi niezręczności składania kondolencji w przejściu pomiędzy regałami, bo już je złożyłeś w kościele, w stosownym miejscu. Dlatego ta publiczna ceremonia pogrzebu w jakiś sposób reguluje sytuację między tobą a wdową... a także w jakiś sposób oszczędza ci uczucia towarzyskiego skrępowania i niepewności. Sprawy między wami zostały ustalone. Jesteście bezpieczni.

Uświadomiłam sobie, że tego właśnie chciała moja rodzina i przyjaciele, kiedy domagali się uroczystości weselnej. Nie chodziło im o to, że chcą się elegancko ubrać, tańczyć w niewygodnych butach, jeść kurczaki czy ryby. Moi przyjaciele i rodzina tak naprawdę chcieli żyć dalej ze świadomością, jakie kto zajmie miejsce w stosunkach między nami wszystkimi. Tego chciała Mimi... uregulowania sytuacji i oszczędzenia jej kłopotu. Chciała jasnego zapewnienia, że może teraz pozbyć się cudzysłowu przy słowach „wujek" i „mąż" i żyć dalej bez niezręcznego zastanawiania się, czy ma teraz szanować Felipe jako członka rodziny czy nie. Było oczywiste, że uzna w pełni ten związek, dopiero gdy osobiście będzie świadkiem oficjalnej ceremonii ślubnej.

To wszystko wiedziałam i rozumiałam. Mimo to opierałam się. Główny problem był taki – nawet po tych kilku miesiącach spędzonych na czytaniu o małżeństwie, myśleniu o małżeństwie i rozmawianiu o małżeństwie – że wciąż nie byłam do małżeństwa p r z e k o n a n a. Nie byłam pewna, czy kupiłam cały pakiet, jaki sprzedaje się pod tą nazwą. Mówiąc szczerze, wciąż czułam niechęć na myśl, że Felipe i ja musimy się pobrać tylko dlatego, że takie jest wymaganie rządu. I w końcu uzmysłowiłam sobie, że prawdopodobnie wszystko to przeszkadza mi tak bardzo i na tak fundamentalnym poziomie dlatego, że zaliczam się do Greków.

Proszę zrozumieć, nie mam na myśli dosłownego znaczenia tego słowa; nie chodzi o greckie pochodzenie czy członka korporacji uniwersyteckiej oznaczonej literami greckimi ani kogoś oczarowanego seksualną namiętnością, która łączy dwóch zakochanych w sobie mężczyzn. Mam na myśli to, że zaliczam się do Greków w sposobie myślenia. Już dawno filozofowie doszli do wniosku, że podstawy zachodniej kultury spoczywają na dwóch opozycyjnych poglądach na świat – greckim i hebrajskim – i to, który z nich przyjmiemy, w dużym stopniu determinuje nasz sposób patrzenia na życie.

Po Grekach – szczególnie ze wspaniałego okresu ateńskiego – odziedziczyliśmy pojęcia takie, jak humanizm świecki i świętość jednostki. Grecy dali nam idee demokracji, równości, wolności osobistej, naukowego rozumu, intelektualnej swobody, braku uprzedzeń i tego, co moglibyśmy obecnie nazwać „wielokulturowością". Stąd w greckim podejściu do życia nie ma ciasnych schematów, jest natomiast wyrafinowanie, dociekanie i mnóstwo miejsca na wątpliwości i debatę.

Z drugiej strony mamy hebrajskie postrzeganie świata. Kiedy mówię tutaj „hebrajskie", nie odnoszę się konkretnie do zasad judaizmu. (Prawdę mówiąc, większość współczesnych amerykańskich Żydów, jakich znam, jest w swoim sposobie myślenia bardzo grecka, podczas gdy obecni amerykańscy ortodoksyjni chrześcijanie są głęboko hebrajscy.)

„Hebrajski" w znaczeniu używanym przez filozofów jest terminem skrótowym, określającym starożytny światopogląd, obejmujący plemienność, wiarę, posłuszeństwo i szacunek. Hebrajskie kredo jest klanowe, patriarchalne, autorytarne, moralistyczne, rytualistyczne i wyraża instynktowną podejrzliwość wobec osób z zewnątrz. Hebrajscy myśliciele postrzegają świat jako miejsce rozgrywki pomiędzy dobrem a złem, z Bogiem zawsze zdecydowanie po „naszej" stronie. Ludzkie działania są albo właściwe, albo niewłaściwe. Nie ma szarej sfery. Dobro ogółu jest zawsze ważniejsze od dobra jednostki, moralność ważniejsza od szczęścia, a przysięgi są nienaruszalne.

Problem w tym, że nowoczesna zachodnia kultura w jakiś sposób odziedziczyła oba te światopoglądy, choć nigdy nie udało się nam pogodzić ich ze sobą, ponieważ są nie do pogodzenia. (Czy obserwowaliście ostatnio amerykańską kampanię wyborczą?) Poglądy amerykańskiego społeczeństwa są zabawnym zlepkiem zarówno greckiego, jak i hebrajskiego sposobu myślenia. Nasz kodeks prawny jest w większości grecki; nasz kodeks moralny w większości hebrajski. O niezależności, intelekcie i świętości jednostki myślimy jedynie w kategoriach greckich. O słuszności i boskiej woli myślimy wyłącznie na sposób hebrajski. Nasze poczucie przyzwoitości jest greckie; nasze poczucie sprawiedliwości jest hebrajskie.

A kiedy przychodzi do pojęć związanych z miłością... cóż, wszystko nam się miesza. W każdym badaniu społecznym Amerykanie wykazują wiarę w dwa całkowicie przeciwstawne poglądy na temat małżeństwa. Z jednej strony (tej hebrajskiej) głęboko wierzymy, że przysięga małżeńska obowiązuje przez całe życie i że nie wolno jej łamać. Z drugiej strony (tej greckiej) wyrażamy równie silne przekonanie, że każdy powinien zawsze mieć prawo do rozwodu, ze swoich osobistych powodów.

Jak oba te poglądy mogą być jednocześnie prawdziwe? Nic dziwnego, że jesteśmy tacy zdezorientowani. Nic dziwnego, że Amerykanie pobierają się i rozwodzą częściej niż jakakolwiek inna nacja na świecie. Nieustannie gramy w ping-ponga tymi dwoma konkurencyjnymi poglądami na miłość. Nasz hebrajski (biblijny/moralny) pogląd na miłość opiera się na oddaniu Bogu, co oznacza poddanie się uświęconemu kredo, w które wierzymy bez zastrzeżeń. Nasz grecki (filozoficzny/etyczny) pogląd na miłość opiera się na oddaniu naturze... a to oznacza odkrywanie, piękno i głęboki szacunek dla autoekspresji. W to również wierzymy bez zastrzeżeń.

Idealny grecki kochanek jest erotyczny; idealny hebrajski kochanek jest wierny.

Namiętność jest grecka; wierność jest hebrajska.

Zaczęło mnie to prześladować, ponieważ w tej szerokiej grecko-hebrajskiej gamie jestem usytuowana bliżej greckiego końca. Czy czyni mnie to wyjątkowo nieodpowiednią kandydatką do związku małżeńskiego? Zamartwiałam się, że tak właśnie jest. My, Grecy, nie lubimy składać siebie na ołtarzu tradycji; to nas przytłacza. Jeszcze bardziej się martwiłam, kiedy natknęłam się na drobną, ale istotną informację w tamtym sążnistym raporcie Rutgers University. Badacze znaleźli dowody na potwierdzenie przekonania, że pary małżeńskie, w których zarówno mąż, jak i żona szczerze szanują świętość instytucji małżeńskiej, mają większe szanse w niej wytrwać niż pary, które są nieco bardziej wobec niej podejrzliwe. Wygląda więc na to, że szacunek dla małżeństwa jest warunkiem wstępnym, by w małżeństwie się utrzymać.

To chyba ma sens, prawda? Trzeba wierzyć w swoją przysięgę, nie sądzicie, skoro ma ona się liczyć? Małżeństwo nie jest bowiem wyłącznie przysięgą złożoną drugiej osobie; to tylko ta jego łatwiejsza część. Małżeństwo to również przysięga złożona p r z y s i ę d z e. Wiem, że są ludzie, którzy pozostają w małżeństwie wcale nie z miłości do swoich współmałżonków, ale z miłości do swoich z a s a d. Do grobowej deski pozostaną lojalnie z kimś, kogo autentycznie nie znoszą, tylko dlatego, że obiecali coś tej osobie w obliczu Boga i nie byliby sobą, gdyby nie dotrzymali takiego przyrzeczenia.

Najwyraźniej ja nie jestem taką osobą. W przeszłości miałam wybór pomiędzy uszanowaniem mojej przysięgi a uszanowaniem własnego życia. Wybrałam siebie. I niekoniecznie czyni to ze mnie osobę nieetyczną (można argumentować, że uwolnienie się od nieszczęścia jest sposobem na uszanowanie cudu życia), ale przyniosło dylemat, kiedy pojawiła się sprawa poślubienia Felipe. Podczas gdy z jednej strony byłam dostatecznie hebrajska, by bardzo chcieć tym razem wyjść za mąż na zawsze (użyjmy odważnie tych wstydliwych słów: t y m r a z e m), to nie odkryłam jeszcze, w jaki sposób mam szczerze szanować instytucję małżeństwa. Nie odkryłam jeszcze swojego miejsca w historii małżeństwa, takiego, w którym czułabym się u siebie, w którym mogłabym się rozpoznać. Ten brak uznania i zrozumienia samej siebie wywołał u mnie obawę, że nawet ja nie uwierzę w składane przez siebie w dzień ślubu przysięgi.

Starając się to rozwikłać, poruszyłam tę kwestię w rozmowie z Felipe. Muszę powiedzieć, że on podchodził do tego z dużo większym spokojem niż ja. Choć nie ciągnęło go do małżeństwa bardziej niż mnie, to jednak nieustannie mi powtarzał: „Skarbie, przecież to tylko gra. Rząd określił reguły gry, a my musimy się do nich dostosować, żeby uzyskać to, na czym nam zależy. Osobiście jestem skłonny zagrać w każdą grę, jeśli ma to oznaczać, że będę miał spokój na resztę życia, które spędzę z tobą".

Ten sposób rozumowania sprawdzał się w jego przypadku, ale ja nie szukałam tu gier; potrzebowałam elementu sumienności i wiarygodności. Felipe widział, jak bardzo się tym przejmuję, i – niech Bóg go błogosławi – zaczął wysłuchiwać moich wynurzeń na temat konkurencyjnych filozofii cywilizacji zachodniej i ich wpływu na małżeństwo. Ale kiedy go spytałam, czy w sposobie myślenia czuje się bardziej Grekiem czy Hebrajczykiem, odparł:

– Skarbie, nic z tego tak naprawdę mnie nie dotyczy.

– Niby czemu? – spytałam.

– Bo nie jestem ani Grekiem, ani Hebrajczykiem.

– To kim wobec tego jesteś?

– Brazylijczykiem.

– A to co oznacza?

– Nikt tego nie wie! – zaśmiał się. – To jest właśnie takie cudowne, kiedy jest się Brazylijczykiem. Że to nic nie znaczy! Możesz więc używać swojej brazylijskości jako wymówki, żeby żyć tak, jak ci się podoba. Szczerze mówiąc, to rewelacyjna strategia. Dotąd mi się sprawdzała.

– A mnie jak to ma pomóc?

– Na przykład pozwoli ci się uspokoić! Poślubiasz Brazylijczyka. Zacznij myśleć jak Brazylijka.

– To znaczy jak?

– Wybierając to, czego chcesz! To po brazylijsku, rozumiesz? Pożyczamy pomysły od wszystkich, mieszamy je, a potem tworzymy z nich coś nowego. No dobrze... co takiego podoba ci się u tych Greków?

– Ich poczucie człowieczeństwa – odpowiedziałam.

– A co ci się podoba – jeśli w ogóle jest coś takiego – u Hebrajczyków?

– Ich poczucie honoru.

– W porządku, to już mamy ustalone... weźmiemy jedno i drugie. Człowieczeństwo i honor. Pożenimy te pojęcia. Nazwiemy to mieszanką brazylijską. Ukształtujemy zgodnie z naszym własnym kodeksem.

– Możemy to zrobić tak po prostu?

– Skarbie! – powiedział Felipe i pod wpływem nagłego przypływu niecierpliwości ujął moją twarz w dłonie. – Kiedy wreszcie to pojmiesz? Gdy tylko dostaniemy tę cholerną wizę i pobierzemy się bezpiecznie w Ameryce, b ę d z i e-m y r o b i ć, c o n a m s i ę ż y w n i e p o d o b a.

Czy rzeczywiście?

Modliłam się, by miał rację, pewności jednak nie miałam. W głębi ducha bałam się, że to nie my będziemy kształtować nasze małżeństwo, tylko ono zacznie urabiać nas. Te wszystkie miesiące poświęcone różnym badaniom i dociekaniom spowodowały jedynie, że bardziej niż kiedykolwiek przedtem lękałam się takiej możliwości. Przekonałam się, że małżeństwo to potężna instytucja. O wiele większa, starsza, głębsza i bardziej skomplikowana, niż nam się wydawało. Obawiałam się, że niezależnie od tego, jak nowocześni i wyrobieni się czujemy, kiedy już wylądujemy na linii produkcyjnej instytucji małżeńskiej, bardzo szybko okaże się, że zostaliśmy uformowani we w s p ó ł m a ł ż o n k ó w, że nadano nam jakiś głęboko konwencjonalny kształt, który przynosi korzyść społeczeństwu, choć już niekoniecznie nam.

Wszystko to było bardzo niepokojące, bo choć może to

zabrzmieć nieco irytująco, lubię uważać się za osobę choć pod jakimś względem należącą do bohemy. Nie jestem anarchistką ani nikim takim, ale cieszę się, że mogę postrzegać swoje życie w kategoriach instynktownego oporu wobec konformizmu. Szczerze mówiąc, Felipe lubi myśleć o sobie w podobny sposób. No dobrze, bądźmy szczerzy i przyznajmy, że prawdopodobnie w i ę k s z o ś ć z nas lubi myśleć o sobie w tych kategoriach, czyż nie? Ostatecznie to takie urocze wyobrażać sobie siebie jako ekscentrycznego nonkonformistę, nawet jeśli właśnie kupiło się dzbanek do kawy. Może więc jednak koncepcja ulegania konwencji małżeńskiej nieco mnie uwierała, uciskała ten tkwiący głęboko pierwiastek greckiej dumy. Mówiąc szczerze, nie byłam pewna, czy uda mi się kiedykolwiek poradzić sobie z tą kwestią.

Przynajmniej było tak, dopóki nie odkryłam Ferdinanda Mounta.

Pewnego dnia podczas przeczesywania internetu w poszukiwaniu dalszych wskazówek na temat małżeństwa natknęłam się na dziwnie wyglądającą pracę naukową, zatytułowaną *The Subversive Family* („Wywrotowa rodzina"), brytyjskiego autora, niejakiego Ferdinanda Mounta. Natychmiast zamówiłam tę książkę, a siostra przysłała mi ją na Bali. Bardzo spodobał mi się jej tytuł i byłam przekonana, że w tekście znajdę inspirujące opowieści o parach, które odkryły, jak pokonać system i podkopać władzę społeczeństwa, dochowując wierności swoim buntowniczym przekonaniom, a wszystko to w ramach instytucji małżeństwa. Może odnajdę tam wzory do naśladowania!

W istocie wywrotowość stanowiła temat tej książki, ale nie w takim sensie, w jakim się spodziewałam. Nie był to podżegający do buntu manifest, co nie powinno mnie dziwić, ponieważ Ferdinand Mount (przepraszam... sir William Robert Ferdinand Mount, trzeci baronet) okazał się autorem konserwatywnej kolumny w londyńskim „Sunday Times". Szczerze przyznaję, że gdybym wiedziała to wcześniej, nigdy bym tej książki nie zamówiła. Cieszę się jednak, że ją odkryłam, ponieważ czasami ratunek przychodzi w najmniej oczekiwanej formie, a sir Mount rzeczywiście wskazał mi pewną drogę wyjścia, prezentując zdecydowanie inne spojrzenie na małżeństwo od wszystkiego, co dotąd poznałam.

Mount – pozwolę sobie pomijać jego tytuł – sugeruje, że wszystkie małżeństwa stają się automatycznie aktem wywrotowym wobec władzy. (To znaczy wszystkie małżeństwa niezaaranżowane przez rodziców. Innymi słowy, wszystkie te, które nie są plemienne, klanowe ani oparte na własności. Krótko mówiąc, małżeństwa zachodnie.) Rodziny, które wyrastają z takich samowolnych i osobistych związków, również są związkami wywrotowymi. Jak ujmuje to Mount: „Rodzina jest organizacją wywrotową. W istocie jest ona najważniejszą i jedyną niezmiennie wywrotową organizacją. Na przestrzeni dziejów jedynie rodzina podkopywała i wciąż podkopuje państwo. Rodzina jest wytrwałym wrogiem wszelkiej hierarchii, kościołów i ideologii. Nie tylko dyktatorzy, biskupi i komisarze, ale także skromni księża parafialni i kawiarniani intelektualiści nieustannie nadziewają się na niewzruszoną wrogość rodziny i na jej zdeterminowanie, żeby zawsze i do upadłego przeciwstawiać się wtrącaniu w jej sprawy".

Niewątpliwe mamy tu do czynienia z mocnym językiem, ale Mount wskazuje argument nie do odparcia. Twierdzi, że ponieważ pary w małżeństwach niezaaranżowanych łączą się z głęboko osobistych powodów i ponieważ w swoim związku tworzą własne sekretne życie, w sposób naturalny zagrażają każdemu, kto chce rządzić światem. Pierwszym celem każdej autorytarnej władzy jest uzyskanie kontroli nad daną populacją, poprzez przymus, indoktrynację, zastraszanie i propagandę. W istocie jednak sprawującym władzę, ku ich głębokiej frustracji, nigdy nie udało się w pełni kontrolować ani nawet podglądać, tego najgłębiej ukrytego życia intymnego, które toczy się między dwojgiem ludzi dzielących ze sobą łóżko.

Nawet Stasi w NRD – najbardziej skuteczna totalitarna policja na świecie – nie była w stanie podsłuchać wszystkich prywatnych rozmów prowadzonych w sypialniach o trzeciej nad ranem. Nikt nigdy nie był w stanie tego dokonać. Nieważne, jak skromne lub trywialne, lub poważne są te łóżkowe rozmowy, te ciche godziny należą wyłącznie do dwojga ludzi, którzy dzielą je ze sobą. To, co się dzieje w ciemności pomiędzy parą, wyczerpuje definicję słowa „prywatność". I nie mówię tutaj o seksie, ale o jego bardziej wywrotowym aspekcie: z a ż y ł o ś c i. Każda para na świecie z czasem staje się małym i odizolowanym narodem złożonym z dwojga osób, i tworzy własną kulturę, własny język i własny kod moralny, który należy tylko do tych dwojga.

Emily Dickinson napisała: „Jedną istotę wybrałam/ /Z wielu stworzonych szeregów" [przeł. L. Marjańska]. Sytuacja, która powoduje, że z prywatnych powodów wielu z nas decyduje się na wybranie tej jednej osoby spośród wszystkich, by kochać ją i jej bronić – to sytuacja, która doprowadza do irytacji rodzinę, przyjaciół, instytucje religijne, ruchy społeczne, urzędników imigracyjnych i koła wojskowe. Ten wybór, to zawężenie obszaru zażyłości doprowadza do szaleństwa wszystkich, którzy marzą o tym, żeby nas kontrolować. Jak sądzicie, dlaczego amerykańskim niewolnikom nie wolno było się pobierać? Ponieważ dla ich właścicieli zbyt groźne byłoby umożliwienie im doświadczania emocjonalnej wolności i naturalnej tajemnicy małżeństwa.

Z tego powodu, jak przekonuje Mount, przez stulecia próbowano przeciąć te naturalne ludzkie więzi, by wzmocnić władzę. Za każdym razem, kiedy przychodzi jakiś nowy rewolucyjny ruch lub kult, lub też religia, gra zawsze zaczyna się tak samo: próbą oddzielenia was – jednostek – od tych, z którymi byliście związani. Musicie złożyć przysięgę bezwzględnej wierności swoim nowym władcom, panom, dogmatowi, bóstwu czy narodowi. Jak pisze Mount: „Musicie porzucić wszystko i wszystkich i pójść za Sztandarem albo za Krzyżem, albo Półksiężycem, albo za Sierpem i Młotem". Mówiąc krótko, macie wyprzeć się swojej prawdziwej rodziny i przysiąc, że teraz to m y j e s t e ś m y w a s z ą r o d z i n ą. Poza tym musicie przyjąć te nowe narzucone wam rozwiązania (takie jak klasztor, kibuc, kadry partyjne, komuna, pluton, gang itd.). Jeśli postawicie żonę, męża, kochanka ponad kolektywem, będzie to oznaczało, że zawiedliście i zdradziliście, i zostaniecie potraktowani jako egoiści, wstecznicy, a nawet zdrajcy.
Ale ludzie i tak robią swoje. Stawiają opór kolektywom i spośród mas wybierają jedną osobę, którą obdarzają uczuciem. Widzieliśmy to w początkach chrześcijaństwa... pamiętacie? Ojcowie Kościoła nauczali całkiem jednoznacznie, że ludzie mają przedkładać celibat nad małżeństwo. Taka miała być nowa społeczna idea. I choć prawdą jest, że część nawróconych rzeczywiście wybrała

celibat, to jednak większość tego nie zrobiła. Ostatecznie przywódcy Kościoła musieli ustąpić i uznać, że małżeństwo nie zniknie. Marksiści natrafili na ten sam problem, kiedy próbowali zbudować nowy światowy ład, w którym dzieci wychowywano by w domach dziecka i gdzie nie istniałaby żadna szczególna więź pomiędzy dwojgiem ludzi. Komunistom nie powiodło się jednak lepiej od pierwszych chrześcijan. Faszystom też to nie wyszło. Owszem, w p ł y n ę l i na kształt małżeństwa, ale nie udało im się go p o z b y ć.

Uczciwie muszę przyznać, że nie potrafiły tego dokonać także feministki. Na początku rewolucji feministycznej część bardziej radykalnych aktywistek podzielała utopijną mrzonkę, według której wyzwolone kobiety wybiorą na zawsze więzy siostrzanej solidarności zamiast represyjnej instytucji małżeństwa. Niektóre z nich, jak na przykład feministyczna separatystka Barbara Lipschutz, posunęły się aż do sugestii, że kobiety powinny całkowicie zrezygnować z seksu – nie tylko z mężczyznami, ale także z kobietami – ponieważ seks pozostanie zawsze aktem poniżającym i ciemiężącym. Dlatego celibat i przyjaźń miały być nowymi wzorami dla związków pomiędzy kobietami. „Nikt nie musi dawać się pieprzyć" – brzmiał tytuł niesławnego eseju Lipschutz... może nie tak by to ujął święty Paweł, ale w gruncie rzeczy sprowadzało się to do tego samego: stosunki cielesne zawsze brukają, a partnerzy w miłości co najmniej odciągają nas od wyższych i bardziej szlachetnych celów. Jednak Lipschutz i jej towarzyszki nie miały więcej szczęścia w wykorzenianiu pragnienia seksualnej bliskości niż pierwsi chrześcijanie czy komuniści i faszyści. Wiele kobiet – nawet te bardzo bystre i wyzwolone – i tak ostatecznie wiązało się z mężczyznami. A o co walczą współczesne najbardziej aktywne feministyczne lesbijki? O p r a w o d o m a ł ż e ń s t w a. O prawo, które pozwoli im zostać rodzicami, tworzyć rodziny, legalny związek. Chcą być wewnątrz instytucji małżeństwa, kształtować ją od środka, a nie pozostać na zewnątrz i ciskać kamienie w jego tandetną starą fasadę.

Nawet Gloria Steinem, ta ikona amerykańskiego ruchu feministycznego, w 2000 roku postanowiła pierwszy raz wyjść za mąż. W dniu ślubu miała sześćdziesiąt sześć lat i była jak zawsze bystra, dlatego należy założyć, że dokładnie wiedziała, co robi. Jednak niektóre jej zwolenniczki odczuły to jako zdradę, jakby święta straciła łaskę. Warto tu jednak odnotować, że sama Steinem postrzegała swoje małżeństwo jako świętowanie zwycięstw feminizmu. Jak wyjaśniła, gdyby wyszła za mąż w latach pięćdziesiątych, kiedy „wypadało", byłaby tylko własnością męża, a w najlepszym razie inteligentną towarzyszką, niczym książeczka z zagadkami matematycznymi. W roku 2000 natomiast, między innymi dzięki jej niestrudzonym wysiłkom, małżeństwo w Stanach Zjednoczonych wyewoluowało do punktu, w którym kobieta była zarówno żoną, jak i istotą ludzką z nienaruszalnymi wszystkimi prawami i swobodami obywatelskimi. Mimo to decyzja Steinem rozczarowała wiele zagorzałych feministek, które nie mogły pogodzić się z bolesną obrazą, jaką był fakt, że ich nieustraszona przywódczyni wolała mężczyznę od kobiecej solidarności. Z wielu szeregów nawet Gloria wybrała j e d n ą istotę... i ta decyzja wykluczała wszystkie inne istoty.

Nie można jednak powstrzymać ludzi przed pragnieniem tego, czego pragną, i okazuje się, że całe ich mnóstwo chce zażyłości z tą jedną wybraną osobą. A ponieważ nie istnieje zażyłość bez prywatności, ludzie mają tendencję do usilnego odgradzania się od wszystkiego i wszystkich, którzy im tę prywatność zakłócają. Pragną świętego spokoju z ukochaną osobą. Choć w dziejach ludzkości nieraz próbowano wziąć to nasze pragnienie prywatności w karby, to jednak nikomu się nie udało. Wciąż żądamy prawa łączenia się z drugą osobą, legalnie, emocjonalnie, fizycznie i materialnie. Wciąż ponawiamy próby, nieważne jak nierozsądne, odtworzenia tej arystofanesowskiej idealnej dwugłowej istoty o ośmiu kończynach.

Widzę to wszędzie wokół siebie, czasami w bardzo zaskakujących formach. Zdarza się, że śluby biorą pokryci tatuażem, nastawieni wrogo do establishmentu, najbardziej niekonwencjonalni i niepokorni ludzie, jakich znam. Bywa, że pobierają się tacy, którzy zmieniają partnerów jak rękawiczki (często z katastrofalnym skutkiem... niemniej próbują). Nawet ci najwięksi mizantropi, jakich znam, biorą ślub, mimo że oboje tak samo stronią od ludzi. Prawdę mówiąc, znam bardzo niewiele osób, które by przynajmniej raz w życiu nie s p r ó b o w a ł y długoterminowego, monogamicznego partnerstwa, nawet jeśli nie przypieczętowały swoich przysiąg w kościele lub w urzędzie. Właściwie prawie wszyscy ludzie, których znam, eksperymentowali kilkakrotnie z długoterminowym, monogamicznym partnerstwem... nawet jeśli wcześniejsze doświadczenia całkowicie ich zdruzgotały.

Nawet Felipe i ja – dwoje ryzykantów po rozwodzie, szczycących się niekonwencjonalnością stylu życia – zaczęliśmy tworzyć sobie własny światek, który podejrzanie przypominał małżeństwo, na długo przed tym, nim władze imigracyjne wtrąciły się w nasze sprawy. Nie mieliśmy jeszcze przyjemności poznać funkcjonariusza Toma, a już mieszkaliśmy razem, planowaliśmy razem, spaliśmy razem, dzieliliśmy się zasobami, życie każdego z nas kręciło się wokół tego drugiego, wyłączaliśmy innych z naszego związku... i jak to nazwać, jeśli nie małżeństwem? Odpowiednią ceremonią pieczętowaliśmy naszą wierność. (Do licha, nawet d w i e m a!) Kształtowaliśmy nasze życie w tę szczególną formę partnerstwa, bo czegoś pragnęliśmy. Jak wielu z nas. Pragniemy tej ścisłej zażyłości, choć pociąga za sobą emocjonalne ryzyko. Pragniemy jej, nawct kiedy nie umiemy sobie z nią radzić. Pragniemy, nawet jeśli prawo jest przeciwko nam i nie pozwala kochać osoby, którą kochamy. Pragniemy, nawet kiedy nam mówią, że powinniśmy pragnąć czegoś innego, lepszego, szlachetniejszego. M y   p o   p r o s t u   n i e u s t a n n i e   p r a g n i e m y   t e j   ś c i s ł e j   z a ż y ł o ś c i, i to z głęboko osobistych powodów. Nikt nigdy nie potrafił rozgryźć tej tajemnicy i nikt nigdy nie potrafił zmusić nas, byśmy zabili w sobie to pragnienie.

Jak pisze Ferdinand Mount: „Mimo wszystkich oficjalnych wysiłków, żeby umniejszyć znaczenie rodziny, ograniczyć jej rolę, a nawet całkowicie ją wyeliminować, mężczyźni i kobiety nie tylko ze sobą współżyją i mają potomstwo, ale uparcie domagają się prawa do życia w parach". (Trzeba tu jeszcze dodać, że obecnie mężczyźni i mężczyźni też domagają się prawa do życia w parach. I że kobiety i kobiety też domagają się prawa do życia w parach. Co tylko jeszcze bardziej wkurza władze.)

W obliczu takiej rzeczywistości represyjne władze zawsze się w końcu poddają nieuniknioności ludzkiego partnerstwa. Nie dzieje się to bez walki. Kapitulacja przebiega według pewnego schematu i ta prawidłowość, jak sugeruje Mount, konsekwentnie występuje w historii Zachodu. Najpierw władze zaczynają powoli pojmować, że nie są w stanie powstrzymać ludzi przed przedkładaniem lojalności wobec partnera nad wierność jakiejś wyższej sprawie i że w związku z tym nie ma co liczyć na to, że małżeństwo zniknie. Kiedy już jednak zaprzestaną prób w y e l i m i n o w a n i a małżeństwa, próbują je k o n t r o l o w a ć, tworząc wszelkiego rodzaju prawne ograniczenia. Kiedy na przykład w wiekach średnich Ojcowie Kościoła ulegli w końcu przed faktem istnienia małżeństwa, natychmiast narzucili mu ogromny stos warunków: Nie będzie rozwodów; odtąd małżeństwo jest nienaruszalnym sakramentem; ślubów może udzielać wyłącznie kapłan; kobiety muszą pogodzić się z przepisami określającymi status kobiety niezamężnej itd. A potem Kościół popadł w zupełną przesadę, próbując narzucić swoją kontrolę nad małżeństwem aż do najbardziej intymnego poziomu, do seksualności.

W siedemnastowiecznej Florencji na przykład pewnemu mnichowi (czyli człowiekowi żyjącemu w celibacie), niejakiemu bratu Cherubinowi, powierzono zadanie napisania podręcznika dla mężczyzn i kobiet, który wyjaśniłby zasady, zgodnie z którymi w ramach chrześcijańskiego małżeństwa stosunek seksualny jest albo nie jest akceptowalny. „Czynności seksualne – instruował brat Cherubino – nie powinny angażować oczu, nosa, uszu, języka ani żadnej innej części ciała, która nie jest niezbędna do prokreacji". Kobieta nie powinna oglądać intymnych części ciała swojego męża, chyba że jest chory, i nigdy nie powinna pozwalać, by mąż ją widział nagą. I choć chrześcijanin mógł się od czasu do czasu wykąpać, naturalnie niegodziwością było starać się ładnie pachnieć i tym samym seksualnie pociągać współmałżonka. I nie wolno było nigdy całować, używając przy tym języka.

N i g d z i e! „Diabeł wie, jak wtrącać się pomiędzy męża i żonę – ostrzegał brat Cherubino. – Zmusza ich do dotykania i całowania nie tylko przyzwoitych części ciała, ale też tych nieprzyzwoitych. Już sama myśl o tym napawa mnie odrazą, trwogą i zakłopotaniem..."

Oczywiście z punktu widzenia Kościoła najbardziej odrażający, zatrważający i kłopotliwy był fakt, że łoże małżeńskie jako miejsce niezwykle prywatne nie poddawało się kontroli. Nawet najbardziej czujni z florentyńskich mnichów nie byli w stanie powstrzymać badawczej działalności dwóch języków w zaciszu sypialni pośrodku nocy. Żaden z mnichów nie mógł też kontrolować tego, o czym te języki rozprawiają po zakończeniu miłosnych igraszek... i to zapewne było ze wszystkiego najgroźniejsze. Nawet w najbardziej represyjnych czasach za zamkniętymi drzwiami ludzie mogli dokonywać własnych wyborów, każda para określała własne warunki wyrażania swojej zażyłości.

Ostatecznie pary i tak wygrywają.

Kiedy żadnej władzy nie udało się w y e l i m i n o w a ć małżeństwa i kiedy nie udało się go k o n t r o l o w a ć, poddała się i przejęła w całości tradycję. (Ferdinand Mount nazywa to dowcipnie podpisaniem „jednostronnego traktatu pokojowego".) Potem następuje jeszcze bardziej dziwaczne stadium: Władze automatycznie spróbują teraz całkowicie wchłonąć koncepcję małżeństwa, posuwając się do udawania, że tak w ogóle to one ją wymyśliły. Właśnie tak przez kilka stuleci postępowali na Zachodzie konserwatywni chrześcijańscy przywódcy duchowi, zachowując się tak, jakby to oni osobiście stworzyli całą tradycję małżeństwa i wartości rodzinnych, zapominając, że w rzeczywistości ich religia zaczynała od poważnego ataku na małżeństwo i wartości rodzinne.

Ten model wystąpił również w Związku Radzieckim i komunistycznych Chinach. Najpierw komuniści próbowali wyeliminować małżeństwo; potem starali się przejąć nad nim kontrolę; wreszcie wymyślili całkowicie nową mitologię, utrzymującą, że „rodzina", jak powszechnie wiadomo, zawsze stanowiła kręgosłup porządnego komunistycznego społeczeństwa.

A przez całą tę pokręconą historię, pomimo szaleństw i piany na ustach dyktatorów, despotów, kapłanów, gnębicieli, ludzie i tak wciąż zawierali i zawierają związki małżeńskie – obojętnie jak to zechcemy nazywać. Te związki mogą być dysfunkcyjne, destrukcyjne i nierozsądne – nawet tajne, nielegalne, nienazwane lub przemianowane – ludzie ciągle upierają się przy wiązaniu ze sobą na własnych warunkach. Radzą sobie ze wszystkimi zmieniającymi się prawami i obchodzą wszelkie ograniczenia, byle tylko uzyskać to, czego pragną. Albo po prostu kompletnie i g n o r u j ą wszystkie istniejące ograniczenia! Jak skarżył się w roku 1750 jeden z anglikańskich pastorów w Marylandzie, gdyby miał uznać za małżeńskie jedynie te pary, które wzięły ślub w kościele, „musiałby stwierdzić, że dziewięć dziesiątych ludności hrabstwa pochodzi z nieprawego łoża".

Ludzie nie czekają na pozwolenie; idą naprzód i tworzą sobie to, czego potrzebują. Nawet afrykańscy niewolnicy w Ameryce wymyślili wywrotową formę ślubu, zwaną „miotlanym ślubem", w którym para przeskakiwała przez zaklinowaną ukośnie w drzwiach miotłę i w rezultacie uważała się za małżeństwo. I nikt nie mógł zabronić niewolnikom złożonego sekretnie, w krótkiej skradzionej chwili zobowiązania.

Widziana w takim świetle koncepcja zachodniego

327

małżeństwa ulega w moich oczach zmianie, i to w stopniu, który mogę osobiście i spokojnie uznać za rewolucyjny. Jakby cały historyczny obraz uległ przesunięciu o jeden drobny cal i nagle wszystko nabrało innych kształtów. Nagle usankcjonowane prawnie małżeństwo zaczyna mniej przypominać instytucję (surowy, niewzruszony, skostniały i odczłowieczający system narzucony przez potężne władze na bezsilne jednostki) i staje się raczej rozpaczliwą szarpaniną (bezsilnych władz, które chciałyby mieć na oku wymykające się spod kontroli zachowania dwóch niesamowicie potężnych jednostek).

Wynika z tego, że to nie my, jednostki, musimy zadawać sobie trud dostosowania się do instytucji małżeństwa; to raczej instytucja małżeństwa musi dostosowywać się do nas. Dlatego, że „oni" (władze) nigdy nie zdołali powstrzymać „nas" (dwojga ludzi) od połączenia się i zbudowania sobie własnego sekretnego świata. W rezultacie „oni" nie mieli wyjścia i musieli pozwolić „nam" zawierać związki małżeńskie, zgodnie z prawem, w takiej czy innej formie, nieważne jak restrykcyjne zastosują przy okazji zarządzenia. Rządy kuśtykają za ludźmi, starając się dotrzymać im kroku, desperacko i z opóźnieniem (a często bezskutecznie lub nawet komicznie), tworząc przepisy i zwyczaje dotyczące czegoś, co i tak byśmy zrobili, czy się to komuś podoba czy nie.

Może więc przez cały czas widziałam to wszystko na wspak. Absurdem bowiem jest sugerowanie, że to społeczeństwo wymyśliło małżeństwo, a potem zmuszało istoty ludzkie do wiązania się ze sobą. To jakby twierdzić, że społeczeństwo wymyśliło dentystów i kazało ludziom wyhodować sobie zęby. To my wymyśliliśmy małżeństwo. Zrobiły to pary. I my wymyśliliśmy rozwód. A także niewierność i romantyczne cierpienie. Prawdę mówiąc, wymyśliliśmy ten cały przeklęty galimatias miłości, zażyłości, awersji, euforii i porażki. A co najważniejsze, najbardziej wywrotowo i nieugięcie wymyśliliśmy sobie p r y w a t n o ś ć. Okazuje się, że Felipe miał do pewnego stopnia rację: Małżeństwo jest grą. Oni (ci niepokonani i potężni) ustalają reguły. My (zwyczajni i wywrotowi) posłusznie się tym regułom poddajemy. *A potem i tak wracamy do domu i robimy, co nam się żywnie podoba.*

Czy brzmi to tak, jakbym chciała tutaj coś sobie wmówić? Ludzie, ja rzeczywiście chcę tu coś sobie wmówić.

Cała ta książka – k a ż d a jej strona – jest rezultatem starań, żeby w złożonej historii zachodniego małżeństwa znaleźć dla siebie jakieś drobne pokrzepienie. A nie jest łatwo o pokrzepienie. W dzień swojego ślubu, trzydzieści lat temu, moja przyjaciółka Jean zapytała matkę: „Czy wszystkie panny młode są takie przerażone przed ślubem?", a jej matka, zapinając spokojnie guziki przy białej sukni córki, odparła: „Nie, moja droga. Tylko te, które myślą".

No cóż, włożyłam w to wszystko dużo myślowego wysiłku. Skok w małżeństwo nie przyszedł mi łatwo. Może to dobrze, że musiano mnie do niego przekonać – dość zresztą energicznie – szczególnie że jestem kobietą, a małżeństwo nie zawsze traktowało kobiety dobrze.

Niektóre kultury lepiej od innych rozumieją tę potrzebę przekonywania. Są takie, w których namawianie kobiety do przyjęcia propozycji małżeństwa wyewoluowało w formę pewnej ceremonii, wręcz sztuki. W Rzymie, w Trastevere, dzielnicy klasy robotniczej, silna tradycja wciąż nakazuje, by młodzieniec, który chce poślubić dziewczynę, śpiewał serenady przed jej domem. Musi błagać o jej rękę, tam, na ulicy, gdzie wszyscy go widzą i słyszą. Oczywiście wiele kultur śródziemnomorskich ma tego rodzaju tradycję, ale w Trastevere bardzo się przykładają do jej kultywowania.

Przedstawienie zawsze zaczyna się tak samo. Chłopak przychodzi przed dom ukochanej z grupką przyjaciół i z gitarami. Stają pod oknem dziewczyny i wyśpiewują – szorstkim, miejscowym dialektem – pieśń o zdecydowanie nieromantycznym tytule *Roma, nun fa' la stupida stasera!* („Rzymie, nie bądź głupi tej nocy!") Tak naprawdę ten młody człowiek nie śpiewa bezpośrednio do swojej ukochanej; nie śmiałby. On chce od niej (ręki, życia, ciała, duszy, poświęcenia) czegoś tak wielkiego, że mówienie o tym w sposób bezpośredni byłoby przerażające. Dlatego kieruje swoją pieśń do całego Rzymu, wykrzykuje miastu swoje emocje, prymitywnie, grubiańsko i natarczywie. Całym sercem prosi miasto, by pomogło mu namówić tę kobietę do małżeństwa.

„Rzymie, nie bądź głupi tej nocy!", śpiewa młody człowiek pod oknem dziewczyny. „Pomóż mi trochę! Zabierz chmury z oblicza księżyca tylko dla nas! Rozbłyśnij najjaśniejszymi gwiazdami! Wiej, ty cholerny zachodni wietrze! Dmuchnij swoim pachnącym powietrzem! Niech będzie jak wiosną!"

Kiedy pierwsze nuty tej znanej pieśni zaczynają płynąć po okolicy, wszyscy podchodzą do okien i w ten sposób rozpoczyna się ta zadziwiająca część przedstawienia z udziałem publiczności. Wszyscy mężczyźni w zasięgu słuchu wychylają się z okien i wygrażają pięściami niebu, rugają Rzym za to, że nie pomaga chłopcu bardziej aktywnie w jego staraniach o dziewczynę. Wszyscy mężczyźni śpiewają unisono: „Rzymie, nie bądź głupi tej nocy! Pomóż mu trochę!"

Potem młoda kobieta – obiekt pożądania – podchodzi

do okna. Ma do zaśpiewania jedną strofę tej pieśni, tyle
że jej tekst jest całkowicie odmienny. Kiedy nadchodzi
jej kolej, ona też błaga Rzym, żeby nie był głupi tej nocy.
Też prosi miasto o pomoc. Ale tak naprawdę chodzi o coś
zupełnie innego. Błaga o siłę, która pozwoli jej odrzucić tę
małżeńską propozycję. „Rzymie, nie bądź głupi tej nocy! –
śpiewa. – Przykryj, proszę, księżyc chmurami! Ukryj swoje
najjaśniejsze gwiazdy! Przestań wiać, ty cholerny zachodni
wietrze! Zabieraj to pachnące wiosenne powietrze! Pomóż
mi stawić opór!"

Wszystkie kobiety z sąsiedztwa wychylają się z okien
i śpiewają głośno razem z dziewczyną: „Rzymie, proszę...
pomóż jej trochę!"

Dochodzi do rozpaczliwego pojedynku pomiędzy
męskimi i żeńskimi głosami. Napięcie wzrasta i można
by odnieść wrażenie, że wszystkie kobiety w Trastevere
błagają o życie. Co dziwne, ma się też wrażenie, że i mężczyźni błagają o życie.

Słuchając tych gorączkowych krzyków, łatwo zapomnieć, że to tylko gra. Od początku wiadomo, czym
zakończy się to przedstawienie. Jeśli młoda kobieta w ogóle
podeszła do okna, jeśli choćby zerknęła w dół na zalotnika,
to znaczy, że już przyjęła jego małżeńską ofertę. Samym
udziałem w połowie tego spektaklu dziewczyna wyznała
swoją miłość. Jednak z powodu dumy (a może usprawie-
dliwionego lęku) młoda kobieta musi zwlekać, choćby
tylko po to, by wykrzyczeć swoje wątpliwości i wahania.
Musi dać jasno do zrozumienia, że potrzeba wszystkich
mocy miłości młodego mężczyzny połączonych z bajeczną
urodą Rzymu, blaskiem gwiazd, uwodzicielską poświatą
księżyca w pełni, cholernego zachodniego wiatru, by ona
wypowiedziała swoje t a k.

Jeśli wziąć pod uwagę to, na co ona się godzi, można uznać, że całe to widowisko i opór są niezbędne.

W każdym razie czegoś takiego potrzebowałam... hałaśliwej pieśni przekonującej do małżeństwa, wyśpiewanej na mojej ulicy, pod moim oknem, żebym wreszcie i tak wyraziła zgodę. Taki zresztą cel przyświecał mi tutaj przez cały czas. Wybaczcie więc, jeśli wydaje się wam, że pod koniec mojej opowieści chwytam się brzytwy, aby dojść do pocieszających wniosków w kwestii małżeństwa. Potrzebna mi ta brzytwa; potrzebna mi ta pociecha. A już na pewno potrzebna mi była krzepiąca teoria Ferdinanda Mounta, że jeśli przyjrzeć się małżeństwu w odpowiednim świetle, można zobaczyć instytucję z samej swojej natury wywrotową. Teoria ta podziałała na mnie jak znakomity łagodzący balsam. Możliwe, że dla was nie okaże się nim. Może nie potrzebujecie jej tak jak ja. Może nawet teza Mounta, historycznie rzecz biorąc, nie jest precyzyjna. Tak czy owak, j a j ą p r z y j m u j ę. Jako porządna prawie Brazylijka, wezmę sobie jedną strofę z całej pieśni, która miała mnie przekonać, i przyjmę za własną... nie tylko dlatego, że jest pokrzepiająca, ale również dlatego, że mnie ekscytuje.

I tak odnalazłam wreszcie swój kącik w długiej i zadziwiającej historii małżeństwa. I tam się usadowię, dokładnie w miejscu tej cichej działalności wywrotowej, pamiętając doskonale o wszystkich innych kochających niezłomnie parach na przestrzeni stuleci, które też znosiły irytujące i wścibskie szykany, żeby uzyskać to, na czym im naprawdę zależało: odrobinę prywatności, w której mogły doświadczać miłości.

Wreszcie w tym kąciku, dla mnie i dla mojego ukochanego, wszystko będzie dobrze i sama zobaczę, że wszystko skończy się dobrze.

ROZDZIAŁ ÓSMY

MAŁŻEŃSTWO
A CEREMONIA

Tutaj nic nowego, poza tym że się ożeniłem,
co jest dla mnie źródłem głębokiego zadziwienia.

Abraham Lincoln
w liście do Samuela Marshalla z 1842 roku

Potem sprawy potoczyły się szybko.

W grudniu 2006 roku Felipe wciąż jeszcze nie miał dokumentów imigracyjnych, ale oboje czuliśmy, że zwycięstwo jest tuż, tuż. Prawdę mówiąc, u s t a l i l i ś m y, że zwycięstwo nadchodzi, w związku z czym wzięliśmy się do roboty i zajęliśmy tym, co Departament Bezpieczeństwa Wewnętrznego jednoznacznie odradza ludziom w takiej sytuacji jak nasza, mianowicie robieniem planów.

Nasz absolutny priorytet? Potrzebne nam miejsce, w którym po ślubie moglibyśmy osiąść na stałe. Dość wynajmowania, dość wędrówek. Potrzebny nam własny dom. Zatem jeszcze tkwiąc z Felipe na Bali, zaczęłam otwarcie i na serio szukać w internecie domu, rozglądając się za czymś sielskim i spokojnym, w sensownej odległości od mojej siostry mieszkającej w Filadelfii. To nieco szalone szukać domu, kiedy tak naprawdę nie można go obejrzeć, ale ja miałam jasną wizję tego, czego potrzebowaliśmy, zainspirowana wierszem, jaki moja przyjaciółka, Kate Light, napisała kiedyś o swojej wersji doskonałego siedliska: „Dom na wsi, by odkryć to, co naprawdę się liczy/ /kilka lnianych koszul, trochę dobrej sztuki/i ty".

Wiedziałam, że rozpoznam to miejsce, kiedy je zobaczę.

I rzeczywiście je znalazłam, ukryte w małym fabrycznym miasteczku w New Jersey. Tak naprawdę nie był to dom, ale kościół... maleńka, prosta, prezbiteriańska kaplica, wybudowana w 1802 roku, którą ktoś z wyobraźnią przerobił na dom. Dwie sypialnie, niewielka kuchnia i jedno duże otwarte pomieszczenie, w którym kiedyś spotykali się wierni. Wysokie na cztery i pół metra okna ze szkłem falistym. Duży klon od frontu. To było to. Z drugiej strony planety, nie obejrzawszy nieruchomości, stanęłam do przetargu. Kilka dni później w dalekim New Jersey właściciele przyjęli moją ofertę.

– Mamy dom! – oświadczyłam triumfalnie Felipe.

– To cudownie, skarbie – powiedział. – Teraz już tylko potrzebujemy kraju.

Zabrałam się więc do załatwiania nam kraju, a co tam. Poleciałam do Stanów sama, tuż przed Bożym Narodzeniem, i zajęłam się naszymi sprawami. Podpisałam umowę kupna domu, zabrałam nasze rzeczy z magazynu, wynajęłam samochód, kupiłam materac. Znalazłam magazyn w pobliskiej wiosce, dokąd mogliśmy przenieść kamienie szlachetne i inne towary Felipe. Zarejestrowałam jego działalność jako spółkę w New Jersey. I wszystko to, zanim jeszcze mieliśmy pewność, że pozwolą nam wrócić do kraju. Innymi słowy, usytuowałam nas przestrzennie, zanim jeszcze występowaliśmy oficjalnie jako „my".

Tymczasem na Bali Felipe rzucił się w wir ostatnich gorączkowych przygotowań do zbliżającego się przesłuchania w Konsulacie Amerykańskim w Sydney, które miało się odbyć w styczniu. W miarę upływu czasu nasze międzynarodowe rozmowy telefoniczne w coraz większym stopniu dotyczyły spraw administracyjnych. Zniknęła gdzieś atmosfera romansu – nie było na to czasu – kiedy po dziesięć razy studiowałam pilnie spisy potrzebnych dokumentów, żeby się upewnić, czy zebrał wszystkie świstki, jakich mogą od niego wymagać amerykańskie władze. Zamiast wysyłać mu słowa miłości, wysyłałam e-maile z tekstami takimi jak: „Skarbie, prawnik mówi, że muszę pojechać do Filadelfii i odebrać te formularze osobiście, ponieważ mają specjalny kod paskowy, którego przefaksować się nie da. Kiedy je do Ciebie wyślę, musisz od razu podpisać i datować formularz DS-230 Część I i przesłać do konsulatu wraz z załącznikiem. Na rozmowę musisz zabrać ze sobą oryginał formularza DS-156 i wszystkie inne dokumenty imigracyjne... ale pamiętaj: FORMULARZ DS-156 MUSISZ PODPISAĆ w obecności AMERYKAŃSKIEGO URZĘDNIKA!!!"

W ostatniej chwili, ledwie kilka dni przed ustalonym terminem przesłuchania, uświadomiliśmy sobie, że o czymś zapomnieliśmy. Brakowało nam kartoteki policyjnej z Brazylii. A raczej dokumentu, który poświadcza, że Felipe n i e figuruje tam w kartotekach policyjnych. Jakimś cudem ten bardzo istotny fragment akt umknął naszej uwagi. Wpadliśmy w panikę. Czy to opóźni całą procedurę? Czy w ogóle można jakoś ściągnąć brazylijski raport policyjny, tak żeby Felipe nie musiał osobiście lecieć po niego do Brazylii?

Po kilku dniach niewiarygodnie skomplikowanych rozmów telefonicznych z drugą stroną globu Felipe udało się przekonać naszą brazylijską znajomą, Armenię – kobietę o wyjątkowej charyzmie i pomysłowości – żeby spędziła cały dzień w kolejce na komisariacie w Rio de Janeiro i przekonała odpowiedniego urzędnika do wydania jej świadczących o niekaralności Felipe papierów. (Fakt, że Armenia okazała się naszą ostatnią deską ratunku, stworzył pewną poetycką symetrię, ponieważ trzy lata wcześniej to właśnie ona przedstawiła nas sobie na przyjęciu na Bali.) Wysłała Felipe dokumenty z dnia na dzień... akurat żeby zdążył polecieć do Dżakarty podczas monsunu i znaleźć tłumacza przysięgłego, który przełożył wszystkie te brazylijskie papiery na angielski w obecności jedynego w całej Indonezji, posiadającego upoważnienie rządu amerykańskiego, mówiącego po portugalsku notariusza.

– Wszystko mam – zapewniał mnie Felipe, dzwoniąc w środku nocy podczas jazdy rikszą w ulewnym jawajskim deszczu. – Możemy to zrobić. Możemy to zrobić. Możemy to zrobić.

Rankiem, 18 stycznia 2007 roku, Felipe był pierwszy w kolejce do Konsulatu Amerykańskiego w Sydney. Nie spał od kilku dni, ale był przygotowany. Miał ze sobą stos niesamowicie zróżnicowanych papierów: dokumenty rządowe, badania lekarskie, świadectwa urodzenia i całe masy rozmaitych zaświadczeń. Od dawna nie był u fryzjera, na stopach miał sandały podróżne. Ale to nie było ważne. Nie obchodziło ich, jak wygląda, tylko czy ma papiery w porządku. I nie licząc kilku cierpkich pytań dotyczących tego, co tak dokładnie Felipe robił na półwyspie Synaj w 1975 roku (odpowiedź jest oczywista: zakochiwał się w pięknej siedemnastoletniej izraelskiej dziewczynie), rozmowa przebiegła dobrze. Na koniec wreszcie – przy akompaniamencie tego poważnego i kojącego dźwięku przybijania pieczęci w paszporcie – otrzymał wizę.

– Wszystkiego najlepszego na nowej drodze życia – powiedział amerykański urzędnik mojemu brazylijskiemu narzeczonemu i Felipe był wolny.

Nazajutrz złapał w Sydney samolot chińskich linii lotniczych i przez Tajpej poleciał na Alaskę. W Anchorage

338

przeszedł pomyślnie przez kontrolę celną i paszportową i wsiadł do samolotu lecącego do Nowego Jorku. Kilka godzin później, w lodowatą zimową noc, jechałam, żeby go odebrać z lotniska Kennedy'ego.

I choć chciałabym zawsze uważać, że dzięki odrobinie stoicyzmu trzymałam się jakoś przez ostatnie dziesięć miesięcy, to muszę przyznać, że po przyjeździe na lotnisko całkowicie się rozkleiłam. Właśnie teraz, kiedy Felipe znajdował się już tak blisko domu, wszystkie te lęki, które tłumiłam w sobie od momentu jego aresztowania, wyrwały się na zewnątrz. Zaczęłam się trząść, miałam zawroty głowy i męczył mnie niezrozumiały niepokój. Bałam się, że przyjechałam na niewłaściwe lotnisko, o niewłaściwej godzinie, w niewłaściwy dzień. (Sprawdziłam trasę lotu ze sto razy, mimo to wciąż się martwiłam.) Bałam się, że samolot mógł się rozbić. Całkiem bezsensownie martwiłam się o wyniki rozmowy w konsulacie w Australii, chociaż ta rozmowa już się odbyła i znałam jej wynik.

Jeszcze nawet teraz, kiedy tablica przylotów jednoznacznie mnie informowała, że jego samolot wylądował, we mnie tkwiło przewrotne przekonanie, że nie wylądował i że nigdy nie wyląduje. *A co będzie, jeśli nie wysiądzie z samolotu? A co, jeśli wysiądzie i znowu go aresztują? Dlaczego tak długo nie wysiada?* Przyglądałam się twarzy każdego nadchodzącego korytarzem pasażera, poszukując Felipe w najbardziej niedorzeczny sposób. Zupełnie bezsensownie spoglądałam dwukrotnie na każdą chińską staruszkę z laską i na każdego berbecia, by podwójnie się upewnić, że to nie on. Brakowało mi powietrza. Niczym zagubione dziecko omal nie podbiegłam do policjanta, żeby poprosić o pomoc, ale w czym niby miał mi pomóc?

A potem nagle pojawił się on.

Dostrzegłabym go w największym tłumie. Najbardziej znajoma twarz na świecie. Biegł korytarzem i szukał mnie wzrokiem z takim samym przejęciem, jaki na pewno malował się na mojej twarzy. Miał na sobie to samo ubranie, w którym dziesięć miesięcy wcześniej aresztowano go w Dallas... to samo ubranie, które nosił prawie codziennie przez cały ten rok, w różnych częściach świata. Owszem, wyglądał jak obdartus, ale mnie wydawał się kimś potężnym, z oczami płonącymi wysiłkiem wypatrywania mnie w tłumie. Nie był chińską staruszką, nie był małym berbeciem, nie był nikim innym. Był Felipe – moim Felipe, moim mężczyzną, moim sokołem. Mało mnie nie zgniótł w objęciach.

„Krążyliśmy i krążyliśmy, aż znów powracamy do domu – napisał Walt Whitman. – Została nam tylko wolność i tylko nasza radość" [przeł. Czesław Miłosz]. Nie mogliśmy się od siebie oderwać, a ja, nie wiadomo dlaczego, nie mogłam przestać szlochać.

Kilka dni później pobraliśmy się.

Odbyło się to w naszym nowym domu, czyli osobliwym, starym kościele – w zimne niedzielne lutowe popołudnie. Posiadanie na własność kościoła może okazać się bardzo przydatne, kiedy człowiek chce wziąć ślub.

Świadectwo ślubu kosztowało nas dwadzieścia osiem dolarów plus ksero jednego rachunku za usługi komunalne. Gośćmi byli: moi rodzice (małżeństwo od czterdziestu lat); wuj Terry i ciotka Deborah (małżeństwo od dwudziestu lat); moja siostra i jej mąż (małżeństwo od piętnastu lat); mój przyjaciel Jim Smith (rozwiedziony od dwudziestu pięciu lat); i Toby, rodzinny pies (samotny, zainteresowany obiema płciami).

Wszyscy bardzo chcieliśmy, żeby dzieci Felipe (nikomu jeszcze niepoślubione) mogły do nas dołączyć, ale nasza uroczystość nastąpiła tak szybko, że nie zdążyłyby przylecieć na czas z Australii. Musieliśmy zadowolić się kilkoma gorączkowymi rozmowami telefonicznymi, ale nie zaryzykowaliśmy zwłoki. Bardzo nam się spieszyło, by za pomocą nierozerwalnych legalnych więzów zapewnić Felipe miejsce na amerykańskiej ziemi.

W końcu doszliśmy do wniosku, że jednak chcemy mieć na swoim ślubie kilkoro świadków. Brian miał rację: Zawarcie małżeństwa nie jest aktem prywatnej modlitwy. Ma znaczenie zarówno publiczne, jak i prywatne i niesie za sobą konsekwencje w realnym świecie. Podczas gdy uczuciowy aspekt naszego związku dotyczył tylko Felipe i mnie, należało pamiętać, że pewna drobna cząstka naszego małżeństwa będzie też zawsze należeć do naszych rodzin... do wszystkich tych ludzi, dla których nasz sukces albo porażka będą miały ogromne znaczenie. Muszą więc być obecni, by ten fakt podkreślić. Musiałam również przyznać, że niewielka część naszych zobowiązań, czy mi się to podoba czy nie, będzie zawsze należała do państwa. To właśnie legalizowało ten ślub.

Natomiast najmniejsza i najdziwniej ukształtowana cząstka naszych przyrzeczeń należy do historii, u której imponująco wielkich stóp musimy ostatecznie przyklęknąć. Miejsce w historii, w jakim człowiek się znalazł, determinuje w znacznym stopniu to, jak będą wyglądały i brzmiały jego ślubne przysięgi. Skoro Felipe i ja wylądowaliśmy akurat tutaj, w tym fabrycznym miasteczku, w stanie New Jersey, w roku 2007, postanowiliśmy nie spisywać swoich specyficznych zobowiązań (zrobiliśmy to przecież kiedyś w Knoxville), tylko potwierdzić nasze miejsce w historii, powtarzając te podstawowe słowa świeckiej przysięgi stanu New Jersey. Wydawało nam się to stosownym uznaniem rzeczywistości.

Oczywiście moja siostrzenica i siostrzeniec też byli obecni na ślubie. Nick, geniusz teatralny, miał okazję przeczytać stosowny wiersz. A Mimi? Dopadła mnie tydzień wcześniej w jakimś kącie i zapytała:

– Czy ma to być p r a w d z i w y ślub czy nie?

– To zależy – powiedziałam. – A co według ciebie decyduje, że ślub jest prawdziwy?

– Prawdziwy ślub oznacza, że jest dziewczynka z kwiatkami – odparła Mimi. – I ta dziewczynka ma różową sukienkę. I niesie kwiatki. Nie b u k i e t kwiatów, ale k o-s z y k z płatkami róż. I nie z różowymi płatkami róż, tylko z żółtymi. I dziewczynka idzie przed panną młodą i rzuca na ziemię te żółte płatki róż. Będziesz coś takiego miała?

– Nie jestem pewna – odpowiedziałam. – To zależy od tego, czy znajdziemy dziewczynkę, która byłaby zdolna wykonać takie zadanie. Przychodzi ci ktoś na myśl?

– Chyba j a potrafiłabym to zrobić – odpowiedziała powoli, odwracając wzrok w niesamowitym pokazie pozornej obojętności. – To znaczy, jeśli nie możesz znaleźć nikogo innego...

W końcu mieliśmy prawdziwy ślub, nawet jeśli uwzględnić wysokie standardy Mimi. Nie licząc wystrojonej dziewczynki z kwiatami, była to dość skromna ceremonia. Ja włożyłam swój ulubiony czerwony sweter. Pan młody miał na sobie niebieską koszulę (czystą). Jim Smith grał na gitarze, a ciotka Deborah – śpiewaczka operowa – specjalnie dla Felipe zaśpiewała *La vie en rose* z repertuaru Edith Piaf. Nikomu nie przeszkadzało, że kartony są wciąż nierozpakowane, a dom nie do końca umeblowany. Jedynym pomieszczeniem w stu procentach używalnym była kuchnia, i to tylko dlatego, żeby Felipe mógł w niej przygotować dla wszystkich lunch. Od dwóch dni gotował i kiedy przyszła pora na ślub, musieliśmy mu przypomnieć, żeby zdjął fartuch. („To bardzo dobry znak", zauważyła moja matka.) Ceremonię poprowadził sympatyczny dżentelmen, niejaki Harry Furstenberger, burmistrz tego małego miasteczka. Kiedy pojawił się w drzwiach, mój ojciec zapytał go wprost, bo wiedział, że to dla mnie ważne:

– Jest pan demokratą czy republikaninem?

– Jestem republikaninem – oświadczył burmistrz.

Nastąpiła chwila pełnej napięcia ciszy. Potem moja siostra szepnęła:

– Prawdę mówiąc, do czegoś takiego w pewnym sensie p o t r z e b n y jest republikanin. No wiesz, by być pewnym, że małżeństwo rzeczywiście jest ważne dla Departamentu Bezpieczeństwa Wewnętrznego.

Wobec czego przystąpiliśmy do rzeczy.

Być może znacie treść standardowej amerykańskiej przysięgi małżeńskiej, więc ją sobie tutaj daruję. Wystarczy powiedzieć, że ją tam powtórzyliśmy. Bez żadnej ironii i wahania wymieniliśmy przysięgi w obecności rodziny, w obecności przyjaznego republikańskiego burmistrza, w obecności dziewczynki z kwiatkami i w obecności psa Toby'ego. Toby, wyczuwając, że dzieje się coś ważnego, ułożył się na podłodze pomiędzy Felipe a mną, w momencie, w którym przypieczętowaliśmy nasze zobowiązania. Musieliśmy się wychylać ponad nim, kiedy przyszła pora na pocałunek. To była pomyślna wróżba; na średniowiecznych portretach ślubnych często pomiędzy postaciami nowożeńców widnieje pies – symbol najwyższej w i e r n o ś c i.

Na koniec tego wszystkiego – a nie zabiera to tak naprawdę wiele czasu, zważywszy na wagę wydarzenia – byliśmy z Felipe legalnym małżeństwem. Zasiedliśmy wszyscy do uroczystego przedłużonego lunchu: burmistrz i mój przyjaciel Jim, i moja rodzina, i dzieciaki, i mój dopiero co poślubiony małżonek. Tego popołudnia nie mogłam jeszcze wiedzieć na pewno, ile spokoju i zadowolenia czeka mnie w tym małżeństwie (teraz to wiem), ale czułam się jednocześnie odprężona i pokrzepiona. Był piękny dzień. Było dużo wina i wiele toastów. Balony, które Nick i Mimi przywieźli ze sobą, uniosły się powoli ku zakurzonemu stropowi starego kościoła. Goście posiedzieliby dłużej, ale o zmroku zaczął padać śnieg z deszczem, więc pozbierali swoje rzeczy i szybko ruszyli w drogę, póki warunki jazdy były jeszcze znośne.

Nagle wszyscy zniknęli.

Zostaliśmy z Felipe sami i kiedy posprzątaliśmy po lunchu, zajęliśmy się rozpakowywaniem kartonów i urządzaniem naszego domu.

Podziękowania

T a książka to literatura faktu. Odtworzyłam w niej
wszystkie rozmowy i wydarzenia najlepiej, jak umiałam, jednak czasami – dla spójności narracji – połączyłam
ze sobą epizody i dyskusje z kilku dni. Ponadto zmieniłam
imiona niektórych – nie wszystkich – postaci, by chronić
prywatność pewnych osób, które nie musiały, tylko dlatego, że nasze ścieżki przypadkowo się przecięły, marzyć
o tym, by wynurzyć się na kartkach książki. Dziękuję
Chrisowi Langfordowi, że pomógł mi nadać nowe, odpowiednie imiona tym wszystkim dobrym ludziom.

Nie jestem pracownikiem naukowym ani socjologiem,
ani psychologiem, ani ekspertem od małżeństw. W swojej
książce starałam się tak precyzyjnie, jak umiałam, omówić
historię małżeństwa, jednak aby to zrobić, musiałam w dużym stopniu polegać na pracy uczonych i pisarzy, którzy
temu tematowi poświęcili całe swoje zawodowe życie. Nie
umieszczam tutaj pełnej bibliografii, chcę jednak wyrazić
szczególną wdzięczność kilku konkretnym autorom:

Praca historyka Stephanie Coontz była dla mnie dro-
gowskazem przez te ostatnie trzy lata badań i mogę tylko
gorąco wszystkim polecić jej fascynującą i świetną w czytaniu książkę. *Marriage: A History.* Mam także ogromny

dług wobec Nancy Cott, Eileen Powers, Williama Jordana, Eriki Uitz, Rudolpha M. Bella, Deborah Luepnitz, Zygmunta Baumana, Leonarda Shlaina, Helen Fisher, Johna Gottmana i Julie Schwartz-Gottman, Evana Wolfsona, Shirley Glass, Andrew J.Cherkina, Ferdinanda Mounta, Anne Fadiman (za jej nadzwyczajne prace o Hmongach), Allana Blooma (za jego przemyślenia na temat różnic między greckim i hebrajskim spojrzeniem na świat), wobec wielu autorów studium poświęconemgo małżeństwu z Rutgers University i – co zachwycające i zaskakujące – wobec Honoriusza Balzaka.

Oprócz powyższych autorów osobą, która miała ogromny wpływ na kształt tej książki, była moja przyjaciółka Anne Connell. Dokonała szczegółowej redakcji, weryfikowała fakty, nanosiła poprawki, używając swoich bionicznych oczu, korzystając z czarodziejskiego złotego ołówka i swojej niezrównanej znajomości „siatki Sieci". Nikt – dosłownie nikt – nie dorównuje edytorowi Scrutatrix, jeśli chodzi o dokładność redagowania. To właśnie Anne zawdzięczam, że niniejsza książka podzielona jest na rozdziały, że słowo „faktycznie" nie pojawia się cztery razy w każdym akapicie, a żaby występujące w tekście są płazami, a nie gadami.

Dziękuję mojej siostrze, Catherine Gilbert Murdock, która jest nie tylko utalentowaną pisarką literatury dla młodych ludzi (jej cudowna książka, *Dairy Queen*, powinna być obowiązkową lekturą każdej myślącej dziewczyny w wieku pomiędzy dziesięć a szesnaście lat), ale także moją ukochaną przyjaciółką i najwspanialszym wzorem intelektualnym. Ona również, starannie i nie żałując czasu, przeczytała tę książkę i uchroniła mnie przed wieloma błędami w różnych wywodach i sekwencjach wydarzeń.

Co powiedziawszy, muszę dodać, że zadziwia mnie nie tylko jej całościowe rozumienie historii Zachodu, ale i niezwykła intuicja, która jej podpowiada, kiedy stęsknionej za krajem i osamotnionej siostrze w dalekim Bangkoku trzeba wysłać nową piżamę. Z myślą o dobroci i wspaniałomyślności specjalnie dla niej umieściłam w książce długi wycyzelowany przypis.

Dziękuję wszystkim innym, którzy przeczytali książkę przed jej wydaniem, za ich wnikliwość i zachętę. Są to Darcey, Cat, Ann (słowo „gruboskórzec" jest dla niej), Cree, Brian (między sobą zawsze tę książkę będziemy tytułować *Śluby i eksmisje*), Mama, Tata, Sheryl, Iva, Bernadette, Terry, Deborah (która delikatnie mi zasugerowała, że może miałabym ochotę użyć słowa „feminizm" w książce o małżeństwie), wuj Nick (mój niezwykle oddany kibic), Susan, Shea (która godzinami wysłuchiwała moich wczesnych pomysłów związanych z tematem), Margaret, Sarah, Jonny i John.

Dziękuję Michaelowi Knightowi za zatrudnienie mnie i za pokój w Knoxville w 2005 roku, i za to, że znał mnie na tyle dobrze, by się domyślić, że wolę mieszkać w dziwacznym starym hotelu niż gdziekolwiek indziej w mieście.

Dziękuję Peterowi i Marianne Blythe'om za gościnę i dodawanie ducha Felipe, kiedy wylądował w Australii zrozpaczony i prosto z aresztu. Z dwójką niemowląt, psem, ptakiem i cudowną młodą Taylą ich dom już i tak pękał w szwach, mimo to Peter i Marianne znaleźli miejsce dla jeszcze jednego będącego w potrzebie uchodźcy. Dziękuję też Rickowi i Clare Hintonom z Canberry, za pilnowanie przebiegu australijskiej części procedury imigracyjnej Felipe i za nadzorowanie korespondencji. Nawet z drugiego końca świata są doskonałymi sąsiadami.

A skoro już jesteśmy przy wspaniałych Australijczykach, dziękuję moim niezwykłym pasierbicy i pasierbowi, Erice i Zo, i naszej równie niezwykłej synowej, Tarze, za to, że tak serdecznie włączyli mnie do swojego życia. Jestem szczególnie wdzięczna Erice za najsłodszy komplement, jakim mnie kiedykolwiek obdarzono: „Dziękuję ci, Liz, za to, że nie jesteś jakąś zdzirą". (Cała przyjemność po mojej stronie, kochanie. I nawzajem.)

Dziękuję Erniemu Sesskinowi, Brianowi Fosterowi i Eileen Marolli, którzy z czystej dobroci i sentymentu dla tej nieruchomości, pokierowali całą skomplikowaną transakcją kupna domu w New Jersey z drugiego końca świata. Nie ma to jak dostać odręczny rysunek rozkładu pomieszczeń o trzeciej nad ranem, by poczuć, że ktoś cię wspiera.

Dziękuję Armenii de Oliveira za skuteczną akcję ratowania w Rio de Janeiro postępowania imigracyjnego Felipe. Na brazylijskim froncie cały czas działali Claucia i Fernando Chevarria. Jestem im wdzięczna za niezmordowanie zarówno w wyszukiwaniu starych dokumentów dotyczących służby wojskowej Felipe, jak i w wyrażaniu serdecznej zachęty.

Dziękuję Brianowi Getsonowi, naszemu prawnikowi, za skrupulatność i cierpliwość, a Andrew Brennerowi za to, że nam Briana znalazł.

Dziękuję Tanyi Hughes (za zapewnienie mi własnego pokoju na początku procedur) i Rayyi Elias (za zapewnienie mi własnego pokoju na końcu).

Dziękuję Rogerowi LaPhoque i doktorowi Charlesowi Hennowi za gościnność i wytworność tej oazy, jaką był dla nas Atlanta Hotel w Bangkoku. Ten niedrogi hotel to cudowne miejsce; trzeba je zobaczyć, by uwierzyć, że coś takiego w ogóle istnieje, zresztą nawet i wtedy trudno uwierzyć.

Dziękuję Sarah Chalfant za niezachwianą wiarę we mnie i trwającą latami nieustanną pieczę. Dziękuję również Kassie Evashevski, Erniemu Marshallowi, Miriam Feuerle i Julie Mancini za stworzenie wokół mnie tego opiekuńczego kręgu.

Dziękuję Paulowi Slovakowi, Clare Ferraro, Kathryn Court i wszystkim innym z Viking Penguin za ich ogromną cierpliwość. Niewiele jest osób w świecie wydawniczym potrafiących powiedzieć: „Spokojnie, nie spiesz się" pisarzowi, który właśnie nie dotrzymał terminu. Przez cały czas powstawania tej książki nikt (poza mną) mnie nie poganiał, a to rzadki dar. Ich delikatność jest echem dawniejszego i bardziej wytwornego sposobu prowadzenia interesów i jestem im wdzięczna, że mogłam doświadczyć takiej wspaniałomyślności.

Dziękuję swojej rodzinie – szczególnie rodzicom i babci, Maude Olson – za to, że bez wahania zgodzili się, bym publicznie przeanalizowała swoje odczucia dotyczące ich najbardziej skomplikowanych życiowych decyzji.

Dziękuję funkcjonariuszowi Tomowi z Departamentu Bezpieczeństwa Wewnętrznego za potraktowanie Felipe z tak nieoczekiwaną życzliwością podczas jego zatrzymania i aresztu. A oto najbardziej surrealistyczne zdanie, jakie kiedykolwiek miałam okazję napisać. (Nie jesteśmy pewni, czy miał pan rzeczywiście na imię Tom, ale tak je oboje zapamiętaliśmy i mam nadzieję, że przynajmniej pan wie, kim jest: niezwykłym agentem przeznaczenia, który spowodował, że nieprzyjemne przeżycie stało się o wiele bardziej znośne.)

Dziękuję Frenchtown za to, że stało się naszym domem.

Na koniec największą wdzięczność wyrażam mężczyźnie, który jest teraz moim mężem. Z natury to człowiek strzegący swojej prywatności, ale jego prywatność skończyła się w dniu, w którym mnie poznał. (Obecnie zna go mnóstwo ludzi na całym świecie jako „tego Brazylijczyka z *Jedz, módl się, kochaj*".) Na swoją obronę muszę powiedzieć, że dość wcześnie dałam mu szansę uniknięcia tego upubliczniania swojej osoby. Na początku naszych zalotów przyszła ta niezręczna chwila, kiedy musiałam się przyznać, że jestem pisarką. Jeśli zostanie ze mną, ostrzegłam, pojawi się w końcu w moich książkach i opowieściach. Nie ma sposobu, by tego uniknąć; tak po prostu już jest. Dałam mu jasno do zrozumienia, że najlepiej będzie zrobić w tył zwrot od razu, jeśli zależy mu na dyskrecji i nienaruszonej godności.

Jednak pomimo moich ostrzeżeń został. I wciąż jest ze mną. Uważam, że był to z jego strony wielki akt miłości i zrozumienia. Wydaje się, że gdzieś po drodze ten cudowny człowiek doszedł do wniosku, że moje życie bez niego w samym centrum nie byłoby już logiczną, wewnętrznie spójną opowieścią.

Spis treści